国家出版基金项目
NATIONAL PUBLICATION FOUNDATION

■ 中国现代市场利率通论

刘义圣 / 主编

A Probe into the Mode of Chinese Interest Rate Fine-tuning under Market Leading

市场主导下的中国利率微调模式探索

王春丽 / 著

長春出版社
国 家 一 级 出 版 社
全国百佳图书出版单位

图书在版编目(CIP)数据

市场主导下的中国利率微调模式探索 / 王春丽著
. — 长春 : 长春出版社, 2016.12
(中国现代市场利率通论 / 刘义圣主编)
ISBN 978-7-5445-4645-4

Ⅰ. ①市… Ⅱ. ①王… Ⅲ. ①人民币—利率调整—研究—中国 Ⅳ. ①F832.22

中国版本图书馆 CIP 数据核字(2016)第 269844 号

市场主导下的中国利率微调模式探索

著　　者：王春丽
责任编辑：程秀梅
封面设计：崔浩博

出版发行：長春出版社
发行部电话：0431-88561180　　总编室电话：0431-88563443
地　　址：吉林省长春市建设街 1377 号
邮　　编：130061
网　　址：www.cccbs.net
制　　版：长春市大航图文制作有限公司
印　　刷：吉林省良原印业有限公司
经　　销：新华书店

开　　本：787 毫米×1092 毫米　1/16
字　　数：225 千字
印　　张：17.25
版　　次：2016 年 12 月第 1 版
印　　次：2016 年 12 月第 1 次印刷
定　　价：40.00 元

编委会

主　编　刘义圣

副主编　黄建锋

编　委　（按姓氏笔画为序）

王世杰　王运钊　王春丽　刘义圣

苏天恩　陈　燕　林菁菁　赵东喜

黄启才　黄建锋　潘双庆

总　序

《中国现代市场利率通论》实则独立成书又连属成套的一部丛书，其中每一册书名均含蕴“中国”“市场”“利率”三个关键词语，尽显书中宏旨。丛书自古多有序言，旨在对全套丛书的编写意图、总体结构、内容大要等进行诠释。本序亦然。

在市场经济条件下，利率无论在理论上还是在实践上都极为重要，这是因为利率既是连接货币经济与实体经济的纽带，同时又是联系宏观经济与微观经济的中介，它影响着一国的储蓄、投资、货币供给和需求以及产出和国民收入的变动。通过利率与汇率联动，它不仅对一国经济具有极为重要的影响，还会对其他国家产生广泛的影响。

从 1996 年 Chibor 的诞生，到 1996—1998 年财政部第一次通过证券交易和公开招标发行债券，到 2007 年 Shibor 正式上线，再到 2013 年 7 月央行全面放开对金融机构贷款利率的管制，以及 2015 年 10 月对存款的管制全面放开，按照“先开放货币市场利率和债券市场利率，再逐步推进存贷款利率市场化”的政策方针，经过 20 年渐进的改革，我国利率市场化基本完成。利率市场化的完成，增强了中央银行对宏观经济形势的引导和调控作用，随之而来的是市场主导下的有关利率理论与实践问题日渐突出，并得到前所未有的关注。

市场利率体制改革作为中国金融体制改革需要攻克的难关之一，非常需要来自学界的理论支撑和指导，然而我国理论界对市场主导下的有关利率理论与实践问题的研究还很薄弱，从理论分析与实践结合上进行系统全面的研究的文章及专著实不多见。《中国现代市场利率通论》这套丛书，以市场利率为研究对象，正是贴合当下所需，及时送上的一份理论大餐。

这套丛书用“通论”来命名，不是要与凯恩斯的《就业、利息和货币通论》并比，而是要作为诠释我国市场利率管理和体制改革实践的学术著述，成为我国利率研究的一芹之献。这套丛书共八册，内容既包含对利息决定的基本问题认识，又包含规则与相机抉择，以及央行利率微调模式、市场基准利率选择等问题探讨；既包含商业银行等正规金融市场利率管理，又包含民间借贷市场利率探讨；既包含利率市场化改革，又包含利率汇率互动以及国际利率联动。

《市场利率的理论范式与中国实践探索》（刘义圣）以利息理论为主题，试图对两种具有代表性的利息理论——马克思利息理论和凯恩斯利息理论——进行深度比较，以探索理论真谛，丰富和发展社会主义利息理论的研究。本书首先对这两种流行的市场利率理论进行了详细的介绍，并探索了各自对中国特色社会主义市场经济体制的适用性分析；其次侧重介绍了在世界经济一体化国际金融市场相互关联度加深的背景下这两种理论在中国的最新发展的一些实践研究。

《利率规则对中国市场经济的可适性检思》（刘义圣、黄启才）从维克赛尔规则及扩展、泰勒规则及扩展、伊文思规则、最优利率规则等比较出发，分析了利率规则的适用条件与局限性，对其在中国市场经济的可适性进行了相关检验，并对利率规则在中国应用的相关制度要求与政策建议进行了分析。

《市场主导下的中国利率微调模式探索》（王春丽）对央行在“尊重市场规律、尊重市场选择”框架下的利率微调模式的相关问题进行系统分析，追溯其来源，考察其实践，并通过对其实施的前提条件以及我国宏微观环境进行深入比较剖析，同时借鉴国外利率微调的实践经验，以期探索出一个与我国国情相统一的利率微调目标模式（包括目标设构、决策规则、调控基准和操作工具等），进而为我国利率体制改革和政策环境重塑提供一种贴近经济现实的理论参照与政策建议。

《市场形成基准利率的国际比较与中国借鉴》（王世杰、刘义圣）对如何构建央行基准利率问题进行了探讨。本书首先阐述了基准利率与市场形成基准利率的概念，通过市场化前后基准利率选择的对比研究，得出结论：并不存在完全市场化的基准利率，只是中央银行对基准利率干预程度不同而已；其次，通过对发达市场经济国家和新兴市场经济国家在基准利率选择与培育的历史经验进行总结，归纳出一些能对我国基准利率选择提供参考的经验与借鉴；最后，通过对我国这些年基准利率建设实践进行梳理，剖析我国央行基准利率选择的机理，并利用实证方法检验现有备选利率，提出可能作为央行基准利率的最佳选项。

《利率市场化后中国商业银行利率管理》（黄建锋、林菁菁）立足理论知识，侧重实务探讨，重点从利率风险管理实务、内部资金转移定价实务、资产和负债端定价实务、商业银行中间业务定价实务等方面探究了利率管理的各类工具及其运用。本书认为，商业银行应该从战略高度审视利率定价管理体系的建设，应转变利率定价管理的理念，从被动接受向主动管理转变，从粗放定价向精细化定价转变，应该充分认识到精细化利率定价是关系到商业银行持续发展的核心能力。

《中国民间利率及其市场化的经济学分析》（陈燕）区分了民间借贷市场利率与正规金融市场利率的异同：相同点在于民间利率市场化与官方利率市场化改革是相互配套的，两个市场的利率改革都要坚持市场的定价机制，由资金供需双方自由协商并且结合具体的市场环境来实现利率的市场自主定价，完善市场对资金的更有效率配置的作用；不同点在于官方的利率市场化更多的是关注正规金融市场和宏观经济内的利率体系的市场化改革，而民间利率市场化更多的关注点在于民间金融市场本身的非市场性的缺陷。本书认为民间借贷市场的利率市场化与官方利率的市场化改革之间需要构建一个良性的市场互动机制；中国的民间借贷市场利率市场化改革应借鉴国外的利率市场化改革经验，要从其市场化程度高的市场利率出发；民间借贷市场的利率市场化需要结合国内的实际与官方利率的市场化改革，并且始终保持同步，注意自身的市场缺陷，进行相应的改革；在我国民间借贷市场发展比较充分的东部地区部分区域市场内的改革经验为全国的民间借贷市场改革提供了部分可借鉴的经验。

《国际市场利率联动性趋势与中国因应》（赵东喜）对国际经济政策协调中的国际利率联动问题进行了研究。随着中国融入全球经济程度的加深，中国利率的国际联动趋势日益显现，弱化了其对市场利率与经济的调控水平。本书运用数理推演与实证检验的方法探讨了国际利率联动性趋势、特征以及对中国经济与央行利率调控效率的影响，并建立了中国利率联动应对机制。国际利率联动性的本质是经济全球化，其来源有四个，即经济全球化、金融一体化、世界共同因素以及国际经济政策协调。在经济正常期，国际联动程度较低，而在经济异动时期则高。国际利率联动性与开放经济政策的“三元悖论”紧密相连。国际利率的联动性有不对称特征。美国利率政策调整对美国产出有明显促进作用，而对中国产出的促进作用较弱。国际利率联动性弱化了中国利率政策对市场利率的调控水平。

《中国金融市场利率与汇率关系研究》（潘双庆）对在人民币利率市场化与汇率形成机制改革后，利率与汇率存在着怎样的关系以及这种关系对中国目前正在进行的金融体制改革意味着什么等问题进行了研究。本书首先从利率与汇率关系的相关理论出发，揭示了理论上存在的利率与汇率关系，然后再运用计量经济学方法以及国内外经济数据对利率与汇率关系进行了实证研究。实证研究发现，人民币利率与汇率之间几乎是一种相互独立的关系，利率与汇率之间的互动关系还远远未达到理想状态，无法形成有效的人民币利率与汇率的自平衡联动协调机制。另外，实证研究还发现利率对汇率的影响与汇率对利率的影响是不对称的，利率对汇率的影响程度要远大于汇率对于利率的影响程度。这些发现的政策含义为，中国还必须进一步加大金融体制改革的力度，并且在改革中重视利率市场化与汇率形成机制改革的次序安排。

本套丛书力求广涉诸家，旁求博考，并自成机杼，期望能为金融决策提供有益的和贴近现实的理论参考，也希冀起到抛砖引玉之效果，引发思考，增进联想。但由于成书仓促，个别问题研究不够透彻，有些内容尽管写于事件发生过程中，具有即时分析色彩，但期间新现象新问题更生不断，难能至纤至悉，故难免管窥谬失，诚望学界前辈时贤不吝赐教。

是为序。

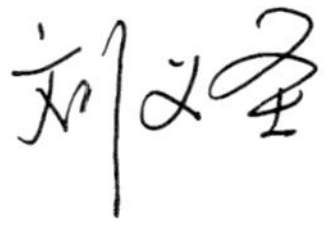

2016 年 10 月 3 日

目　录

第一章

利率微调模式的概念、操作与条件

央行应该如何撬动利率杠杆调控宏观经济，一直都是经济学者们关注与争论的焦点。尤其在当前，全球经济逐步回归常态，世界各国对利率调整愈加谨慎，有关利率调控模式及其效果的争论也日益升级。近年来，为了提高利率政策的精确度和有效性，各国央行都在不断寻求更为科学的利率政策操作方式。但从各国利率政策的实践经验来看，利率政策的绝对精确是无法实现的，而只能采用一种相对合理的操作方式来逼近。逼近的过程就是不断微调、不断修正利率政策操作规则和力度的过程。正是在此背景下，利率微调开始日益受到货币政策决策者的青睐。利率微调是一种关于利率宏观调控模式的新提法，它与传统的仅遵从相机抉择或单一规则的利率调控模式不同，寻求的是将相机抉择与单一规则有效地结合，追求的是一种更具灵活性的规则。目前，这种利率调控模式已经成为越来越多国家央行货币政策操作的主要选择。它主张以当前及预测的经济状况为依据，根据预先规定的标准、渐进地、小心地实施扩张或紧缩的政策，以确保实现经济的平稳运行，关注的重点体现在对利率调控时机、幅度和频率等的把握与控制上。

从理论层面看，利率微调成为利率政策的一种调控模式，并不是从利息理论的发展路径中演变出来的。准确地说，利率微调的日益清晰化，是利率政策在调控方式和手段上逐渐成熟和趋于科学化的结果。自 20 世纪 30 年代，西方世界经济大危机造就了“凯恩斯主义革命”，利率政策成为大多数国家调控宏观经济的主要手段。早期，利率政策的操作以“粗调”为主，随着凯恩斯主义经济学的发展，利率政策的操作模式不再局限于凯恩斯最初的纯理论表述，而是开始采用大量数学模型，通过实证分析的方法进行论证。基于对模型的不断修正，利率政策的操作模式变得日益丰富及完善起来，微调开始被运用于利率政策的具体操作中，这种调控模式的变化使得利率政策的精确度及实施效果日益增强。利率微调正是在对利率调控时机、幅度和频率等不断优化的基础上，逐步发展并完善起来的。

近年来，随着外界环境对我国宏观调控政策干扰效应的增强，受发达国家偏好利率政策的影响，我国央行也开始对货币政策手段改弦易辙，利率逐渐上升为我国宏观经济调控中主导型的货币政策手段，这从我国央行行长近期关于“货币政策从过去比较偏重于数量型的货币政策调控，逐渐转向更加注重于价格调控的货币政策体系”① 的表态中也可见一斑。与此同时，在我国央行发布的《中国人民银行年报 2015》中提到，2016 年要继续实施稳健的货币政策，保持松紧适度，适时预调微调，增强针对性和灵活性，做好供给侧结构性改革中的总需求管理，为结构性改革营造中性适度的货币金融环境，促进经济科学的发展和可持续发展。这为今后一段时间，我国利率宏观调控模式问题的研究指明了方向。事实上，为了充分发挥市场在资源配置中的决定性作用，完善调控模式，强化价格型调节和传导机制，我们有必要深入探讨中国利率微调模式的相关问题，追溯其来源，考察其实践，并通过对其实施的前提条件以及我国宏微观环境进行深入比较剖析，同时借鉴国外利率微调的实践经验，以期探索出一个与我国国情相统一的利率微调目标模式，进而为我国利率体制改革和政策环境重塑提供贴近经济现实的理论参照与政策建议。

① 周小川．将继续实行稳健货币政策［EB/OL］．（2016－02－26）．http：//news. xinhuanet. com/finance/2016－02/26/c _ 128755327. htm.

第一节　利率微调的国内外相关研究

一、国外研究综述

国外经济学者对利率的宏观调控问题进行了大量研究，研究重点主要放在利率政策的实施规律以及利率政策的有效性等问题上。其中最具代表性的人物是维克赛尔（Wicksell，1851—1926）。维克赛尔根据利率同价格之间的关系理论，提出根据价格的变动情况，灵活地变更银行利率以调节经济发展进程的宏观货币政策主张，从而为利率调控政策的实施提供了理论依据；凯恩斯（Keynes，1883—1946）在20世纪30年代提出了流动偏好利息理论，他认为高利率是导致资本主义社会有效需求不足的重要原因之一，必须通过中央银行发行货币降低利率，以促进经济发展。该理论对于制定宏观调控中的利率政策，有着极大的参考意义；20世纪50年代末60年代初形成的“新古典综合派”，继承和发展了凯恩斯的国家干预宏观经济的思想。代表人物有阿尔文·汉森（Alvin H. Hansen，1887—1975）、保罗·萨缪尔森（Paul A. Samuelson，1915—2009）、劳伦斯·克莱因（Lawrence R. Klein，1920—现在）、詹姆斯·托宾（James Tobbin，1919—2002）等。“新古典综合派”的货币政策主张主要表现为根据汉森理论提出的补偿性货币政策，即中央银行在经济萧条时期放松信用，增加货币供给量，降低利率，刺激投资及消费等社会总需求；在经济繁荣时期则紧缩信用，减少货币供给量，提高利率，抑制投资及消费等社会总需求，这就大大地扩展和深化了对宏观经济运行中利率调控功能的分析；20

世纪70年代，麦金农和肖等人相继提出利率自由化理论，他们强调政府放弃对利率的管制，利率水平与利率结构完全由市场机制来自发决定。利率自由化理论的提出，不仅引起了经济学界广泛而深入的讨论，而且对许多发展中国家的利率体制改革和利率政策实践产生了较大的影响；20世纪90年代，对利率调控问题的研究主要集中在货币政策中介目标的选择上，最具代表性的就是泰勒规则。泰勒规则也称利率规则，就是根据产出和通货膨胀的相对变化而调整利率的操作方法。泰勒规则作为一种操作目标，比较适合一些国家的实际情况；进入21世纪后，利率研究生动地反映了发生在真实经济世界中的活动，具有较明显的时代色彩。为此，逐步发展出经济全球化趋势下的利率政策，新经济对利率政策的影响，利率政策调控模式创新等具有崭新意义的课题。

然而，在对外国大量文献资料检索之后，我们发现，国外经济学者虽然就利率的诸多方面进行了广泛研究，但近年来国外利率政策实践中明显呈现出来的利率微调问题却论及较少，仅有的一些研究成果也尚未形成体系，其中有关利率微调的提法也大都散见于对利率规则或利率平滑调控模式的探讨与分析之中。为此，我们站在前人的肩膀上，对国外经济学者的一些论述性语言进行较为系统的归纳与总结，主要集中在以下两个方面：

第一，基于对货币政策操作规则的探讨，提出利率微调的合理性解说。自从货币主义学派的兴起，西方经济学界就一直没有放弃对货币政策操作规则的探讨，随着经济发展形势的变化，货币政策规则的适用性问题备受争议与质疑，但大多数学者认为，对货币政策操作规则的理性对待方法是给予一定的修正，而不是全然的抛弃。正是在这种思想的引导下，美国经济学家 Taylor (1993) 提出了可用于指导利率政策操作的基本规则，即泰勒规则。虽然有关泰勒规则的具体分析并未涉及利率微调的模式问题，但由于该规则所表明的是一种中央银行的短期利率工具依经济状态而进行调整的方法，因此，当美国政府接受泰勒规则来指导美联储的利率政策操作以后，美国的基准利率变动就自然而然地呈现出一种渐进的、小幅度的带有平滑特征的利率微调模式。在此基础上，Clarida，Gali and Gertler（1998）结合理性预期假设，将泰勒规则进行了适当延拓，提出前瞻性利率规则，即每一期利率目标是预期通货膨胀和产出缺口以及相应通货膨胀水平的函数。从实际意义上看，前瞻性的利率规则实际上是对利率微调的前瞻性原则做出了理论层面的界定。Brian Sack and Volker Wieland（1999）[①] 通过对美联储 20 世纪 90 年代后的利率调整实践进行评价的基础上指出，美联储的基准利率调整幅度通常是比较小的，一般会低于 50 个基点（以 0.01 为一个基点），而大多数情况下是以 25 个基点为参照标准，同时其基准利率的变动多数情况下是沿同一方向进行的，该论述就在一定程度上描绘出了美联储的利率微调表象。对此种利率微调现象，国外许多经济学者给予了解释。如，Canzoneri（1996），MaCallum（1999）和 Rogoff（1999）等都曾经在论文中不同程度地提到，在利率规则的框架内，如果利率政策对诸如通货膨胀和国民产出等宏观经济变量的反应是有序的、系统的，当这些宏观经济变量表现出变动的平滑性、持续性特征时，利率变动必然呈现出一种渐进的、小幅度的特性，这种特性在一定范围内吻合于我们赋予利率微调的基本内涵。Jeffery D. Amato and Thomas Laubach（1999）通过详细地描述美国利率平滑操作模式并指出，美国联邦基金利率之所以在很长时间内是缓慢变动的，其原因主要应归结为货币当局在不确定的情况下采取了谨慎的态度。在现有的政策操作框架下，决策者做出决定需要依赖一系列的宏观经济变量，然而，这

---

① Brian Sack，Volker Wieland. Interest - Rate Smoothing and Optimal Monetary Policy：A Review of Recent Empirical Evidence [J]. Finance and Economics Discussion Series from Board of Governors of Federal Reserve System，1999，52（1—2）：205—228.

些经济变量在大多数情况下是难以确定的，只能由决策者通过估计而得出。为了减少这些不确定变量对决策效果的影响，决策者在制定决策时，应该保持谨慎的态度，通过简单规则、小幅的变动，根据经济条件变化逐步调整利率。

第二，基于对货币政策时效性的分析，提出利率微调的必要性解说。根据货币政策的作用机理，货币政策具有明显的时滞性，同时由于中央银行对于新的信息缺乏敏感性，因此，货币政策通常会表现出一定的惯性特征。Sack（1998）根据一项研究表明，美联储离散的政策目标变化，更多地采取同一方向的利率政策调整，从而使利率政策操作表现出较为明显的政策惯性。Woodford（1999）利用前瞻性和后顾性的混合模型框架探讨了最优货币政策连续性问题，研究指出，在给定整体利率波动的情况下，短期利率小幅、持久、稳定变化的政策，对长期利率进而对总需求的影响更大。因此，从长期来看，较小幅的持续短期利率调整会产生较大的效应，为此，中央银行应时刻把脉经济形势的变化，要尽量使利率变化最小化，同时采取渐进的态度，小幅度地调整利率水平。Dueker（1999）根据对美联储利率调整的离散性进行分类研究，发现联邦公开市场委员会通常调整利率 25 个基点，这主要就是考虑到利率政策惯性冲击对实际效果的扩大效应。Bullard and Mitar（2000）指出，在学习机制的影响下，市场参与者会逐步预期到现期的利率政策是具有持续性的，那么微小的现期利率变化就起到了稳定经济状况的作用，此时利率小幅度的变动效果不再局限于按数理模型计算出来的数值，而扩大为一种利率信号功能，即央行只需通过微幅变动现期利率水平来发出信号，就能将经济运行引向更优的轨道中来。关于利率政策时效性的问题，除了上述学者的理论分析之外，还有一些学者对此进行了相应的实证检验，如：Goodfriend and King（1997），Dewald（1998），Rogoff（2000），Woodford（2002）等。在这些学者的实证检验中都传递出这样一种关系，即名义利率与通货膨胀、通货膨胀率预期之间具有高度相关性，而通过渐进地、小幅度地调整基准利率，就能充分发挥利率的信号功能，对降低通货膨胀率能够起关键作用。其中 Rogoff (2000) 认为，要充分发挥利率政策的效应，公众对中央银行利率政策的理解程度至关重要，而具有渐进性的小幅微调利率反映出央行变动利率的可靠性和谨慎性，这不仅有利于降低通货膨胀率，而且能够充分地获得低通货膨胀的收益。Woodford (2002) 认为，即使央行不存在利率变化最小化的内在利益诱导，利率微调也是央行减少政策损失的可取方式。

进入 21 世纪，随着经济全球化的日益深化，利率微调的有效性也开始备受质疑。Efrem Castelnuovo (2003) 通过对美联储利率变动的历史进行分析并提出，理性预期这一因素会大大降低利率微调的有效性。Martin Feldstrin (2005) 指出，在经济全球化的背景下，国际经济环境尤其是国际资本市场的不确定性必然使得货币政策的任务更为复杂。Rogoff (2006) 也认为，全球化因素的影响虽然降低了产出与通货膨胀波动的程度，但央行的利率政策也不得不面对资产价格的波动问题。

上述这些研究紧密结合货币政策理论与实践的发展，从不同角度，采用不同方法论及了利率微调问题，并提出一些有启发、有价值的观点，对利率调控理论与政策实践的发展做出了贡献。然而，从这些论述中也不难看出，虽然国外学者关于利率微调的研究起步较早，但大体上还是围绕利率政策的操作规则进行的。其中，有的学者是在对利率规则内涵分析的过程中附带着探讨貌似利率微调的一般问题，有的学者则是从利率规则的外在表现形式着手逐步涉及利率微调的概念评论。当然，在此过程中也不乏一些反对的观点。

二、国内研究综述

随着利率市场化改革的不断深化，我国利率政策逐步趋于灵活化，并对经济金融活动起到了一定的调节作用，学术界也开始对它表现出日益浓厚的研究兴趣，专家学者竞相研究利率政策的调控问题，学术文章不胜枚举。其中，有关利率作用与利率政策理论的相关介绍，主要见于施兵超的《利率理论与利率政策》，王继祖的《现代西方利率理论浅探》，闫素仙的《利息理论与利率政策研究》，江春的《利息理论与利率政策》，刘义圣的《马克思利息理论与我国利息问题研究》等；关于我国利率政策调控效果的分析，主要见于翟中伟、刘学之的《我国利率政策动态效果实证分析》，谢平、袁沁吾的《利率政策理论与实践》，方先明、熊鹏的《我国利率政策调控的时滞效应研究——基于交叉数据的实证检验》，林海、郑振龙的《中国利率动态模型研究》等；关于我国利率政策发展趋势的分析，主要见于万莉的《中央银行中间调控目标的发展趋势：利率的胜出》，贾德奎、胡海鸥的《利率走廊：我国利率调控模式的未来选择》，黄燕君、郑小胡的《当前我国利率调控模式的较优选择》等。

通过检索与阅读，不难发现，在如此之多涉及利率政策问题的学术文章或专著中，仅有鲜见的几篇文章论及利率微调问题。如刘义圣、姜坤（2007）在《关于我国利率微调问题的初探》一文中，简要地介绍了利率微调机理与我国利率微调特征初步显现等问题；刘义圣（2007）在《关于现时期我国利率微调问题的思考》一文中，对利率微调的基本特征及其实施的必要性进行了概述，并初步探讨了我国利率微调的具体操作等问题；刘义圣（2007）在《我国宏观经济调控体系中利率微调政策的时效性研究》一文中，对近年来我国利率微调政策的时效性进行了实证检验，结论显示，我国利率微调政策的效果尚不明显。除此之外，另有一些文章是在探讨其他问题时，附带提及利率微调这一概念。如陈东琪（1995）在《用中性微调熨平经济周期》一文中，就率先提出运用利率微调来调控需求的问题，并指出利率微调不仅在于强调变动幅度不宜太大，还强调以多次小幅度的调整代替一次性的大幅度调整；刘树成（2007）在

《多次性微调：使经济增长率“不冒顶”》一文中，虽然没有明确提到利率微调，但这篇文章中所提及的美联储微调政策，以及我国应采取多次性微调，从而使经济保持在适度高位平衡运行的状态，对我国利率微调问题的研究具有一定的引领作用。

综上所述，国内现有涉及利率微调问题的研究成果，虽然指出了我国利率政策调控的发展方向，但由于缺乏对相关理论、现实背景、实施条件等进行系统的分析与思考，致使许多重点问题只能是点到即止，因而，还难以为我国利率微调的具体操作提供理论指导和政策支持，有待我们慎思明辨、旁求博考、深入探讨。

第二节 利率微调模式的概念与操作原则

一、利率微调的概念

利率微调（Interest Rate Fine－Tuning）一词的出现，最初只是用来描述最近十几年来国外央行适时地根据宏观经济运行形势频繁地调整利率水平，使之呈现出连续的、小幅度变动的特征。从利率微调早期的使用条件与表现形式来判断，它与近年来国内外学者时常提到的“利率平滑”一词在内涵上极为相似，均反映为基准利率趋向于在同一方向上，连续、小幅的变动，而相反方向的变动相对较少且间隔时间长。

利率微调是一种主动性较强、效率较高的调控方式，其政策宗旨主要是为了保持经济增长率的“不冒顶”“不触底”，而非大幅度地提高或压缩经济增长率，从而将经济运行水平长期稳定在潜在的经济增长率水平附近。① 其实施规律表现为：当经济初步呈现过热倾向时，央行要立即进行科学、理性的判断，在此基础上，通过采取逆风向的、多次的、微幅提息行为来抑制投资与消费，控制经济增长，消除因经济可能继续高涨而带来的通货膨胀风险；而一旦经济存在收缩倾向但还未进入衰退期时，央行则同样立即采取逆风向的、多次性的、小幅降息行为来刺激投资与消费，促进经济增长，防止经济可能出现实质性的衰退。这种利率微调操作方式的核心价值在于，既充分发挥利率政策的调控效果，也强调利用市场机制本身的自我调节功能。从理论上说，这样的操作方式更和谐、更理性，其调控的结果也能够使经济更接近于自然状态，更具有稳定性。

从利率本身的固有属性来看，利率主要是通过利率机制对经济产生影响。利率机制是利率要素互相联系、互相制约，并对整个社会经济生活产生重要影响的运行方式，它是利率运动规律的表现形式。利率机制的传导过程是，中央银行通过改变市场货币供应量，来改变资金的市场价格，从而改变某个行业或领域内的投资增长，通过影响投资主体的信贷资金的使用成本，来控制企业的信贷量和商业银行的放贷规模，从而对过热的经济进行降温，对尚未进入萧条阶段但低于潜在增长水平的经济起复苏刺激作用。

但是从利率调控的作用特点上看，由于在利率调控经济的过程中存在着时滞性和政策后期较大的惯性，因此，需要对传统利率手段的调控方式在运用上加以变化，以克服利率调控所带来的周期长、见效慢等特点，使经济增长速度维持在既定的增长目标上。这就需要我们在调整利率的过程中幅度不能过大，要根据所观察到的调控效果随时进行政策的跟进和搭配，以巩固当前的调控结

① 刘树成．多次性微调：使经济增长率不“冒顶”[J]．经济学动态，2006，219（10）：4—7.

果。其具体实施规律为：当经济存在过热倾向时，央行可通过多次、小幅度提高利率来抑制投资与消费，控制经济增长；当经济出现衰退倾向时，央行则采取反方向行事来刺激投资与消费，促进经济增长。这种方式更注重经济运行中市场机制的作用，发挥市场体制和经济体制自身的功能，其调控的结果能够使经济更接近自身的自然状态，更具有稳定性。

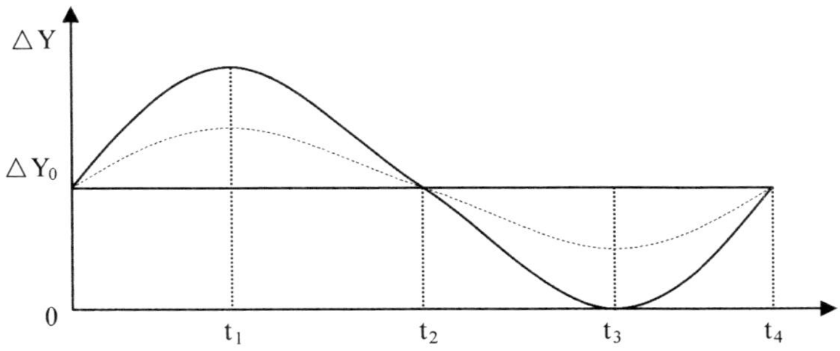

图 1－1 宏观经济运行的周期性波动

宏观经济运行呈现的波动性，如图 1－1 所示，横纵轴分别代表时间和经济增长率。通常情况下的经济波动如图 1－1 中实曲线所示，围绕潜在经济增长率上下波动，且波动幅度较大。0 至 t_1，t_1 至 t_2，t_2 至 t_3，t_3 至 t_4，分别为经济波动的四个阶段。传统的凯恩斯主义就是要求在经济波动至低谷时，运用扩张性的财政政策和货币政策来加快经济的复苏，使经济快速运行至潜在的增长率水平上，以减少长期的经济萧条所带来的损失；而在经济运行至高涨阶段时，则采取紧缩性的财政政策和货币政策将经济运行恢复至潜在增长水平上。由于政策的复杂性和难以准确把握的特点使传统的经济增长常常是按照实曲线波动。而货币政策的新趋势——利率微调，则强调经济运行的平稳性，避免大起大落，理论上如图中虚曲线所示，经济运行至潜在增长率水平附近。即当经济将走向高涨阶段时，通过对利率进行预测性的、逆风向的微幅调整来消除因经济继续高涨而可能带来的通货膨胀；而一旦经济存在收缩倾向但并未进入实质性衰退时，同样采取预测性、逆风向的降息行为，防止经济的继续衰退。其政策宗旨意为经济增长率的“不冒顶”“不触底”，而非大幅度地提高或压缩经济增长率，从而将经济运行长期稳定在潜在的经济增长率水平附近。

二、利率微调的操作原则

利率调整作为宏观经济调控的重要手段通常表现为：经济高涨时提高利率，经济低迷时降低利率。传统的以相机抉择为指导思想的利率调控政策，就是要求当经济运行至低谷时，通过大幅度降息来推动经济的复苏，使经济快速回归至潜在的经济增长率水平上，从而避免长期的经济萧条和通货紧缩所造成的社会福利的损失；而当经济运行至顶峰时，则通过大幅度的提息政策来控制经济的增长速度，从而将经济运行恢复至潜在经济增长率水平上，最终实现有效控制经济过快增长和通货膨胀的风险。然而，由于利率政策本身存在时滞性和难以准确把握的特点，从而使得传统利率调控方式下的宏观经济运行通常呈现出围绕潜在经济增长率上下大幅度波动。而货币政策调控的新趋势——利率微调，弥补了传统凯恩斯主义经济学的单纯以相机抉择为主的利率政策调控方式的局限性，它以避免经济运行过程中出现大起大落的状态为指导原则，更加重视保持宏观经济运行的平稳性。该调控方式主张以当前及预测的经济状况为依据，是一种主动性较强、效率较高的调控方式。其理论运行目标是使宏观经济运行维持在潜在经济增长率水平附近。综上所述，虽然利率微调在外在表现形式上，体现了一定规则的分析思路与框架，但就内在本质而言，利率微调仍属于凯恩斯主义经济学的范畴，是凯恩斯主义宏观调控政策相机抉择的一种特殊实现方式，是融入了一定规则①的相机抉择。一言以蔽之，利率微调就是指央行适时、适度、适量、灵活地调整利率水平，以此来应对经济运行中不可避免的小扰动，并平滑经济波动，使经济保持长期稳定增长的状态。因此，利率微调在具体实施中需遵循以下操作原则：

第一，央行调整利率的适时性——前瞻性。根据国内外利率政策操作经验，利率政策对于实体经济产生作用具有一定的时滞（通常为6—18个月）。要想有针对性地发挥利率政策的作用，就必须考虑到利率政策作用的时滞性和延续性，在具体操作上，提前做出安排进行预调，使利率政策决策具有前瞻性，减少随意性，提高利率政策决策的科学性，发挥利率政策在宏观调控中的效果。② Gerhard Illing（1997）在其所著的《货币政策理论——博弈论方法导论》一书中指出，一个以过去为导向的利率调整政策并非是有效的，甚至会对经济的稳定性造成进一步的破坏。为此，利率政策不应是后向的，而应是具有前瞻性的：它应以未来的预期发展为导向。③ 由此可见，央行调整利率水平必须以预期的各项价格指标和经济增长指标为依据，在通货膨胀到来之前提早上调利率，而在经济出现衰退之前提早下调利率，通过及时主动地调整利率水平，减缓经济可能产生波动的幅度。

第二，央行调整利率的适度性——高频率。相对于传统的利率调整模式，在利率微调模式下，利率调整的次数要更多一些，这是因为，利率微调的基本理念之一就是改一次大幅到位的调整方式为多次小幅渐进的调整方式。但是，利率调整的频率也不适宜过快，这是由于在利率调控经济的过程中存在着时滞

---

① 此处的规则应与货币主义者的单一规则相区别，指的是利率政策的制定应该以一些经济指标作为决策依据。

② 钱小安. 货币政策规则［M］. 北京：商务印书馆，2002：362—369.

③ 格哈德·伊宁. 货币政策理论——博弈论方法导论［M］. 北京：社会科学文献出版社，2002：187.

性和政策后期较大的惯性，调整的频率过快会使得利率政策发生效果叠加。因此，在利率微调模式下，尽管央行对于利率调整的频度要高于传统调控模式，但是也应该采取谨慎的态度，在每次利率调整之间留有适当的时间间隔，这样才有利于央行更好地观察前期利率政策的效果，正确判断调控方向、力度是否合理，从而为下阶段的利率调控做好充足的准备。

第三，央行调整利率的适量性——小幅度。从目前世界各国的利率政策实践来看，利率调整的决策主要是基于固有的政策模型进行的，而这些模型通常包含着一个基本的理论假设，即政策制定者对于主要经济变量的测度是准确无误的。然而，事实上，由于有些宏观经济变量的数值是不能直接测算的，因此，政策制定者在决策时，对利率政策所依赖的宏观经济状况的了解还是相当不确定的。考虑到这一点，同时根据货币政策的传导渠道理论，要想合理地利用利率渠道的传导途径，利率政策的实施应该是一种小心的、渐进的调控过程。事实上，利率的小幅度变动有利于决策机构望风而动，通过对经济调控的结果做出及时的修正，以减少调控过程中可能出现的负面影响。此外，将利率政策大幅度一次性调整转化为小幅度多次调整，使得央行的利率政策更具有连续性，这有助于强化央行对宏观经济调控的决心。

第四，央行调整利率的灵活性——逆风而行。尽管利率政策的制定要遵循一定的规则，但在具体操作过程中依然要体现政策的相对灵活性。“逆风而行”属于货币政策“相机抉择”的一种外在表现形式。用“逆风而行”对央行微调利率的具体操作方式进行规定，意指央行在调整利率的过程中不受任何外界因素的干扰，而是依据经济运行态势灵活取舍，逆风向行事平抑经济周期，以实现货币政策目标。① 要想实现利率政策操作的灵活性，央行就必须先实现对经

① 范方志，赵明勋．当代货币政策：理论与实践［M］．上海：上海三联书店，2005：162.

济运行态势的精确把握，否则，央行的利率政策不仅难以达到预想的效果，甚至还可能出现反向的效果（如果央行对经济运行的态势做出错误的判断，就可能导致利率调整时机的不正确，这不仅有可能削弱利率调控政策的效果，还有可能加大经济波动的幅度）。

第三节　利率微调模式的内外条件与要求

根据现代宏观经济调控理论，央行对基准利率的调整，会通过影响短期及长期借贷市场的供求，并借助一系列的传导机制最终影响宏观经济运行。以两部门经济为例，利率与宏观经济的关系可表示为：$y=(a+e-dr)/(1-\beta)$，其中 y 为国民收入，可表示宏观经济运行状况；r 为利率，这里的利率是指实际利率；$1/(1-\beta)$ 为投资乘数。一方面，降低利率水平，会减少企业的投资成本，增加企业的投资收益，从而导致企业投资规模的扩张，促进宏观经济增长，治理通货紧缩；另一方面，提高利率水平，会增加企业的投资成本，进而减少企业投资利润，促使企业投资规模缩小，缓解通货膨胀、经济过度增长的压力。由此可见，利率政策的作用机理主要体现于其传导路径上，主要是指中央银行根据货币政策目标调整基准利率，以此影响货币市场利率，进而影响到投资、消费与净出口，最终实现货币稳定、经济增长。

然而，从利率政策的具体实践来看，由于利率在调控经济的过程中存在着时滞性和政策后期较大的惯性冲击，传统利率政策的实施效果往往不尽如人意，为此，需要对传统利率政策在调控方式上加以变化，以克服传统利率政策调控所带来的周期长、见效慢等特点，以便使经济运行速度维持在既定的增长目标上。这就需要我们在调整利率的过程中幅度不能过大，要根据所观察到的调控效果随时进行政策的跟进和搭配，以巩固当前的调控结果。① 而利率微调正是基于借助短期利率的小幅度变动，通过构成利率边界来实现对长期利率的控制，从而在低成本的情况下控制产出和通货膨胀，最终实现缓解经济动荡的目的。也正是由于利率微调方式更注重发挥政策作用过程的渐进性和收敛性，因此，其调控的结果能够使经济更接近于自身的均衡状态，更具有稳定性。但是，要想充分发挥利率微调的功能，必须具备一系列的条件，包括内部环境和外部环境。

一、利率微调模式的市场条件要求

（一）宏观经济形势比较稳定

利率政策是由宏观经济大环境决定，并为宏观经济形势服务的。宏观经济大环境对利率政策也有反作用，影响和制约利率政策的传导。当经济活动旺盛时，利率政策传导速度也大大加快；当经济偏冷时，比如出现市场疲软时，利率政策传导速度也大大降低。② 而利率微调作为一种利率政策调控新模式，首先，它是一种“相对稳定”的调控，这主要指央行每次利率政策决策均以事前确定的规则为指导，这就要求国内宏观经济形势比较稳定，否则，当经济金融形势发生较大程度的变动时，事先确定的规则必然难以发挥其应有的功能；其次，它是一种“适轻量”的调控，这主要指央行每次利率调控的幅度大多控制在 0.25％—0.5％，这必然要求宏观经济运行位于潜在的增长率水平附近，否则，当经济波动幅度较大时，小幅多次的利率微调政策由于时滞性和政策惯性

① 刘义圣．关于现时期我国利率微调问题的思考［J］．经济问题，2007（12）：101—104．

② 范方志，赵明勋．当代货币政策：理论与实践［M］．上海：上海三联书店，2005：209．

的影响，容易产生反向的效果。

根据凯恩斯的利息理论，在危机或大萧条时期，货币政策的有效性原本就受到很大程度的质疑，此时如果依然采取小幅多次的利率微调模式，其有效性不仅可能基本为零，而且由于事后的累积效应还可能会对经济产生负效果。鉴于此，从一般情况来看，利率微调模式仅适用于宏观经济形势相对稳定的情况。一旦宏观经济形势发生较大幅度的波动，利率决策模型的适用性就难以判断，政策效果的不确定程度也就相应地加大了。此时，若依然根据既定的利率决策模型来进行微幅、渐进的调整，不但会贻误时机，甚至与政策制定初衷背道而驰。就实践而言，针对美国次贷危机引致的全球性经济危机及各国应对经济危机的具体措施来看，大多数国家均改变了危机爆发之前相对稳定的利率微调模式，启动了较大幅度的降息政策（如美国、欧洲各国及日本等）。有些国家的降息幅度甚至达到了本国历史的最高水平（如韩国），其目的就在于以较大动作的利率政策来刺激经济的复苏。但从具体效果来看，大幅度的降息措施也难以在危机时期发挥应有的作用，反而是财政政策的作用得以更为显著的体现，这与凯恩斯的基本原理相契合。进一步证明了，利率微调实施的宏观经济环境问题不容忽略，利率微调首先必须在一个相对稳定的宏观经济形势下才能发挥其应有的效果。

（二）市场经济主体的行为符合市场规律

利率是通过对市场经济的多个主体产生影响而发挥其调节功能的，主要表现为投资者、储蓄者和金融机构三方对利率变动所做出的反应。这三方对利率变动的反应是否及时、灵敏，直接说明利率是否具有高弹性，这也是利率宏观调控功能能否奏效的前提。提高利率的宏观调控功能在这里包括三层含义：其一，提高投资者对利率变动的敏感程度，使利率变动真正从利益调节机制的角度来影响甚至制约投资者的投资行为。一般来说，利率是通过影响借贷资金成本来鼓励或抑制企业投资的。但如果投资者缺乏利益约束机制和动力机制，不能对利率调节信号做出灵敏的反应，利率调节就会因缺乏微观基础而失效。在美国，一些经济学家经过实证研究，得出结论：美国的当期利率从5%下降到4.5%时，预期投资额将增加9%左右；利率提高1%，则投资增长率下降10%左右。其二，提高储蓄者对利率变动的反应程度。利息是当前消费的机会成本，是储蓄的未来收入，储蓄行为受利率变动的影响。国内外有关储蓄的利率弹性检验均表明：凡储蓄对利率有弹性和完全正相关的国家和地区，都是金融市场和利率市场化程度较高的国家和地区；凡储蓄对利率无弹性或非稳定性相关关系，都是金融市场和利率市场化滞后的国家和地区。由此可见，提高储蓄的利率弹性的基本要求是金融市场完备和利率市场化程度高。其三，提高金融机构对利率变动的传导弹性。利率机制对社会总需求与总供给的调节功能，在一定程度上是通过专业银行在市场中的传导作用而实现的。中央银行的货币政策，首先作用于商业银行，然后才通过商业银行传导给企业和居民，进而影响国民收入和物价水平等经济变量。为此，要建立商业银行的企业化体制和商业化机制，确保商业银行在市场利率中的主体地位。商业银行要在接受中央银行间接调控、金融监管和执行中央银行基准利率的前提下，按照自主经营、自负盈亏的原则和营利性、安全性、流动性的要求，根据市场资金的供求状况、各自的业务特点、资金用途、贷款方式、借款者信誉程度、资金组织的成本费用等因素自主决定存贷款利率。① 就此而言，利率微调的作用效果主要取决于经济主体对于银行信用的利率弹性，如果该利率弹性大，则央行只要进行小幅度的利率调整，就能达到期望的目的。

利率微调要求经济主体必须以利润最大化为目标。“所谓以利润最大化为

① 闫素仙. 利息理论与利率政策研究［M］. 北京：中国经济出版社，2002：167—170.

目标，就是经济主体追求最大化的，而不是一般所说的利润，这就决定了经营者会为最后一定有限利润，而尽最大努力”。[①] 在利用利率微调调控市场基准利率时，只有商业银行追求利润最大化，才能使实际市场均衡利率处于央行设定的存贷利率位置，因为这样资金拆出和资金拆入两方的收益才恰好相等，市场供给与需求平衡。如果商业银行不是以利润最大化作为其追求的最终目标，那么商业银行贷款利率就可能越过央行设定的存贷款利率上下限，其不会在拆借利率低于央行存款利率时存款于央行，也不会在拆借利率高于央行存贷款利率位置时，增加拆出资金的供给，那么市场均衡利率将偏离央行的目标利率，利率微调效果也大大削弱。

在利率微调操作中，经济主体也必须以利润最大化作为其最终目标，才能增强利率微调操作的效果。与传统的一步到位调控方式不同，利率微调操作是采取小幅微调的方式，如果经济主体不是以利润最大化作为其最终目标，对利率变动又不敏感，则利率的微小变动对其经济活动的影响微乎其微，甚至毫无影响；而当利率多次微调经济主体才根据利率变化调整其经济活动时，利率微调的实际政策效果与传统的一次性大幅调整已无太大区别。因此，利率微调操作中经济主体追求利润最大化对货币政策目标的实现具有重要的意义。

（三）金融市场体系的完备程度较高

利率微调要求利率传导机制顺畅，利率传导机制包括横向传导和纵向传导。横向传导是指央行利用利率微调变动基准利率，从而在此基础上影响市场其他利率的变动。它要求市场利率的期限结构、利率档次合理。顺畅的传导机制能使基准利率的变动产生牵一发而动全身的效果。利率横向传导顺畅，则央

① 胡海鸥，贾德奎．“利率走廊”调控的理论与实践［M］．1版．上海：上海人民出版社，2006：166.

行变动商业银行的存贷利率就能很快反映到市场利率上来。利率的纵向传导是指利率的变动在经济体系中的传导。在利率微调操作机制下，每次目标利率调整幅度小，如果利率传导机制不顺畅，则每次利率调整在还没真正实现其政策效果时，经济运行就又要求采取宏观调控措施，利率调整在其传导末端已成强弩之末——利率调整由于传导“阻力”而失去其效果。货币政策也将由于传导机制不顺畅而降低其实际效果。因此，利率传导机制顺畅是实现利率微调的重要条件。

金融市场上各种金融工具的发行与交易，实质上是通过市场利率的变动实现资金的自发重组与配置，资金的优化配置又促进经济资源配置效率的改善。因此，金融市场也是中央银行实施利率政策的重要途径。在金融市场体系发达的国家，金融市场已成为政府实施宏观政策，稳定经济和避免通货膨胀的主要渠道。在市场经济条件下，从中央银行采用市场化工具来影响利率政策的操作，到利率的变动最终对企业和居民行为产生影响，都是借助于完备的金融市场来保证完成的。就此而言，金融市场是衔接中央银行行为、商业银行行为、企业和居民行为的介质和导体。金融市场正是通过利率作用及其传导机制把中央银行行为、商业银行行为、企业和居民行为组成一个有机统一体。

因此，要想最大限度地发挥利率微调的效果，金融市场体系的完备程度是不可或缺的条件之一。完备的金融市场体系包括货币市场、资本市场、外汇市场和黄金市场等。其中，货币市场涵盖同业拆借市场、回购协议市场、商业票据市场、银行承兑汇票市场、短期政府债券市场、大面额可转让存单市场等。资本市场主要包括股票市场和债券市场等。在金融市场完备程度较高的情况下，中央银行利率政策一旦决策并加以实施，就能通过金融市场这个统一体，把利率政策调控意图逐级由金融体系传递和扩散到实体经济领域，从而影响到企业和居民的投入与产出活动，最终影响整个经济的发展。因此，一国利率政策传导是否畅通、有效，与该国是否有一个健全、完善的金融市场有着很大的关系。没有发育健全的金融市场体系，就不会有完善、有效的利率政策传导机制。

二、利率微调模式的政策条件要求

（一）央行保持利率政策操作的高度独立性

理论上说，任何政策的决策和实施效果，都与政策制定者和实施者的权威有很大关系。中央银行作为特殊的金融机构，代表国家政府管理金融。它既是国家货币政策的制定者，也是货币政策的执行者，同时，还有对金融业实施监督和管理的职能。只有中央银行超脱于政府行为，对整个经济发展状况负责，不受各种政府行为的行政干预，才能保证货币政策的前瞻性、灵活性和科学性，才能使货币政策传导机制从调控主体开始就较为明确、有效。独立性是指中央银行可以自主决定货币政策和金融监管的程度，缺乏独立性的中央银行一般对通货膨胀控制具有随意性，因而会削弱中央银行法定框架所确定的责任心。① 在一项对 17 个国家的中央银行独立性与宏观经济关系进行比较的研究中，结果显示，中央银行独立性越强，通货膨胀率越低；独立性越弱，通货膨胀率越高。其中，低通货膨胀率并不是以牺牲经济增长换来的。央行独立性高的国家，失业率或产出波动并不比央行独立性低的国家大。可以说，中央银行的独立性与经济增长不存在必然联系，但与价格稳定，具有几乎完全的相关关系，从而对货币政策的有效性起着重要作用。②

一般看来，央行保持利率政策操作的独立性，其优越性会在以下两方面显

---

① 钱小安．通货紧缩论［M］．北京：商务印书馆，2000：176—177.

② 范方志，赵明勋．当代货币政策：理论与实践［M］．上海：上海三联书店，2005：194.

现出来：一方面，有利于实现中央银行对利率的控制力。在当代经济背景下，中央银行对利率的控制力不仅应该看作对名义利率的操作，而且还应该是有效控制真实利率的一个富有意义的途径。尽管利率政策工具必然体现为名义利率的改变，但中央银行官员会形成一个对通货膨胀率的预期，从而在设定名义利率的时候，也必然意识到其中隐含的实际利率。如果中央银行能够保持利率政策操作的独立性，原则上说，中央银行对真实利率所做出的足够坚决且一致的政策，无论其目标是什么，最终都会实现。而且，真实经济必须按照政策决定的利率来进行调整，而不是相反。[①] 另一方面，有助于提高中央银行在实现政策目标方面的可信度。中央银行的独立性越强，其可信度就越高。因为，中央银行在政策决策过程中，可以摆脱政府及相关利益集团的不必要干扰，从而确保政策目标的明确、稳定和延续。在此框架下，政府将政策制定权交由有独立性的中央银行执行，并通过创造政策条件，防止动态不一致，从而实现中央银行利率政策的优化。对公众而言，动态不一致的政策是不可信的，这意味着决策者并不一定会真正地实施政策，而是有可能采取相反的策略。为此，通过降低政策的动态不一致性以增加公众的信任度，就成了中央银行独立性的显著优势之一。

（二）央行保持利率政策操作的可靠性与透明度

市场经济主体对央行政策预期的准确程度取决于央行赋予政策的明确和稳定程度，如果政府提供的信号是模糊的和不稳定的，商业银行的预期水平再高，也难以做出符合市场和央行要求的反应，这就可能造成市场利率的无序波动。就此而言，随着利率政策调控手段的日益成熟，中央银行要想更多地发挥

---

① 约翰·史密森．货币经济学前沿：论争与反思［M］．上海：上海财经大学出版社，2004：180—181．

导向性信号作用，就必然要增强其政策操作的可靠性和透明度，以便引导公众形成合理预期，充分实现利率微调的政策效果。利率政策的可靠性表明一种信用，即中央银行承诺在利率政策决策和执行过程中体现一种可信度。具体说，就是指中央银行利率政策与经济变量之间存在一种稳定的函数关系，从而使得政策符合理性预期标准。在自然利率状况下，货币政策当局具有信息优势，利率政策和经济变量指标会对所有的波动产生影响，缺乏对私人部门预期的控制会使政策产生不利影响，如出现资本外逃、货币投机的冲击。为此，中央银行应该及时对私人部门的预期做出反应，保持利率政策的可靠性，否则利率政策的效果必然会受到限制。央行保持利率政策操作的可靠性，既是保障利率政策调控效果的基础，又是提高利率微调实施效应的关键。

利率政策透明度泛指利率政策的公开程度，特别是指中央银行对决策情况的公布及对决策理由的解释。① 如果中央银行利率政策操作的透明度高，表明中央银行会及时向公众传达利率政策决策所依据的原则，披露其政策制定过程和结果的相关信息，其目的在于及时向公众阐明中央银行的货币政策意图，从而使得公众能够利用现有信息对未来政策前景做出合理预期。近年来，中央银行利率政策的透明度已经越来越受到公众的重视，而政策决策者也意识到在全球化背景下，公开披露利率政策的决策信息成为建立信誉、形成预期和加强利率政策有效性的一个重要因素。因此，越来越多的中央银行开始使用有效的方式与公众交流其政策和活动的信息，不断提高利率政策决策以及管理体制的透明度，以此减少市场波动。中央银行保持利率政策的可靠性和透明度具有非常重要的意义。它可以满足公众了解政策信息的需求，引导和培育公众的理性预期，促使市场利率尽快向目标利率靠拢，提高利率微调的政策效果，保持价格

① 谢平，程均丽．货币政策透明度的基础理论分析［J］．金融研究，2005（1）：24—31．

和经济的稳定。

（三）央行保持利率政策调控的市场化手段

央行的利率调控可以采取行政手段，也可以采取市场化手段。历史经验已经证明，行政手段固然可以在短期内取得较大的效果，但在长期则会导致利率体系的扭曲，不利于充分发挥利率政策的调控作用。故而，央行最终还需采取市场化手段来进行调控。所谓市场化手段，就是指中央银行放松对商业银行利率的直接控制，把利率的决定权交给市场，由市场主体自主决定利率，中央银行则通过制定和调整再贴现率、再贷款率以及通过公开市场买卖有价证券等间接调控手段，形成资金利率，使之间接地反映中央银行货币政策的一种机制。简言之，利率政策调控的市场化手段即指由资金市场的供求关系来决定利率水平，政府放弃对利率的直接行政干预。在此种情况下，利率由各个金融机构根据金融市场供求状况和央行的指导性信号，自主地确定利率大小和调整利率的时机，央行只是通过预定年度货币政策计划，制定和调整法定准备金率、再贷款利率、再贴现利率，进行公开市场业务操作及其他指导性窗口等，借助货币市场的内在运行机制，向金融机构传导央行的信贷、利率政策信号，从而间接影响到金融市场的利率水平。

无论是发达国家还是发展中国家的经验都表明：当商品经济发展到一定程度时，只有通过放松利率管制，从制度上保证利率的灵活变动和结构合理化，才能充分发挥利率功能，解决资源的合理配置、提高经济效益、抑制通货膨胀和促使经济稳定发展的问题。这就要求国家（通过中央银行）只能采取经济手段间接作用于利率，而不能依靠强制力量和行政手段直接规定、限制利率。[①]间接调控下的市场利率制度的特点是：一是中央银行只制定和调控基准利率，

---

① 闫素仙．利息理论与利率政策研究［M］．北京：中国经济出版社，2002：166．

其他利率放开；二是由市场供求关系决定利率；三是主要用经济手段调节资金市场的供求关系，从而间接影响市场利率的变动。从这一点来看，放松利率管制，能基本上做到使利率总水平与价格总水平同涨落、与资金供求状况同变化。但是，值得注意的是，放松利率管制虽然表现为利率决定的市场化，但并不是对利率完全放任自流，政府毫不干预。事实上，在放松利率管制下，货币当局应根据国民经济运行的实际状况与需要，通过官方利率、法定存款准备金制度、公开市场业务等来引导和影响市场利率。在此，市场利率是中央银行利率变动的基础，它为中央银行利率的变动提供市场信号和参考指标。而中央银行利率又是市场利率变动的基准，它为市场利率的变动提供宣示和导向作用。

除此之外，利率微调是以变动央行基准利率为基础从而影响市场其他利率变动。如果一国基准利率体系不完善，市场上存在多种基准利率，则利率微调操作将采取何种利率作为央行调控基准利率？在市场基准利率不完善条件下，各种利率之间的联动性不强、相关性弱，央行利率微调操作也就失去其本来意义。而完善的基准利率体系一方面有利于利率微调的实施；另一方面也有利于利率政策的横向传导和纵向传导，提高货币政策效果。故而，利率微调操作必须有完善的基准利率作为基础，才能实现利率调控的目标。

第二章

利率微调模式的国际比较与借鉴

20世纪90年代以来，随着利率逐步取代货币供应量成为货币政策的中介目标，利率在货币政策手段中的地位与日俱增。为了权衡经济增长与物价稳定之间的关系，货币当局开始根据宏观经济形势变化，适时、灵活地调整利率。在不到20年的时间里，利率微调在欧美等发达国家日益流行起来，并且取得了一定的成效。目前，这些国家不仅在一定程度上掌握了利用利率微调干预经济的方法和技巧，而且也在总结经验与不足的过程中不断地修正。在过去十几年里，西方主要国家的利率政策调整呈现出这样的特征：利率调整次数较多、调整幅度较小、调整时间间隔相对稳定。由此可见，就西方主要国家而言，利率政策的微调方式已经成型，只是在程度上还存在一定差别。

从我国目前情况来看，党的十八届三中全会提出“在资源配置中市场要起决定性作用”以及“完善金融市场体系，并加快利率市场化的步伐”，这就意味着利率市场化即将完成。对此，央行行长周小川表示，央行将“尊重市场规律、尊重市场选择”，由此可见，即便短期内，我国利率调控的背景无法达到完全的市场条件，但发挥市场决定性作用已经成为未来一段时间的政策前提。比较而言，我国经济发展水平与西方发达国家还有一定差距，利率政策操作也不如西方发达国家那般娴熟。但西方发达国家正在采用的利率微调模式，及其实施过程中展现出来的一些方法与技巧，对我国无疑具有一定的借鉴意义。

第一节 西方发达国家的利率微调

一、美国的利率微调

利率微调作为成熟市场经济国家货币政策操作的一种新模式，自20世纪90年代开始在美国等发达国家流行起来，并且取得了一定的成果。主要表现为实施利率微调的国家均能较长期地将经济增长率控制在适度区间，实现经济波动的平滑化。然而，2008年美国次贷危机引致全球性金融危机的爆发，不可避免地使学术界对货币政策利率微调模式的适用性产生了怀疑与争论。甚至有些学者认为，此次危机爆发的主要原因之一，就是美联储持续在同一方向上小幅度地调整利率，而这种利率微调模式是否真的有效，还有待进一步考察。基于此，选取美国为对象，对其利率微调模式的实际操作情况进行分析，就具有一定的现实意义。

20世纪90年代，在新凯恩斯主义的影响下，美国放弃了以货币供应量为中介目标的调控方式，而转向以“中性”货币政策为主要操作规则的调控方式上来。正是得益于泰勒规则和利率微调，美国在20世纪90年代以后的较长时间内，实现了经济稳定增长、失业率与通货膨胀率“双低”的宏观经济运行良好态势。美联储在实际操作中秉承了“中性”货币政策的理念，高频率、小幅度地逐步改变名义利率水平，为美国经济的良性运行保驾护航。表2－1数据显示，美国自1994年2月到2014年11月，连续58次调整联邦基金利率，其中联邦基金利率下调28次、上调30次，但每次的降幅都维持在0.25到0.5

个百分点（其中，只是在2008年有三次达到0.75个百分点）。

表2－1　美联储对联邦基金利率的调整

调整时间	调整幅度		调整次数	利率水平	观　点
	向上	向下			
1994	2.25		6	3.25％—5.5％	防止通货膨胀
1995	0.5		1	6.00％	防止通货膨胀
1997		0.5	1	5.50％	避免东南亚经济危机影响
1998		0.75	3	4.75％	刺激经济增长
1999	0.75		3	5.50％	防止通货膨胀
2000	1		3	6.50％	防止通货膨胀
2001		4.75	11	1.75％	刺激经济增长、防止通缩
2002		0.5	1	1.25％	加快经济复苏
2003		0.25	1	1.00％	加快经济复苏
2004	1.25		5	2.25％	加息防止通货膨胀
2005	2		8	4.25％	加息调控宏观经济
2006	1		4	5.25％	美国公众期盼停止加息
2007		1	3	4.25％	为救市而增加金融市场流动性
2008		4.00—4.25	8	0—0.25％	应对经济成长向下的风险
从2008年12月16日以来，美国联邦基金利率一直维持在0—0.25％的超低区间。					

注：数据根据美联储系统网站利率调整信息整理。

根据表2－1的数据，利率平滑调控已经成为美联储一项经常性的货币政策操作手段。近年来，该操作手段更呈现出三个特点：其一，联邦基金利率会在较长时间内朝着同一个方向变化，即连续的升息或降息；其二，联邦基金利率的变化显得很谨慎，要想达到某一调控目标水平，往往需要小幅的、连续的利率调整，利率调整的幅度一般不超过50个基点；其三，只有当经济周期转变利率调整周期转向时才改变利率调整的方向。如果进一步分析，这种带有明显微调特征的利率政策调控表现为：1994 年 2 月至 1995 年年初，为了应对 1994 年上半年以来经济快速增长以及由此可能引发的通货膨胀问题，美联储连续 7 次上调联邦基金利率，使其由 3%迅速提升至 6%，随之，国民经济增长速度趋于缓和。随后的两年内，为了防止通货紧缩，促使经济按预设的轨道运行，美联储 4 次小幅度下调联邦基金利率。从实践结果来看，在此期间，美国经济运行也基本保持相对平稳的状态。1999—2000 年，美国经济出现过热倾向，通货膨胀预期加大，为此，美联储连续 6 次加息，目的就在于抑制经济过热和防止通货膨胀。① 综上所述，在 1994—2000 年，美国通过采取小幅、多次、渐进式的利率调整方式，在一定程度上确保了这段时期内美国经济的良好运行，即物价相对稳定的同时也促进了经济增长。然而，自 2000 年第三季度以来，由于美联储利率政策的失误，加之其他经济因素的干扰，美国经济增速放缓，随后跌入低谷。为了积极应对经济衰退的势头，美联储开始频繁使用利率政策工具，仅 2001 年 1 月至 2003 年 6 月不到三年的时间里，就连续 13 次下调联邦基金利率，联邦基金利率直接由 6.5%降至 1%。正是有赖于连续小幅度的利率下调措施，美国经济才逐渐走出低谷，并在 2004 年重新恢复至较高增长的状态。针对 2004 年下半年美国经济步入“快车道”的短期繁荣局面，2004 年 6 月至 2006 年 6 月，美联储连续 17 次上调利率，虽然每次调整基点均为 0.25%，但累积的结果使联邦基金利率从 2.25%上扬至 5.25%，这种长达两年的紧缩政策使得美国成功地抵制了经济的快速增长可能带来的通货膨胀。2007 年，美国遭受“次贷危机”的影响，经济增速开始大幅度下滑，为了刺激经济、应对危机，美联储连续多次下调利率，而且降息的幅度也较之前有所放大，至此，美国开始进入新一轮的降息周期。从上述美联储实施利率微

① 闫素仙. 利息理论与利率政策研究［M］. 北京：中国经济出版社，2002：199—200.

调的具体效果来看，相比于美国七八十年代实施的以货币供应量为中介目标的货币政策，以联邦基金利率为具体操作目标的利率微调政策较为成功地实现了美国经济从20世纪90年代初期开始的持续了十几年的高增长状态。在此期间，虽然也经历过一些波动和冲击，但总的来说，利率微调的效果还是比较明显的。

二、英国的利率微调

20世纪八九十年代，当英镑遭遇危机时，英国政府经常将利率作为拯救英镑的工具，具体做法是通过大幅度调整利率来直接干预货币政策的制定，当时每轮周期中利率波动的幅度最高达10个百分点。从实施效果来看，此种举措并未能达到预期的目标，结果常常是令人失望的。90年代中后期，英国央行开始独立执行货币政策，并且一改过去对利率大刀阔斧、每次加息幅度最高达到10个百分点的做法，对利率的调整变得谨小慎微起来，波动的幅度微小，每次仅为25个基点，不再是一周变动两个百分点的做法。而这种变化所带来的影响有两方面，一是使英国过去30年起伏不定的利率变得平滑起来，进而使英国央行对利率市场产生了有效的预期；二是使英国经济经历了一段空前稳定的时期。

就具体的做法而言，英国央行不但在微调的幅度上借鉴了美国的做法：以通货膨胀为既定目标，每次调整25个基点；同时，在不利于加息而又需要加息才能取得效果的宏观经济环境下，英国央行借鉴了美联储道德劝说的方式，即通过公开场合的讲话，暗示加息。由此可见，英国央行微调利率的真正意图并不在于加息或降息（如，有时甚至是零加息——央行的一种“道义劝说”，即使变动利率也通常是25个基点的小幅度变动），而在于引导货币市场的合理预期，但就其效果而言，并不亚于真正的加息。

虽然，从表2-2中的数据可见，受全球性金融危机的影响，当小幅度的微调利率已经不能适应经济的大幅度波动时，英国央行也适时转变持续多年的利率微调方式，改用大幅度的调息方式来抵制经济危机的负面影响。但我们应该清楚地认识到，这种短时期内的大幅度调息方式只是为了满足不时之需，并不会成为英国央行下一阶段的持续性策略。可以预见，一旦经济形势好转，英国央行必然重新回归至其长期惯用的小幅度、微调的利率政策操作方式上来。事实证明，由于英国2009年第四季度GDP环比增长0.1%，显示整体经济初步摆脱衰退阴影，但鉴于经济复苏前景的不确定性和复杂性，英国央行在利率调整政策上表现得更为保守而谨慎，小幅度的利率微调方式重新浮出了水面。

表2－2　英国央行货币政策委员会对利率的调整

调整时间	调整幅度		利率水平
	向上	向下	
2001.09.18		0.25	4.50%
2001.10.04		0.25	4.25%
2001.11.08		0.25	4.00%
2003.02.06		0.25	3.75%
2003.07.10		0.25	3.50%
2003.11.06	0.25		3.75%
2004.02.05	0.25		4.00%
2004.05.06	0.25		4.25%
2004.06.10	0.25		4.50%
2004.08.05	0.25		4.75%
2005.08.04		0.25	4.50%
2006.08.03	0.25		4.75%
2006.11.08	0.25		5.00%

续表

2007.01.18	0.25		5.25%
2007.05.10	0.25		5.50%
2007.07.05	0.25		5.75%
2007.12.06		0.25	5.50%
2008.02.07		0.25	5.25%
2008.04.10		0.25	5.00%
2008.10.08		0.50	4.50%
2008.11.06		1.50	3.00%
2008.12.04		1.00	2.00%
2009.01.08		0.50	1.50%
2009.02.08		0.50	1.00%
2009.03.05		0.50	0.50%
自 2009 年 3 月以来，英国央行一直将基准利率维持在 0.5%的历史低点。			

注：数据来源于中国人民银行官方网站 http：//www.pbc.gov.cn.

借助于美、英等国的利率平滑调控模式，一些学者对此进行了实证分析，并提出利率平滑调控通常呈现如下特点：一是基准利率的变动多数情况下是沿同一方向进行的，也就是说，升息或降息周期持续的时间都比较长，很少进行利率反方向的调整；二是从调整的频率来讲，基准利率沿同一方向调整的频率要远高于前后逆向调整的频率，说明央行会在采取逆向利率调整之前的较长时间内维持基准利率的稳定；三是基准利率的调整幅度都是比较小的，一般会低于 50 个基点（以 0.01 为一个基点）。①

① Brian Sack，Volker Wieland. Interest – Rate Smoothing and Optimal Monetary Policy：A Review of Recent Empirical Evidence [J]. Finance and Economics Discussion Series from Board of Governors of Federal Reserve System (U.S.)，1999 (39).

三、德国、加拿大的利率微调

自1985年以来，德国联邦银行考虑到货币政策的稳定性和渐进性，开始通过设定利率走廊来调控货币市场利率的操作模式。利率走廊上限为伦巴德利率，利率走廊下限为联邦银行的贴现利率。两种利率都是挂牌公布。其中，贴现利率直接影响到隔夜利率或拆借利率。近三十年来，德国联邦银行主要使用回购协议进行银行储备管理，期限为2—4周。伦巴德贷款已经越来越少，但是仍然公布伦巴德贷款利率，目的在于政策导向。储备管理继续直接影响隔夜利率，也影响到贴现利率和伦巴德利率，而且隔夜利率与回购利率水平很接近。尽管操作程序上有所变化，隔夜利率一直是德国联邦银行政策工具，同时也不可避免地受到贴现利率与伦巴德利率之间的利率走廊的限制。① 然而，在德国较早的利率走廊实践中，利率走廊调控模式的优势并没有充分发挥出来，它能控制拆借利率的上限，却不能控制拆借利率的下限，主要原因在于当市场上流动性比较充裕的情况下，商业银行可以更低的利率从同业市场拆入资金，而不向德国联邦银行要求贷款，同业拆借利率就会低于作为下限的联邦贴现利率。

20世纪90年代开始，加拿大取消了法定准备金制度，并通过设定利率走廊来调节隔夜拆借利率。其利率走廊上限为中央银行向商业银行等金融机构提供的流动性贷款利率，利率走廊下限为商业银行等金融机构在中央银行账户上的超额准备金存款利率。在每个交易日开始时，中央银行都会公布隔夜利率目标，在日末交易清算时，则规定商业银行等金融机构必须保持账户平衡。如果出现当日末清算收支不平衡，商业银行等金融机构就必须向中央银行进行存贷

① 钱小安．货币政策规则［M］．1版．北京：商务印书馆，2002：290.

行为来调整账户。就加拿大的利率走廊调控模式而言，具体实践已经趋于成熟，实际拆借利率被稳定地控制在央行的目标水平上，即使有限的几次波动，其幅度都远远小于德国联邦银行。① 从具体操作来看，加拿大的利率走廊调控呈现如下特点：其一，利率走廊区间设定较小。加拿大利率走廊区间基本维持在 0.5 个基点的范围，即加拿大的准备金利率低于中央银行的政策目标利率 25 个基本点，流动性贷款利率高于政策目标利率 25 个基本点。值得注意的是，2009 年 4 月，加拿大央行将隔夜拆款利率的目标区间从 50 个基点收窄至 25 个基点，这是该央行自 1999 年推出利率目标区间以来首次对其进行调整，此时，基准利率和央行支付给金融机构的存款利率一致。此后，目标区间又重新回到 50 个基点。其二，隔夜目标利率调整幅度较小，基本维持在 0.25 个基点。如表 2－3 所示，2002 年 1 月至 2010 年，加拿大央行调整隔夜目标利率共 34 次，其中有 28 次调整幅度均为 0.25 个基点，仅有 6 次调整幅度超过此基点。2008 年 3 次下调幅度达到了 0.5 个基点、一次达到了 0.75 个基点，2009 年的两次下调幅度达到了 0.5 个基点。其三，货币政策操作的透明化。加拿大中央银行在每个交易日上午 9 时公布政策利率目标及操作区间，中午 11 时 45 分根据同业拆借市场的交易情况及实际拆借利率来决定是否要进行干预，晚上 20 时前对商业银行等金融机构的当日交易进行最终清算，在交易结算之前，LVST 系统将在金融机构结束对客户的营业后留出半个小时的时间（18：00—18：30），以便让商业银行等金融机构进行相互拆借，而不是依靠中央银行的资金来平衡其账户。②

① 胡海鸥，贾德奎．加拿大零准备金制度的利率调控机制及其启示［J］．上海经济研究，2005（5）：56—61．

② 胡海鸥，贾德奎．“利率走廊”调控的理论与实践［M］．1 版．上海：上海人民出版社，2006：40—41．

表 2－3　加拿大央行隔夜目标利率变化情况

变化时间	变化幅度（基点）	贷款利率上限	存款利率下限	变化后利率
2002.01.15	－25	2.25%	1.75%	2.00%
2002.04.16	＋25	2.50%	2.00%	2.25%
2002.06.04	＋25	2.75%	2.25%	2.50%
2002.07.16	＋25	3.00%	2.50%	2.75%
2003.03.04	＋25	3.25%	2.75%	3.00%
2003.04.15	＋25	3.50%	3.00%	3.25%
2003.07.15	－25	3.25%	2.75%	3.00%
2003.09.03	－25	3.00%	2.50%	2.75%
2004.01.20	－25	2.75%	2.25%	2.50%
2004.03.02	－25	2.50%	2.00%	2.25%
2004.04.13	－25	2.25%	1.75%	2.00%
2004.09.08	＋25	2.50%	2.00%	2.25%
2004.10.19	＋25	2.75%	2.25%	2.50%
2005.09.07	＋25	3.00%	2.50%	2.75%
2005.11.06	＋25	3.25%	2.75%	3.00%
2005.12.03	＋25	3.50%	3.00%	3.25%
2006.01.06	＋25	3.75%	3.25%	3.50%
2006.03.07	＋25	4.00%	3.50%	3.75%
2006.04.25	＋25	4.25%	3.75%	4.00%
2006.05.24	＋25	4.50%	4.00%	4.25%
2007.07.10	＋25	4.75%	4.25%	4.50%
2007.12.04	－25	4.50%	4.00%	4.25%
2008.01.22	－25	4.25%	3.75%	4.00%
2008.03.04	－50	3.75%	3.25%	3.50%

续表

2008.04.22	−50	3.25%	2.75%	3.00%
2008.10.08	−50	2.75%	2.25%	2.50%
2008.10.21	−25	2.50%	2.00%	2.25%
2008.12.09	−75	1.75%	1.25%	1.50%
2009.01.20	−50	1.25%	0.75%	1.00%
2009.03.03	−50	0.75%	0.25%	0.50%
2009.04.21	−25	0.50%	0.25%	0.25%
2010.06.06	+25	0.75%	0.25%	0.50%
2010.07.20	+25	1.00%	0.50%	0.75%
2010.09.08	+25	1.25%	0.75%	1.00%
备注：加拿大央行自2010年9月来一直维持利率在1%不变。				

注：数据根据加拿大银行系统网站隔夜目标利率变化信息整理。

借助于德、加等国的利率走廊调控模式，一些学者对其运行成功的特点进行了总结：一是预期理性的商业银行是利率走廊调控发挥作用的一个潜在前提，它们能够随时根据自己清算账户状况，及时拆出富裕的资金，拆入短缺的头寸，进而使它们的操作符合央行预先确定的目标利率；二是零准备金制度是利率走廊调控发挥作用的一个有力支撑，消除了商业银行为满足法定准备金要求而引起的资金需求波动，提高了中央银行预测市场资金需求的准确性；三是较小的操作区间（一般控制在25—50个基点左右）是利率走廊调控发挥作用的一个根本保障，既可避免市场反应过度，又可以为逆向操作留下足够的余地和空间。①

① 贾德奎，胡海鸥．货币市场利率调控的新范式［J］．经济评论，2004（2）：94—97．

第二节　利率微调的国际经验与借鉴

当前，各国的货币政策仍将以稳定价格和经济增长为目标，在政策手段的选择上，利率微调将继续为各国所采用。鉴于此，我国作为世界经济体系中的重要一员也不能例外，而应借鉴国际上较为成熟的使用利率微调的实践经验，吸收其中有利于我国利率微调政策的相关因素，走出一条适合我国经济发展需要的利率微调之路。基于对美、英、德、加等西方发达国家利率微调实践的相关介绍，在此，我们以西方发达国家为对象，对其利率微调的相关经验进行归纳与总结。

一、美国利率微调的经验

美国是世界上市场经济最发达的国家之一，以泰勒规则为指导的利率微调模式对美国经济的长期稳定增长起到了不可忽视的重要作用。正确认识美国利率微调的实践过程，可以帮助我们理解和把握在市场经济条件下实施利率微调政策的一些前提条件。为此，我们有必要对美国利率微调的经验进行总结，并从中归纳出一条可以参照的路径来指导我国的利率微调操作。通过研究，我们总结了美联储利率微调的一些特点：

第一，美联储在实施利率微调政策时，不是简单地考虑到短期因素的影响，而是以长期预测数据为基础。由于美联储十分重视长期调研和预测工作，其调整利率通常是基于对深层次因素的判断来进行的，较少受一些偶然或暂时现象干扰，因此，它们无论是上调利率还是降低利率均能相对准确，并及时到位，从而卓有成效地消除了经济运行中的隐患，使得经济在运行过程中避免大起大落的冲击。[①] 比如，美联储的加息与降息政策，并非是由于美国经济已经出现过热或紧缩现象，通常只是基于美联储对通货膨胀或通货紧缩的预期，这种宏观调控的前瞻性思维使得美联储的利率微调政策时常闪现出一种先发优势，从而达到预防经济大幅度波动的效果。而这种前瞻性的利率政策调控意识正是我国央行应该进一步增强的。

第二，美联储在实施利率微调政策时，通常是基于对经济波动根源及其可持续性的准确判断。利率微调政策的有效实施，前提条件是要能透过经济波动现象看到其根源。如果缺少对经济波动可持续性的准确判断，在短期内过度地在同一个方向连续调整利率，就有可能造成经济的长期不稳定性，最终反而会与政策初衷背道而驰。因此，美联储每次调整利率之前，都会对国内外的宏观经济形势进行仔细分析与准确判断，在每一次调息之后，美联储还会根据上一次调息后的具体情况对下一次的利率调整策略加以预先判断：或者持续性地进行同方向调息，或者以修正为目的进行反方向调息。正是基于对经济波动根源及其可持续性的准确判断，美联储积极主动、相对准确的实施利率微调政策，使得美国经济较长一段时期内保持在高增长的水平。

第三，美联储在实施利率微调政策时，虽然以联邦基金利率为操作目标，但非常注重各种政策工具的搭配使用。联邦基金利率是美国银行利率体系的核心，起到引导和调节社会利率水平的作用。与此相配合，三大传统的货币政策工具：公开市场业务、法定存款准备金率和再贴现率在美国得到了较为充分的运用，其中，公开市场操作由于其市场性、灵活性及可控性等特点，运用频率更是频繁。美联储基本上是通过公开市场操作来影响联邦基金利率，进而影响

① 闫素仙. 利息理论与利率政策研究［M］. 北京：中国经济出版社，2002：203.

长期利率趋势来调控投资和消费，最终实现物价稳定与经济增长的货币政策目标。

第四，美联储利率微调政策的有效实施，与其国内利率市场化的成熟度密不可分。美国的利率政策以其浓厚的市场化色彩著称，在利率市场化的体制下，市场利率是充分体现市场资金供求和市场主体竞争结果的均衡信号，市场利率的变动为中央银行及时提供可靠的调节信号。为此，美联储并不是对市场利率进行直接的人为干预，而是通过政策手段来加以调节和引导。由此可见，美国利率微调政策的内生性较强，市场利率的变动极少体现政府或中央银行的货币政策意向，从而使得利率操作具有灵活的弹性，进而强化了利率微调政策的实际效果。

二、英国利率微调的经验

英国的货币政策经过几十年的尝试、演变，直至 1992 年 9 月，英国正式宣布取消汇率目标制，取而代之的是实施通货膨胀目标制，通货膨胀目标为 1%—4%。这种货币政策操作规则的改进，使得英国改变了之前既要维持汇率稳定又要维持国内物价稳定的波动局面。从总的效果来看，1992 年之后，通货膨胀定标（Inflation Targeting，简称 IT）规则货币政策框架是适应英国内外部经济环境的，是比较有效的。1993—2005 年，英国经济的平均增长率达到了 3%，同时产出的波动也较小。英国的通货膨胀和经济增长的情况良好，这在很大程度上与英国采用通货膨胀定标规则指导下的利率微调密不可分。这种新的利率政策操作模式具有以下特点：

第一，标准化的货币政策决策程序在一定程度上提高了货币政策决策的透明度和可靠性。英格兰银行和财政部及其顾问按月召开会议，进行货币政策的决策，并于 1994 年出版《货币政策委员会会议纪要》。此外，英格兰银行还通过出版《通货膨胀报告》，公布中央银行对即将出现通货膨胀的预测信息。这种货币政策程序化和透明度的提高，有助于增强公众对货币政策的预期性。

第二，英格兰银行拥有决策利率水平的自主权。1998 年的《英格兰银行法》赋予了英格兰银行运用货币政策工具的独立性，并从法律上要求英格兰银行实现物品价格稳定。近年来，英国以居民消费价格指数来反映通货膨胀水平，事实上，英国货币政策的目标是由政府制定的，而货币政策委员会决定以利率水平来实现这些目标。由此可见，英国货币政策的最终目标仍然是价格稳定，只是为实现这一最终目标不再设立其他的中介目标。

第三，英格兰银行主要的货币政策工具就是公开市场操作，通过在公开市场上的操作来管理市场上的短期利率水平。英格兰银行每天在公开市场上进行 4 次操作，操作的标准是 14 天的逆回购，按照货币政策委员会确定的固定利率向市场招标，最终使短期利率向官方利率靠近。在目前的货币政策框架中，货币供应量在货币政策的传导机制中仍发挥着重要作用，但它并不是一个操作工具，只是制定货币政策时的一个参考指标。

第四，英格兰银行在公众沟通的渠道和方式上有许多创新，特别是《通货膨胀报告》。在实施通货膨胀目标制后，英格兰银行采取各种手段确保通货膨胀预测信息的准确性，为通货膨胀目标的实现扫除障碍。他们使用单方程技术估计短期通货膨胀率（3 个月），利用结构模型估计中期通货膨胀率（大约 2 年）。除此之外，英格兰银行还利用其他数量模型和定性信息来补充基础模型的结果。1997 年，英格兰银行宣布独立以后，各种期限的通货膨胀预期立即下降了 50 个基点，中央银行的独立性以及政策透明性提高了货币政策的可信度。1998 年年底，各种期限的通货膨胀预期均为 2.5%，之后这一预期一直处于较低水平。

三、德国、加拿大等国利率微调的经验

利率走廊调控是央行通过调控同业市场拆借利率来调控货币市场利率，但同业拆借利率变化是如何传导引起市场各种利率相应发生变化？在市场经济条件下，任何金融主体都追求利润最大化，即使在某些特殊条件下，金融机构不是以利润最大化为首要目标，但其仍具有利润最大化的倾向。当前在全球范围内，一般各国管理当局均要求金融机构具备一定的准备金以应对市场流动性需求，而实行零准备金制度的国家中，一般要求各金融机构在每个交易结算日结束时保持其账户平衡，以防范可能出现的流动性冲击。金融主体为了实现利润最大化，必然将持有的金融资产投向收益最大的领域，而不同领域的投资具有不同的利率期限结构。在某一时期，由于金融市场流动性冲击，使得某些金融机构资金不能满足金融监管当局的要求，一些金融机构收入大于支出，一些金融机构支出大于收入，资金不足者要向资金多余者融入资金以满足金融监管当局的要求。但是，资金拆入者其拆入资金的利率不会高于央行提供的再贷款利率，因为如果拆借市场利率高于央行再贷款利率，资金拆入方与其在拆借市场拆入资金，不如向央行再贷款；同理，资金拆出方其资金利率也不会低于央行存款利率，这样就使得拆借市场的利率在央行规定的存贷利率之间波动，而不可能越过央行的存贷利率上下限。而实际拆借利率与央行贷款利率的差额是拆入银行的收益，实际拆借利率与央行存款利率的差额是拆出银行的收益。若实际拆借利率高于央行存贷款利率 1/2 的位置，则拆入银行的收益小于拆出银行的收益，金融机构更愿意拆出资金，拆借市场拆借资金供给增加，需求减少，拆借利率下降；当实际拆借利率低于央行存贷款利率 1/2 的位置时，拆出银行的收益小于拆入银行，金融机构更愿意拆入，拆借资金的供给减少，需求增加，拆借利率上升。当拆借市场均衡时，拆借利率刚好处于央行规定的存贷利

率 1/2 的位置。

而金融主体为了实现利润最大化，其投资各种有价债券的利率、贷款发放利率也必然以央行的存贷利率为基础，并在此基础上结合市场风险大小决定利率的高低。在金融传导机制顺畅的情况下，当央行根据经济运行要求变动同业拆借市场利率上下限时，各种有价证券的价格必然随着同业拆借市场利率变化而变化。央行通过变动金融机构在央行的存贷利率调控同业拆借利率，从而实现调控资本市场的各种利率目的。

四、对中国的启示与借鉴意义

比较美、英两国的利率微调实践，不难发现，两者的共同之处在于：一是需要有明确的利率政策操作目标，如美国以经济增长率和通货膨胀率为双重目标，英国以通货膨胀率为单一目标；二是需要有能够与利率完美搭配的其他货币政策工具：如美、英两国均使用公开市场操作来调控市场上的短期利率水平；三是需要有前瞻性的利率政策决策思维：如美国以预期数据为依据，提前采取预防性措施，从而达到“未举而先张”的政策效果；四是需要有公开、透明的利率政策决策信息：如英国《货币政策委员会会议纪要》《通货膨胀报告》的及时发布，均有助于增强公众对货币政策的理性预期；五是需要有成熟度高的利率市场化：如美国利率市场化水平高，市场主体对利率变动的反应灵敏，从而强化其利率微调的实施效果。

对于加拿大、德国等国而言，利率走廊与利率微调也得到了广泛的配合使用。一方面采用利率走廊调控银行同业拆借市场利率，从而调控市场利率；另一方面，央行目标利率每次调整的幅度都很小，目标利率变化具有明显的微调特征。利率走廊是货币管理当局调控利率的一种操作方式，采取调控银行间同业拆借利率的方法调控市场利率，而目标利率变化的幅度、频率也是调控方式的一部分，只是利率走廊是关于该采取怎样的方式去调控市场利率，是通过公开市场操作影响货币供给量从而影响利率，还是通过调控基准利率影响市场利率；而利率微调操作是在调控过程中采取对调控力度、调控频率的选择。因此，利率走廊调控完全可与利率微调相结合，更好地实现货币政策当局的货币政策目标。

以此为鉴，我国中央银行在研究制定利率微调政策时，也要全面考虑以下诸方面：

第一，虽然从理论上，美联储接受了“泰勒规则”的中性利率政策，以2.5%左右的实际经济增长率为标准。但在实际操作中，美联储考虑的不仅是经济增长率这样一个简单的指标，还要把实际经济运行的状况作为重要考虑因素。鉴于此，我国央行在实施利率微调时，既要有一个相对明确的政策目标，又要综合考虑我国的经济基础。

第二，利率的市场化程度直接影响着利率政策的传导机制是否顺畅，最终影响到利率政策的调控效果。美、英、加拿大等国利率政策的有效实施，与这些国家金融市场完备、利率市场化程度高是分不开的。为此，我国要想成功推行利率微调，稳步推进利率市场化改革势在必行。

第三，市场经济是一个庞大而复杂的系统，单一政策工具的使用往往难以取得理想的效果，对于还处于经济转轨时期的我国而言，需要诸多政策工具的配套使用，争取政策协同。借鉴美、英等国的实践经验，在我国逐步推行利率微调的进程中，公开市场操作的重要性日益彰显。

第四，在实践上，美、英、德、加等国实施利率微调政策时均有一个相对明确且合宜的基准利率，该基准利率保证了美、英等国利率政策的精确、有效。此外，这些国家执行利率微调的技术手段和前瞻性的思维方式也是保证其政策成功见效的重要因素。对我国而言，培育一个相对明确的基准利率及增强前瞻性的利率政策调控意识也是我国央行所应具备的。

第五，利率微调的相关信息直接影响到公众对利率政策的理性预期，从美、英、德、加等国的实践来看，利率政策及其相关信息的公开、透明程度都较高，这也是这些国家利率政策有效实施的前提保障。基于此，我国央行在实施利率微调时，要适时推进利率政策及其相关信息的公开、透明，以此来强化我国公众的理性预期，强化利率微调的实施效果。

第三章

中国利率调控模式的实践回顾与效果实证

第一节　中国利率调控模式的实践回顾

一、改革开放以来中国利率政策操作历程回顾

新中国成立初期至 1978 年是我国利率发展的黑暗时期，高度集中的计划经济体制使得利率被控制在远远低于均衡利率的一个固定水平上，该时期的僵化利率政策严重不符合经济发展实际状况，利率对经济的调控功能几乎失效。自 1979 年改革开放以来，中央银行才开始重视利率调节总供给与总需求，利率逐渐成为宏观调控的主要工具。① 截至 2015 年 6 月，中国人民银行对金融机构存贷款利率总共进行了 48 次调整，特别是 1996—1999 年连续 7 次降低利率，2004—2007 年连续 9 次提高利率，2008 年连续 4 次降低利率，2010—2011 年连续 5 次提高利率，2012—2015 年连续 6 次降低利率以应对社会总需求的变化，这显示出我国中央银行对运用利率政策进行宏观调控的重视和操作方式的日益成熟。中国三十多年（1979—2015）的利率水平见图 3－1，图中横

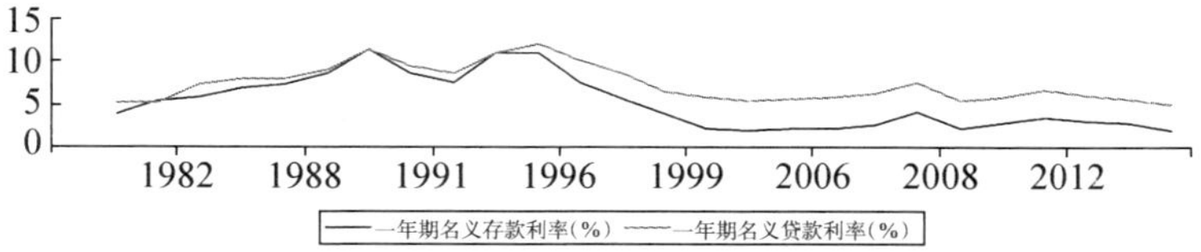

图 3－1　1979—2015 **年中国金融机构一年期存贷款利率水平**

① 刘义圣，欧世建，刘琳．中国利率政策操作实证研判与目标模式构建［C］．沈阳：2009 年中国经济规律研究会第十九届年会论文集，2009．

轴表示年份，纵轴表示利率的百分比水平，实线表示利率变化曲线。从我国1978—2015年利率水平变化可以发现，我国一年期存贷款利率调整主要经历了上升—下降—上升—下降—温和调整的演变过程。根据中国经济增长与经济周期的变化，大体可以将中国利率水平的调整分为五个阶段，下面就这五个阶段中国利率政策操作实践进行梳理。

第一阶段（1979—1992），这一阶段中国面临的首要任务是尽快扭转利率水平低下、档次种类过于简单的不合理状态，以扩大信贷资金来源。对此，中国人民银行根据我国国民经济扩张和收缩的周期性变化规律及时进行利率水平的调控，分别于1979年4月、1980年4月、1982年4月、1985年4月和8月5次提高存款利率。针对1988年和1989年出现的严重的通货膨胀现象，中国人民银行于1988年9月和1989年2月两次提高了存贷款利率，上述利率调整起到了稳定物价、抑制货币需求的积极作用。在物价指数逐渐回落、商品市场出现疲软的情况下，中国人民银行分别于1990年3月、8月和1991年4月连续3次大幅度下调了存贷款利率。

第二阶段（1993—1997），这一阶段中国面临的主要问题是由于国有企业放权让利以及软预算约束带来的经济泡沫。面对经济过热和通货膨胀日益严重的困境，中国人民银行于1993年5月、7月和1995年1月、7月4次上调商业银行存贷款利率。在这次政策的作用下，1996年中国经济顺利实现“软着陆”，并出现较低的通货膨胀率（6.1%）和高经济增长率（9.7%）。在通货膨胀压力明显减轻的情况下，中国人民银行宣布于1996年5月和8月连续两次大幅下调存贷款利率。1997年10月，中国人民银行再次下调利率水平。

第三阶段（1998—2002），这一阶段中国面临的主要问题是通货紧缩，对此中国人民银行积极采取稳健的利率政策操作，大幅降低利率水平，扩大贷款利率的浮动区间，稳步推进利率市场化进程。1998年中国人民银行3次下调利率水平，1999 年 7 月和 2002 年 2 月再度两次下调存贷款利率后，一年期居民储蓄存款利率为 1.98%。其中，2002 年 2 月的降息操作采用短期存贷款利率降幅大于长期存贷款利率降幅，以此来实现短期内增加投资和消费、长期内稳定居民对于利率预期的目的。

第四阶段（2003—2008），这一阶段中国宏观经济呈现温和通货膨胀的特征，对此中央银行调高了利率水平。从 2004 年 10 月到 2007 年 12 月先后 9 次提高金融机构贷款利率，8 次提高金融机构人民币存款利率。进入 2008 年，考虑到全球性金融危机对出口和国内消费投资的负面影响，中国人民银行连续 5 次降低贷款利率、4 次降低存款利率。截至 2008 年 12 月 23 日，金融机构一年期存贷款利率分别为 2.25%和 5.31%。与此同时，中央银行进一步推进货币和债券利率、金融机构存贷款利率和外汇利率的市场化改革进程。

第五阶段（2009—2015），这一阶段中国宏观经济面临许多新的变化，面对危机后经济复苏与经济结构调整的双重压力，中央银行对利率调整更加审慎。考虑到 2008 年连续降息后，中国利率水平已然处于低位，而且经济开始呈现复苏迹象，2009 年，中国人民银行并未对利率进行调整，而是谨慎地观察经济变化情况。直到 2010 年，前期刺激政策的释放效应明显，经济结构不平衡现象日益显现，特别是房地产市场过热引起房价的高速上涨，通货膨胀预期开始出现。为了有效应对这些问题，中国人民银行开启了新一轮的加息，从 2010 年 10 月至 2011 年 7 月，连续 5 次提高利率，金融机构一年期存贷款利率分别提至 3.50%和 6.56%。2012 年，伴随着宏观经济走势尤其是国际经济环境充满不确定性，我国宏观调控政策的主基调开始由 2011 年的“控通胀、调结构、保增长”向“保增长、调结构、防通胀”的方向转变，利率调整又进入了新一轮的降息周期。从 2012 年 2 月至 2015 年 6 月，中国人民银行共下调利率 6 次，至此，金融机构一年期存贷款利率分别下调到 2.00%和 4.85%。

二、中国利率政策操作的特征梳理

通过对我国利率政策操作实践的回顾，可以发现我国利率政策调控以下特征表现明显：一是我国利率政策操作方式呈现出典型的“相机抉择”色彩，即“逆经济风向而动”。这一方面是由于受中国经济制度变迁的影响，规则的利率政策调控难以应付各种经济变量之间的结构波动；另一方面受当时盛行的国家干预经济思潮的影响。二是利率政策调控一直以来都具有较为显著的直接性。中国人民银行直接规定商业银行的各种存贷款利率，对利率实行严格管制，调整官方利率是利率政策操作的主要方式。1996 年以来我国实际利率为负值的情形屡见不鲜，说明我国名义利率的调整幅度远低于通货膨胀的波动幅度。三是利率操作更注重对宏观经济的调节。从现阶段利率操作的实践来看，中央银行在运用利率对微观经济进行调节，影响国民收入分配、居民消费储蓄、企业投资和银行成本和利润的同时，更加倾向于维护价格稳定和促进经济增长的宏观经济目标。

分析我国利率调整的实施背景，除了 1979 年至 1985 年连续 5 次上调存、贷款利率属于利率水平的正常恢复过程，主要目的在于纠正改革开放之前利率水平的畸形状态。从 1985 年开始，我国的利率政策大体上呈现出较为明显的逆向操作意图，利率水平的调整很大程度上考虑的是经济增长率和通货膨胀率两个因素。如 1988 年和 1989 年两次上调利率水平，考虑的主要是价格水平因素，提高利率是为了解决当时通货膨胀率居高不下的问题；1990 年至 1992 年 3 次下调利率，则是应对 1990 年以来物价水平大幅下降，投资热情不高，市场疲软等问题；1993 年开办保值储蓄和 1995 年两次上调贷款利率，也是与当时物价水平持续上涨紧密联系在一起的，提高利率的目的在于适应适度从紧的货币政策，控制生产和经营部门对信贷资金的需求；1996 年至 2004 年，我国央行共 8 次下调利率，主要是针对 1996 年经济“软着陆”以后物价持续下跌、有效需求不足的局面，降低利率是为了抑制居民储蓄，刺激消费与投资，促进经济增长。

2004年我国央行开始进入了新一轮的加息周期，一直到2007年年末，我国央行共加息9次，主要针对的是2002年以来我国宏观经济运行进入持续的高投入、高增长阶段，尤其是建筑行业的快速发展，带动了钢铁、建材和原材料市场的加速运转，同时也引发了居民消费价格指数（CPI）涨幅的持续扩大等问题；①从实际状况看，2007年内6次小幅加息的背景环境相对一致，主要是基于2007年我国宏观经济保持了较快发展的势头，受食品、能源等结构性因素的影响，居民消费价格指数不断攀升，通货膨胀压力有所加大。② 2007年3月份以来，居民消费价格指数持续上涨，CPI涨幅从3月份的3.3%上升为11月份的6.9%。物价持续上涨，一方面表明货币流动性加剧、经济有过热趋向，通货膨胀的压力不断增大；另一方面持续高涨的物价使居民储蓄存款缩水的程度不断加深，对低收入者的生活产生较大负面影响。正是基于抑制通货膨胀和缓解居民生活压力的考虑，2007年央行从3月18日到12月20日连续6次提高存贷款利率。③ 央行在一年内连续6次上调银行利率，其政策意图明显，主要在于实现四个“有利于”——有利于维护价格总水平基本稳定；有利于引导货币信贷和投资的合理增长；有利于金融体系稳健运行和有利于经济平衡增长和结构优化的政策目标。由此可见，央行持续加息的目的在于确保宏观经济的稳定运行，使经济增长率维持在适度增长率水平附近。

2008年的降息，则是为了缓解全球性金融危机给我国经济造成的巨大下

---

① 李建建. 马克思利息理论与中国利率市场化的改革实践［J］. 当代经济研究，2006（10）：44—48.

② 中国人民银行. 加息有利于防物价上涨演变为明显通货膨胀［EB/OL］.（2007－12－20）. http：//www.sina.com.cn.

③ 祁京梅. 2007年第六次加息的特点及影响分析［J］. 中国经贸导刊，2008（1）：29—30.

行压力。2008 年由于国际经济金融环境急剧变化，我国经济下行压力不断加大，并逐渐发展成为我国经济运行中的主要矛盾，尤其是 11 月份国内一些经济指标明显出现了加速下滑的态势。为此，我国央行多次下调利率以应对宏观经济下滑的压力，以此来表明我国政策决策层在经济危机的压力下保增长的决心。2010—2011 年，为了有效应对国际流动性冲击所带来的输入性通货膨胀风险，我国央行连续 6 次加息，表明其开始以更加娴熟的技巧、主动的姿态应对复杂的宏观局面。2012 年至 2015 年，我国央行共 6 次下调利率，则是以服务实体经济为宗旨，以刺激经济增长为目的的新一轮利率政策调控。

基于上述分析，不难看出，伴随着经济的周期性波动，我国利率调整已呈现出一定的周期性特征，利率对宏观经济的“反周期”调控地位正在加强。早在 2005 年，林海、郑振龙（2005）通过对我国政府利率的动态行为进行考察，之后得出结论：中国政府利率的变动可以用一个单纯的跳跃过程进行描述。跳跃强度的估计是稳定可靠的，而且跳跃幅度的估计也具有合理性，反映出一定的经济周期内涵。当经济陷入停滞，政府需要刺激经济增长时，政府利率就会下跌，利率的变动就为负数。当经济过热，政府需要抑制经济增长时，政府利率就会上升，利率的变动就为正数。① 在此后的十年间，央行采用利率进行“反周期”调整的意图不是减弱了，而是增强了。特别是 2008 年以来，面对国外经济环境不确定因素的增强和我国国内经济结构调整的紧迫性，利率对宏观经济的调控，在提高针对性、灵活性和前瞻性的指导下，“反周期”操作意图愈来愈明显。

然而，值得我们注意的是，上述分析结论虽然初步显现我国利率调整具有一定的反周期内涵，但从实施效应来看，早期的调息效果不尽如人意。其中，

① 林海，郑振龙．中国利率动态模型研究［J］．财经问题研究，2005（9）：45—49.

第一阶段（1979—1985年名义利率的上调）由于我国货币供给量和信贷实际上处于失控状态，我国利率调整的作用基本上没有显现；第二阶段（1986—1989年名义利率的上调）由于处于改革开放的初期，利率水平的提高一方面表现为利率向正常水平的回归；另一方面则源于物价指数的快速上升，与经济增长速度间并无明显的相关性，利率调节经济的功能并不大。但在高通货膨胀的情况下，名义利率的上调对遏制通货膨胀起到了一定的作用。1990年以后，随着我国改革开放进程的开启，利率升降对宏观经济的调控效果逐步释放。其中，第一阶段（1990—1991年的利率下调）利率调整政策成绩比较显著：通货膨胀得到治理，国民经济走出低谷，有效地解决了经济增速下降和通货膨胀的困难局面；第二阶段（1993—1995年的升息）由于我国经济“软着陆”的成功实现，初步证实了利率调整对我国宏观经济运行发挥着一定的调节作用。在此之后，伴随着我国市场经济体制改革的加速，利率调整与市场因素之间的联系日益紧密。从理论上来说，利率调整效果应该呈现增强趋势，但就实际效果而言，却与预期相去甚远。第一阶段（1996—2003年以来利率的大幅下降）我国利率调整的效果基本是积极的，但低利率政策并未充分发挥预期的作用：储蓄总额居高不下，市场销售依然十分平淡，企业的投资热情不高，经济增长缓慢；第二阶段（2004—2007年的提息）提高利率的政策效果不尽如人意，国内商品价格和一些过热行业的投资品价格（如钢铁、水泥、能源等）持续上扬，房地产市场热度依然，宏观经济运行继续保持快速增长的趋势。① 2008年，相对此前利率调整效应被弱化的状态，我国利率下调对宏观经济的影响是比较明显的，但受制于此次危机的力度和广度，利率调整效应仍然表现出较为

① 王春丽．经济周期波动与我国利率调整——基于凯恩斯利息理论视角［J］．西安财经学院学报，2009（6）：5—9．

明显的滞后性。从2009年第二季度起，全国规模以上工业增加值得以回升，进出口明显好转，全社会用电量增速也由负转正。虽然，经济复苏过程中有因其他政策释放效应的叠加作用，但利率政策的正面效应不容置疑。2010年以后，中国人民银行在中央保持经济平稳较快增长思路的指导下，提高了利率调整的灵活性、针对性和前瞻性，政策效应也相应增强。其中，第一阶段（2010—2011年的提高利率）我国利率调整虽受制于市场反应迟缓以及不确定因素的增加，但在2011年仍发挥了作用。至2011年年末，货币供应量平稳回落，新增贷款有所减少。虽说当年市场物价同比上涨，但7月份后同比涨幅出现下滑态势；[①] 第二阶段（2012—2015年的下调利率）我国利率调整与宏观经济新常态下的目标更加吻合，在此过程中，经济增长虽有所放缓，但我国经济结构调整却取得了积极成果。伴随着利率下调，我国的通缩压力、投资和消费增长压力被控制在合理范围，新兴产业逐步形成，楼市也呈现复苏迹象。

综上所述，伴随着经济的周期性波动，我国利率调整已经呈现出一定的“反周期”性特征，利率对宏观经济的“反周期”调控作用正在增强。但是，从另一方面看，由于我国利率调整并未完全与经济周期性波动相适应，而通常表现出滞后于经济周期波动而调整的情形，为此，我国利率杠杆作用未能达到预期的效果。以此为鉴，构建符合我国经济实际的利率调整周期，实现利率调整时机选择上的灵活性、前瞻性，排除利率调整过程的复杂因素，顺应经济周期来微调利率水平，成为研究我国利率政策调控模式的应有之意。近年来，我国央行根据宏观经济运行情况，频繁地对利率进行“反周期”的小幅度调整，初步显示我国央行使用利率微调宏观经济的政策意图。

① 中国人民银行. 2011年GDP增9.2% 四季度增8.9%创2年新低 [EB/OL]. (2012-01-17). http://news.hexun.com/2012-01-17/137341068.html.

第二节　中国利率政策调控的效果实证

虽然上述分析，在一定程度上对我国利率微调的可行性提供了一些参考依据，但是，针对近年来我国央行多次微调利率的政策实践，一些学者通过相关分析提出了异议，认为在我国利率微调的实际效果与预期效果相去甚远，因而，利率微调在我国是否可行，还有待商榷。从具体实践上，考察利率政策的实施效果，可从有效性与时滞性两方面进行相关性检验。对此，许多学者采用了不同的实证分析方法进行了不同程度的研究。在此，我们主要借鉴谢平、袁沁敔在《我国近年利率政策的效果分析》（2003）中论证的我国利率政策宏观经济效应的相关方法，从两个方面展开对我国利率政策有效性和时滞性的检验：一是利率变动与通货膨胀率、产出之间的关系；二是利率变动对投资、消费和储蓄的影响，在此过程中，我们同时对利率政策的时滞性进行验证。

一、利率政策调控效果的理论诠释

（一）利率政策有效性的理论分析

从理论上较系统地论证利率政策有效性的经济学家是维克赛尔，在《利息与物价》一书中，他提出了三个基本命题：一是中央银行变更利率对商业银行和其他存款利率具有直接的效果；二是整个长短期利率体系将全面而同时地相应变动；三是借款人和储蓄人对利率变动均较为敏感。对维克赛尔的观点，大部分经济学家都表示了赞同。关于利率政策的有效性问题，凯恩斯是从利率与投资关系展开分析的。凯恩斯认为投资需求由资本边际效率与利息率决定，当人们对未来的预期较为稳定时，投资需求是利率的减函数，投资需求的变化会通过乘数效应对收入产生成倍的影响。与此同时，凯恩斯也指出，在其他情形不变时，降低利率固然可增加投资量，但如果资本之边际效率比利率下降得更快，则投资量也不会增加。

进入 20 世纪 50 年代，利率政策的有效性问题被再次提出，此时较有影响的经济学家是罗萨，他从贷款人对利率的敏感性来论证利率政策的有效性。罗萨认为，利率的变化将导致债券价格的波动，这就直接影响到贷款人的资本价值，因此，其结果就必然通过贷款人对贷款决策的调整而影响社会信用利用的可能性。以后的经济学家如卡莱肯、托宾、斯科特等进一步发展了罗萨的理论，并从不同的角度论证了这样一个观点，即货币当局可以通过公开市场的操作改变利率水平，利率变动能使贷款人做出反应，从而达到政策预期的效果。而格利和肖则从如何通过利率来控制和稳定货币供应量和信用规模的角度来说明利率政策的效果。总之，20 世纪 50 年代以后，随着利率理论的发展，过去只注意到利率变动对资金需求的影响、忽视利率变动对资金供给以及信用提供的金融机构作用的理论的片面性得到了修正，利率政策的有效性再次得到了肯定。①

（二）利率政策时滞性的理论分析

时滞性问题并不是这几年才引起西方经济学者的重视，事实上，西方经济学者很早就开始对时滞性问题进行研究，其中以休谟为代表。休谟通过研究货币供给量与物价变动之间的关系，提出货币量的增加与减少，并不会立即带来商品价格的上涨和下降，在物价形势相应变化到来之前，总是需要一些时间，

① 胡维熊．利率理论与政策［M］．上海：上海财经大学出版社，2001：223—226.

这段时间可以称为间歇期。从理论层面看，休谟对时滞性问题的论述成为西方经济学者研究货币政策时滞效应问题的理论基础，并为后来的学者进一步探讨货币政策的时滞问题提供了重要的研究材料。

半个世纪后，维克赛尔开始对这个问题进行尝试性的系统论述。维克赛尔认为，由于货币流通速度有一定的限制性，因此货币量的突然变动并不会立即引起商品价格相应变化。这主要表现在“商品价格很可能维持本来的高度，必须到货币流通速度放慢或加速，换句话说，必须到平均个人现金持有量增加或减少时，整个变动才能被我们觉察出来。”① 与维克赛尔同时期，费雪从甘末尔的理论出发，首创性地提出了利率与物价关系中的时滞原理。费雪认为，如果假设物价水平仅受利率水平变动的影响，实际上，物价水平的变动与利率水平的变动也并不是同步的。因为影响物价水平变动的因素是长期利率水平，而不是短期内利率的突然变化。受 20 世纪 30 年代经济危机的影响，凯恩斯开始研究货币政策传导过程中制约货币发挥作用的各种因素。凯恩斯认为，在一定的流动性偏好下，收益（率）和资产价格的变化会影响消费意愿和投资支出，最后影响整个经济的产出和价格。由此可见，其对时滞问题的研究重点在货币政策的利率传导机制上。②

二、利率政策调控效果的实证检验

（一）变量与样本

从数据的可获得角度，我们选择了 1978—2015 年的年度数据作为综合的研究样本。其中，由于 1996 年利率体制改革之后，我国的利率政策在某种程

---

① 维克赛尔. 国民经济学讲义 [M]. 上海：上海译文出版社，1983：311.

② 麦元勋，田晔. 我国货币政策效应时滞的实证研究 [J]. 商业研究，2004 (5)：92.

度上发生了变化，为此，关于中国利率政策的有效性和时滞问题，我们分两个区间进行检验，并进行对比分析。研究数据主要来源于《中国统计年鉴》、中国人民银行统计数据及中华人民共和国国家统计局。由于预期通货膨胀率较难估计，实际利率通常较难获得，加上在1978—2015年存在着明显的实际利率为负的时期，因此本节均采用名义利率而非实际利率带入模型。其中，TDR表示一年期存款利率，TSR表示一年期贷款利率；RPI表示零售物价指数；INV表示固定资产投资额，ΔINV表示固定资产投资额增长率；SAVING表示城乡居民储蓄，ΔSAVING表示城乡居民储蓄的同比增长率；RS表示商品零售总额，ΔRS表示商品零售总额的同比增长率。由于数据的自然对数变换不改变原有的协整关系，并能使其趋势线性化，消除时间序列中存在的异方差现象，对所研究序列分别取自然对数，并在表示相应变量的字符前加字母L。①

为了考察相关变量数据的可用性，我们首先需要对相关变量进行ADF检验，以检验其时间序列数据的平稳性。

1. ADF检验

考虑一种简单形式的回归模型 y_t，$y_t=\rho y_{t-1}+\alpha+u_t$，其中 α 为常数，u_t 为零均值非自相关随机误差项。如果 $-1<\rho<1$，则 y_t 平稳（或趋势平稳）。如果 $\rho=1$，y_t 序列是一阶单整非平稳序列。如果 ρ 的绝对值大于1，序列发散。因此，判断一个序列是否平稳，可以通过检验 ρ 是否严格小于1来实现。在 y_t 模型两边同时减去 y_{t-1} 得，$\Delta y_t=\gamma y_{t-1}+\alpha+u_t$，其中：$\gamma=\rho-1$，检验假设为：$H_0: \gamma=0$。而ADF检验（Augmented Dickey-Fuller Test）方法就是

① 方先明，熊鹏．我国利率政策调控的时滞效应研究——基于交叉数据的实证检验［J］．财经研究，2005（8）：7.

通过在上述回归方程右边加入因变量 y_t 的滞后差分项来控制高阶序列相关。

$$\Delta y_t = \gamma y_{t-1} + \alpha + \sum_{i=1}^{p} \beta_i \Delta y_{t-i} + u_t，其中\ \Delta y_{t-i} = y_{t-i} - y_{t-i-1}$$ ①

如果一个序列在成为稳定序列之前必须经过 d 次差分，则该序列被称为 d 阶单整（Integration）序列，记为 I（d）。根据年度数据资料所得的变量平稳性检验结果如表 3－1 所示。所有相关变量都不是平稳的，但是这些变量经过一阶差分之后可以生成平稳变量，可见 LTDR、LRPI、LGDP、LTSR、LINV、LRS、LSAVING 都为一阶单整序列。

表 3－1　变量平稳性检验结果

变　量	ADF 检验值	临界值（1%，5%，10%）	D. W.
LTDR	－2.103176	（－3.664575，－3.090158，－2.836798）	1.687922
DLTDR	－2.144365**	（－2.496423，－1.865564，－1.718276）	1.7164926
LRPI	－0.158339	（－2.584311，－1.858998，－1.569977）	1.664378
DLRPI	－4.675665***	（－3.669779，－2.785667，－2.465418）	2.213246
LGDP	－0.964732	（－3.813786，－2.899175，－2.744665）	1.649948
DLGDP	－3.005303*	（－3.653067，－3.558756，－2.801146）	1.799678
LTSR	－2.510618	（－3.882016，－2.880149，－2.738879）	1.713146
DLTSR	－3.503682**	（－3.812265，－2.890246，－2.716674）	1.601835
LINV	－0.813578	（－3.692573，－3.012231，－2.857748）	1.674465
DLINV	－3.080924**	（－3.624155，－2.943386，－2.716623）	1.641531
LRS	－0.873365	（－3.683369，－3.022651，－2.874414）	2.264773

① 高铁梅．计量经济分析方法与建模——EViews 应用及实例［M］．北京：清华大学出版社，2006：146．

续表

DLRS	−2.634379*	(−3.562235, −2.761243, −2.437729)	1.517855
LSAVING	−2.704133	(−3.800317, −2.960124, −2.736658)	1.843403
DLSAVING	−3.050344*	(−4.261318, −3.613142, −3.103327)	1.923344

注：*、**、***分别表示在10%、5%和1%的显著性水平下拒绝原假设（下同），即该序列依相应的显著性水平下为平稳序列。

2. 变量协整关系检验

上述ADF检验主要是用于检验单个变量的平稳性，然而现实中，虽然一些经济变量的本身是非平稳序列，但是它们的线性组合却有可能是平稳序列。协整检验正是基于这个出发点，用来解释各相关变量之间是否存在一种长期稳定的均衡关系的方法，这种平稳的线性组合被称为协整方程。协整检验一般有两种方法：一种是基于回归系数的协整检验（如Johansen检验）；另一种是基于回归残差的协整检验（如Engle－Granger两步法）。本节我们使用第二种方法。

第一步，若k个序列 y_{1t}，y_{2t}，y_{3t}，…，y_{kt}都是一阶单整序列，

建立回归方程 $y_{1t}=\beta_2 y_{2t}+\beta_3 y_{3t}+\cdots+\beta_k y_{kt}+u_t$，

模型估计的残差为 $\hat{u}_t=y_{1t}-\hat{\beta}_2 y_{2t}-\hat{\beta}_3 y_{3t}-\cdots-\hat{\beta}_k y_{kt}$。

第二步，检验残差序列 $\hat{u}_t$ 是否平稳，也就是判断序列 $\hat{u}_t$ 是否含有单位根。

第三步，如果残差序列是平稳的，则可以确定回归方程中的k个变量（y_{1t}，y_{2t}，…，y_{kt}）之间存在协整关系，并且协整向量为（$\hat{\beta}_1$，$-\hat{\beta}_2$，…，$-\hat{\beta}_k$）′，其中 $\hat{\beta}_1=1$；否则（y_{1t}，y_{2t}，…，y_{kt}）之间不存在协整关系。①

① 高铁梅. 计量经济分析方法与建模——EViews应用及实例［M］. 北京：清华大学出版社，2006：154.

表 3－2　变量之间的协整关系检验结果

形成残差的协整变量	残差的单位根 ADF 值	临界值（1%，5%，10%）
（LTDR，LRPI）	－2.030528**	（－2.669743，－1.973513，－1.629774）
（LRPI，LTDR）	－2.543253**	（－2.674665，－1.971354，1.619873）
（LGDP，LTDR）	－1.654607*	（－2.669918，－1.971121，－1.618798）
（LTDR，LGDP）	－1.786573*	（－2.6711313，－1.961344，－1.620019）
（LINV，LTDR）	－0.754337	（－3.724418，－2.990012，－2.640353）
（LTDR，LINV）	－0.793787	（－3.721154，－2.981878，－2.648079）
（LSAVING，LTDR）	－1.605876	（－3.723356，－2.988468，－2.640098）
（LTDR，LSAVING）	－1.712259*	（－2.670123，－1.976647，－1.620019）
（LRS，LTDR）	－1.634526*	（－2.675647，－1.978128，－1.623826）
（LTDR，LRS ）	－1.725369*	（－2.676545，－1.969918，－1.619686）

注：*、**、***分别表示在10%、5%和1%的显著性水平下拒绝原假设，即在相应的显著性水平下认为变量之间存在协整关系。

由表 3－2 所显示的实证检验结果可知，LTDR 与 LRPI 之间存在长期稳定的均衡关系，即一年期存款利率与零售物价指数之间存在长期稳定的均衡关系，所以我们能以此分析中央银行的反应函数；同理，LGDP 与 LTDR 之间存在长期稳定的均衡关系，即国内生产总值与存款利率之间存在长期稳定的均衡关系，这符合我们的经济学常识；类似的分析过程在 LTDR 与 LRS 之间也可以体现出来，详见下文。

3. 因果关系检验

协整检验虽然能检验变量之间是否存在长期的均衡关系，但是，在经济变量中有一些变量显著相关，可是它们未必都是有意义的，因此，这种关系是否构成因果关系还需要进一步验证。Granger（1969）提出一个判断因果关系的检验可以解决此类问题。Granger 因果关系检验实质上是检验一个变量的滞后变量是否可以引入到其他变量方程中，具体方法是在做 y 对其他变量（包括自身的过去值）的回归时，如果把 x 的滞后值包括进来，就能使解释程度提高，就可以说 y 是由 x Granger 引起的。为此可以通过下列方程进行检验：①

$$y_t = a + \sum_m \alpha_i y_{t-i} + \sum_m \beta_j x_{t-j} + u_t$$

现采用基于 VAR 模型的 Granger 检验法对诸变量之间是否存在因果关系进行检验，结果如表 3－3 所示。其中，LTDR 与 LGDP 之间存在双向 Granger 因果关系，与 LRPI、LRS 之间存在单向 Granger 因果关系。即，LTDR 的变化能显著地影响 LGDP 及 LRS，但对 LRPI、LSAVING 的影响并不明显；反之，LRPI、LGDP 的变化能显著影响 LTDR，但其他变量的变化不能显著改变 LTDR。同样地，LTSR 与 LINV 之间也存在双向 Granger 因果关系。即，LTSR 的变化能显著地影响 LINV；而 LINV 的变化也能显著地影响 LTSR。

表 3－3　Granger 因果关系检验结果

原假设	滞后期	F－Statistic	Probability
LRPI does not Granger Cause LTDR	2	3.2762	0.07826
LTDR does not Granger Cause LRPI		2.54012	0.15647
LTDR does not Granger Cause LGDP	2	10.36577	0.00476
LGDP does not Granger Cause LTDR		6.30226	0.00819
LTDR does not Granger Cause DLGDP	2	10.76519	0.00259
DLGDP does not Granger Cause LTDR		6.38121	0.00856
LTSR does not Granger Cause LINV	2	8.64725	0.01878
LINV does not Granger Cause LTSR		3.01768	0.08126
LTSR does not Granger Cause DLINV	2	8.36732	0.03978
DLINV does not Granger Cause LTSR		4.87263	0.01608
LTDR does not Granger Cause LSAVING	2	1.94506	0.19187

① 方先明，熊鹏．我国利率政策调控的时滞效应研究——基于交叉数据的实证检验［J］．财经研究，2005（8）：11．

续表

LSAVING does not Granger Cause LTDR		0.46745	0.60988
DLSAVING does not Granger Cause LTDR	2	0.44868	0.66268
LTDR does not Granger Cause DLSAVING		3.26518	0.06137
LRS does not Granger Cause LTDR	2	0.12467	0.9169
LTDR does not Granger Cause LRS		4.58563	0.02178
DLRS does not Granger Cause LTDR	2	1.11675	0.4389
LTDR does not Granger Cause DLRS		5.68767	0.01129

注：P 的统计含义为：若拒绝原假设则犯第一类错误的概率。

（二）回归模型的检验

1. 利率变动与通货膨胀率、产出之间的关系检验

（1）中央银行利率政策对通货膨胀率的反应

通过对数据的观察和以上分析可以得到这样一个印象，通货膨胀与利率之间存在很强的相关性，所以我们建立如下所示的中央银行反应函数，数据选取从 1978 年至 2015 年的年度样本数据。①

中央银行反应函数：

$$LTDR_t = \beta \cdot LRPI_{t-i} + \delta_1 \cdot AR(1) + \delta_2 \cdot MA(1) + \varepsilon_t \qquad (3-1)$$

其中，LTDR 表示一年期存款利率，LRPI 表示零售物价指数，i 表示时滞，AR（1）是一阶自相关修正项，MA（1）是一阶移动平均修正项，ε_t 是随机扰动项。回归结果如下所示：

表 3－4　公式（3－1）之数据拟合结果

滞后期 i	β	R^2	D. W.
1	0.397857*** （3.260788#）	0.931889	1.517655

注：括号里面表示参数的 t 统计量值，下同。

① 由于月度数据的难获得性，所以在做相关分析时，我们主要参考了谢平、袁沁敔《我国近年利率政策的效果分析》（2003）的一些实证检验结论。

从公式（3－1）的回归结果可以看出，上一期的通货膨胀率对当期的利率调整具有较强的解释力，综合谢平、袁沁敔对1986年1月至2002年9月的月度数据分析结论，一年期存款利率的反应相对集中于6—10个月的时滞水平。[①]

（2）利率变动对通货膨胀的影响

从上述实证检验结果来看，我国利率政策调整虽然滞后于通货膨胀率的变动，但从变动规则来看，我国中央银行十分强调采取利率上调政策来抑制通货膨胀率，尤其是近年来，利率调整与通货膨胀率之间的关系越来越明显，这从中央银行的公开信息中可见一斑。对此，我们可借用利率变动对通货膨胀的影响函数：

$$LRPI_t = \beta \cdot LTDR_{t-i} + \delta_1 \cdot AR(1) + \delta_2 \cdot MA(1) + \varepsilon_t \quad (3-2)$$

对公式（3－2）进行简单论证，回归结果如下：

表3－5　公式（3－2）之数据拟合结果

滞后期 i	β	R^2	D. W.
1	－0.1792*** （－4.09306）	0.660053	1.865376
2	0.120819* （1.9001206）	0.506346	2.106326

从公式（3－2）的回归结果来看，我国的物价水平变动对上一期的利率调整政策反应较为明显，而在二期之后，相关影响就明显不存在了。根据谢平、袁沁敔利用1986年1月至2002年9月的月度数据以及1996年5月至2002年9月的月度数据，进行检验结果的比较分析，得出结论是，1996年以后利率调整对通货膨胀的影响效果要比1986年至2002年明显，但利率政策与通货膨胀

① 谢平，袁沁敔．我国近年利率政策的效果分析［J］．金融研究，2003（5）：6．

率相关性显著的点分布不集中，利率政策的外部时滞至少在 18 个月以上。①

（3）利率变动对产出的影响

利率政策有效性的核心体现在利率变动对产出的影响水平上，为此，我们通过利率变动对产出的影响函数来进行考察，同时结合其他学者对该问题的研究，进行一个综合的判断：

$$LGDP_t = \beta \cdot LTDR_{t-i} + \delta_1 \cdot AR(1) + \varepsilon_t \quad (3-3)$$

回归结果如下：

表 3－6　公式（3－3）之数据拟合结果

滞后期 i	β	R^2	D. W.
1	－0.14326* （1.787619）	0.977505	0.866976
2	－0.112468（1.441727）	0.978628	0.732184
3	－0.12021（1.327433）	0.998706	0.62836

利率变动对产出增量的影响函数：

$$\Delta LGDP_t = \beta \cdot LTDR_{t-i} + \delta_1 \cdot AR(1) + \varepsilon_t \quad (3-4)$$

回归结果如下：

表 3－7　公式（3－4）之“1996—2015 年”数据拟合结果

滞后期 i	β	R^2	D. W.
1	－8.3896*** （5.813326）	0.584739	1.943382
2	－8.432218*** （4.932926）	0.552153	1.886543
3	－8.362762*** （4.739347）	0.589662	1.864725

从公式（3－3）和公式（3－4）的回归结果，利率变动对产出的影响效果

① 谢平，袁沁敔. 我国近年利率政策的效果分析［J］. 金融研究，2003（5）：8.

较为明显，其中，对 GDP 的增长率反应更为明显，但由于相关性的显著的点分布不集中，时滞较难判断，综合考虑上述数据结果，我们认为，利率政策对产出的影响时滞以 12 个月以上较为可靠。

2. 利率变动对投资、储蓄及消费的影响检验

在对利率变动对投资、储蓄及消费的影响进行检验时，考虑到 1996 年以来我国的利率体制改革和相关因素变化，我们把年度样本数据分为 1978—1995 年和 1996—2015 年两个区间分别进行回归，并加以比较分析。在下面的检验过程中，具体的回归模型主要借鉴谢平、袁沁敔在《我国近年利率政策的效果分析》(2003) 中的相关模型框架。

(1) 利率变动对投资的影响函数

$$LINV_t = \beta \cdot LTSR_{t-i} + \delta_1 \cdot AR(1) + \delta 2 \cdot MA(1) + \varepsilon_t \quad (3-5)$$

$$\Delta LINV_t = \beta \cdot LTSR_{t-i} + \delta_1 \cdot AR(1) + \delta 2 \cdot MA(1) + \varepsilon_t \quad (3-6)$$

其中，LINV 表示固定资产投资额，ΔLINV 表示固定资产投资额增长率，LTSR 表示一年期贷款利率。统计结果显示，公式 (3－5) 的两个区间数据和公式 (3－6) 的第一个区间数据均不具有统计的显著结果，而公式 (3－6) 第二个区间数据在滞后二期之后表现得比较显著，如下所示：

表 3－8 公式 (3－6) 之“1996—2015 年”数据拟合结果

滞后期 i	β	t 统计值	R^2	D. W.
1	8.954377	1.768255	0.602239	1.901325
2	－13.4785	－1.38647	0.697703	2.005321
3	－20.2918 *	－2.00501	0.690038	1.902636

(2) 利率变动对储蓄的影响函数

$$LSAVING_t = \beta \cdot LTDR_{t-i} + \delta_1 \cdot AR(1) + \delta 2 \cdot MA(1) + \varepsilon_t \quad (3-7)$$

$$\Delta LSAVING_t = \beta \cdot LTDR_{t-i} + \delta_1 \cdot AR(1) + \delta 2 \cdot MA(1) + \varepsilon_t \quad (3-8)$$

其中，LSAVING 表示城乡居民储蓄，ΔLSAVING 表示城乡居民储蓄的同比增长率，LTDR 表示一年银行存款利率。统计结果显示，公式（3－7）和公式（3－8）的第二个区间数据均不具有统计的显著结果，而第一个区间数据由于相关性显著的点分布不集中，时滞较难判断。

表 3－9　公式（3－7）之“1978—1995 年”数据拟合结果

滞后期 i	β	t 统计值	R^2	D. W.
1	4.128523***	27.43887	0.861552	1.911722
2	4.266219***	26.85498	0.811555	1.960509
3	4.429406***	29.49469	0.718883	1.630011

表 3－10　公式（3－8）之“1978—1995 年”数据拟合结果

滞后期 i	β	t 统计值	R^2	D. W.
1	13.83482***	10.00977	0.221945	1.509691
2	14.7986***	8.397941	−0.364314	1.94285
3	15.06837***	9.843752	0.12033	2.081803

（3）利率对消费的影响函数

$$LRS_t = \beta \cdot LTDR_{t-i} + \delta_1 \cdot AR(1) + \delta 2 \cdot MA(1) + \varepsilon_t \quad (3-9)$$

$$\Delta LRS_t = \beta \cdot LTDR_{t-i} + \delta_1 \cdot AR(1) + \delta 2 \cdot MA(1) + \varepsilon_t \quad (3-10)$$

其中，LRS 表示商品零售总额，ΔLRS 表示商品零售总额的同比增长率，LTDR 表示一年银行存款利率。统计结果显示，公式（3－9）的两个区间数据和公式（3－10）的第一个区间数据均不具有统计的显著结果，而公式(3－10)的第二个区间数据相关性较为明显，尤其是在第二期以后更加明显，初步表明我国利率政策对消费增长率的影响时滞在 24 个月左右。

表 3－11 公式（3－10）之“1996—2015 年”数据拟合结果

滞后期 i	β	t 统计值	R^2	D. W.
1	－1.31256	－0.18528	0.196467	1.678644
2	－7.63220	－1.65792	0.327309	1.76881
3	－5.74532	－1.3079	0.341102	1.717827

三、相关结论

通过以上实证研究，我们可得出如下一些基本结论：

（一）利率政策的有效性在 1996 年以后得以基本显现

利率政策在不同经济时期的作用效果是不一样的，一味地采用同样的逆经济周期而动的利率操作，其结果必然是事与愿违。在通货膨胀时期，央行通过提高利率水平和保值补贴可以较快地将居民的消费转移到储蓄上来，1988 年、1995 年和 2007 年的利率调控就起到了很好抑制通货膨胀的作用，因为当人们预期未来的货币收益可以得到保障的前提下，对消费的成本就会做出确切的估测，从而减少了盲目的消费心理。相反，在通货紧缩时期，通过降低利率来刺激消费的效果就可能不尽如人意，因为人们消费欲望的扩大，一方面来自对货币价格的考虑；另一方面还要兼顾到未来的预期收入水平。在经济不景气的情况下，人们的现期收入减少，失业率上升，因此他们的预期收入也会降低，加上对未来的物价上涨预期不强从而导致当期的消费提不上来。综上分析可知，利率政策操作所具有的时效性告诉我们，传统的利率政策操作并不是在所有的经济环境中都是适用和有效的。

实证检验结果显示，在我国，1996 年之前，存贷款利率与相关经济变量之间的关系并不明显，但随着时间的推进，特别是在 1996 年之后，名义利率与投资、消费及产出之间的相关性较为明显，且利率政策的效应也比较显著。

对此结论进行解释，我们认为，1996 年之前，由于我国尚处于经济体制转轨的初期，一系列体制机制均未成型，市场经济主体对未来的预期充满着不确定性，利率政策效果的发挥还受到诸多因素的影响，以至于市场主体的经济活动很少关注利率政策变动并受其影响。1996 年之后，伴随着我国社会主义市场经济体系的完善，利率市场化改革日益深入，信贷约束逐渐减弱，市场经济主体对未来的预期趋于稳定，从而使得利率变动对于相关经济变量的影响基本得以显现。

（二）利率政策传导过程中存在着明显的时滞效应

利率操作存在“时滞效应”，即利率政策从观察制定、实施到最终发生作用需要一定的时间。正确把握这一过程运行所需要的时间对于利率操作的最终效果十分重要。因为市场经济存在客观的经济周期，只有正确判断本国经济处于经济周期的哪个阶段和利率政策作用效果的时间间隔，才能正确选择利率政策调控的时机和力度。在中央银行可以准确获知当期的收入水平的前提下，可以通过调控利率水平达到使名义收入接近正常水平。但是，现期收入的精确数据往往是很难及时获得的。在这样一种情况下，中央银行利率政策的调节主要还是依据滞后期的经济数据进行操作。在经济处于过热或通货膨胀之后，提高利率水平，而在发现经济处于过冷或通货紧缩的情况下，降低利率水平。由于利率政策存在的时滞效应，这种“逆经济周期”的利率操作必然会产生适得其反的效果，即在过热时期采取的紧缩利率政策使得在随后的衰退时期的收入更低，在紧缩时期采取的扩张性利率政策操作会使得在之后的繁荣期收入更大。

通过本节对年度数据资料的分析结果，同时结合相关学者的月度数据分析材料，我们认为，在我国利率政策的运行过程中，利率政策的时滞效应非常明显，通常集中在 12 个月以上，对于有些变量其时滞甚至长达 24 个月左右。由于这一系列的时滞效应是发生在中央银行以外的，因此属于利率政策的外部时滞。由此我们可以得出结论：正是由于我国利率政策的外部时滞性较强，一般要经过6—18个月的传导环节才会真正显露其调控作用，因此，在制定利率政策时就不应是后向的，而应是具有前瞻性的：即以未来的预期发展为导向，在宏观经济不平衡现象初露端倪之时，就应当考虑利率杠杆的作用。①

① 刘义圣．我国宏观经济调控体系中利率微调政策的时效性研究［J］．东南学术，2007（6）：67.

第四章

市场主导下中国利率微调模式选择与条件阙如

党的十八届三中全会做出的《中共中央关于全面深化改革若干重大问题的决定》（下称《决定》）指出，“紧紧围绕使市场在资源配置中起决定性作用深化经济体制改革”，强调“科学的宏观调控，是发挥社会主义市场经济体制优势的内在要求”以及“宏观调控的主要任务是保持经济总量平衡，减缓经济周期波动影响，防范区域性、系统性风险，稳定市场预期，实现经济持续健康发展”，并提出“推进宏观调控目标制定和政策手段运用机制化”，“提高相机抉择水平，增强宏观调控前瞻性、针对性、协同性”。由此看来，《决定》所传递的精神包括两个方面：一是明确表达深化改革的重点在于处理好政府和市场的关系，使市场在资源配置中起决定作用；二是明确指出重视市场的同时并非要放弃政府的作用，而是要更好地发挥政府作用（包括宏观调控、市场监管等）。这就对我国利率政策调控提出了更高的要求，加快推进利率市场化改革，改变利率调控模式成为其应有之意。

毋庸置疑，市场在资源配置中起决定性作用，主要是通过市场竞争来发挥的。然而，如果只有市场竞争机制，自由经济与生俱来的缺陷——“市场失灵”势必给社会整体利益和长远发展带来危害。西方国家的市场经济发展历程已表明，市场竞争在带来效率的同时，也会带来经济增长的盲目性、经济结构的不合理、收入分配差距的悬殊以及其他不和谐因素，乃至经济危机和社会动荡。因此，市场经济实际上还应该有另一个必不可少的机制——宏观调控机制。市场经济应该是市场竞争与宏观调控的有机统一体，应该是市场竞争与宏观调控的完美结合体。市场竞争为市场主体提供利益动力，宏观调控则为市场活动提供协调的力量、环境、引导手段和调控杠杆。只有两者相互支撑、相互制约，才能形成完善的市场经济体制，实现经济社会全面、协调、可持续发展。正因为如此，当让市场在资源配置中起决定性作用的同时，也相应地催生出对科学宏观调控的需求。

第一节　市场主导下中国利率调控的模式调整

从利率的角度来看，强调市场起决定性作用就是要让中央银行放松对商业银行利率的直接控制，把利率的决定权交给市场，由市场主体自主决定利率，而强调宏观调控则是要求中央银行通过制定和调整再贴现率、再贷款率以及公开市场买卖有价证券等间接调控手段，形成资金利率，使之间接地反映中央银行货币政策的一种机制。这种央行间接调控市场利率的机制表现出一种“决定在市场，调控在中央”的政策意图。从世界各国的实践来看，这种“决定在市场，调控在中央”的利率政策调控模式不仅能够保证市场意愿不被扭曲，而且也不会削弱央行的调控能力，央行仍然可以通过其对基准利率的调控来引导和影响市场利率。如若从科学宏观调控的内涵来探究利率调控模式，就是既要保持利率调控的前瞻性、针对性、协同性，又要根据经济形势的发展变化，适时、适度调整利率政策实施的力度和重点。适时，就是把握好利率调控措施出台的时机，见微知著，防患于未然；适度，就是松紧得当，不紧急刹车，不搞一刀切。

一、利率调控的理念调整

利率调控理念是指一国中央银行根据宏观经济形势和微观经济主体利益分配等的变化，而提出的利率政策调控所遵循的一种思维或规范，主要包括“规则”和“相机抉择”两种不同的调控理念。其中，“相机抉择”系指货币当局在实施货币政策操作过程中不受任何固定程序和原则的约束，而是依据经济运行态势灵活地进行“逆经济风向”调节，以期实现货币政策的目标。例如，当一国通货膨胀达到一定程度时，中央银行可以通过采取提高利率的紧缩性货币政策来抑制过热的经济；当一国出现经济衰退和较高失业率时，中央银行可以采取降低利率的扩张性货币政策刺激经济增长和增加就业。而“规则”系指在货币政策实施之前，实现、确定所操作的货币政策程序和原则，即无论发生什么情况，中央银行都会按照事先确定好的规则来操作。“规则”调控的目的在于消除过于频繁的相机抉择操作本身可能带来的经济波动，让经济以其自身的稳定性抵御来自其他方面的干扰，以保证币值的稳定和促进经济增长。赞成这种调控理念的基本原因在于认为“相机抉择”的货币政策存在“时间不一致性”“时滞效应”和通胀偏差等弊端，而“规则”的调控更加强调政策操作的可信度，能够提高货币政策的精确度和有效性。

“规则与相机抉择”的问题一直以来都是货币政策领域研究的主要课题，其涉及货币政策操作的规范层面。具体而言，就是在实际的货币政策操作中，应该如何采取不同的政策调控规范对利率水平和时机进行调整，才能更好地影响利率政策的效果。不管采取怎样的货币政策规范，央行在进行货币政策调整时总会依据一定的参照物或经济指标体系，它体现了一种包含一套完整经济理论体系和政策主张的调控模式。利率作为现代宏观经济学货币政策最重要的操作工具之一，其政策调控理念也应进行上述解释和归类。为此，“规则和相机抉择”的选择，抑或是“规则和相机抉择”之后的具体使用都属于利率调控理念的范畴。

改革开放以来，我国的利率政策操作一直处于市场机制相对弱化的状态下，中央银行统一制定各商业银行的存贷款利率，利率调控模式直接、具体，无须过多考虑利率机制运行的中间过程。在这样的条件下，我国中央银行一直主张的是以凯恩斯的需求管理为指导的宏观经济调控理论。该理论认为，在资本主义自由放任的条件下，由消费需求和投资需求构成的有效需求不足以实现充分就业，而市场经济自动调节机制又往往难以发挥作用，因此，政府应该发挥积极的作用，对总需求进行管理，以帮助经济向均衡方向调节。具体表现为当经济运行至低谷时，通过大幅度降息来推动经济的复苏，使经济快速回归至潜在的经济增长率水平上，从而避免长期的经济萧条和通货紧缩所造成的社会福利的损失；而当经济运行至顶峰时，则通过大幅度的提息政策来控制经济的增长速度，从而将经济运行恢复至潜在经济增长率水平上，最终实现有效控制经济过快增长和通货膨胀的风险。然而，由于利率政策本身存在时滞性和难以准确把握的特点，从而使得传统利率调控方式下的宏观经济运行通常呈现出围绕潜在经济增长率上下大幅度波动。

党的十八届三中全会《决定》提出了“市场起决定性作用”，同时强调“提高相机抉择水平，增强宏观调控前瞻性、针对性、协同性”。这就在一定程度上说明了市场起决定性作用对我国利率调控理念的影响，即改变长期以来利率管制条件下相对滞后的传统相机抉择，逐步过渡为市场起决定作用条件下更具有前瞻性和可信度的相机抉择。为此，一方面，央行必须先实现对经济运行态势的精确把握，且在调整利率的过程中不受任何外界因素的干扰，而是依据经济运行态势灵活取舍，逆风向行事平抑经济周期，以实现货币政策目标；另一方面，在具体操作上，提前做出安排进行预调，使利率政策决策具有前瞻性，减少随意性，提高利率政策决策的科学性，发挥利率政策在宏观调控中的效果。①

二、利率调控的方式调整

利率调控方式也可称为利率调控技巧，它主要体现在利率调控的频度与幅度上。利率对宏观经济的调控方式可分为两种：一种为经常性的微量调整，即

① 范方志，赵明勋．当代货币政策：理论与实践［M］．上海：上海三联书店，2005：162．

经济活动在正常情况下进行的调节，比如在货币供应量和物价均比较稳定的状况下，利率只是做微量调整；另一种是特殊性的超微量调节，即经济活动在不正常情况下进行的调节，如通货膨胀和物价上涨猛烈，或者商品滞销、生产下降，利率就要做超微量调节。从一定意义上讲，利率调控方式问题也是利率制度改革的核心问题，前者解决不好，后者的目标也就难以实现，所以说，确定合理的利率调控方式是改革利率制度的重要环节之一。因此，在市场起决定性作用的背景下，为了更好地利用利率这一价值杠杆为宏观经济管理服务，使将来的政策利率能较好地与市场利率对接，从现在开始就要在利率调控方式上有意识地增加市场化的比重，在控制和调整利率水平的过程中，更加讲求科学性和艺术性的统一，进而把乖离率调整到反映真实资金供求关系的合理水平。①

长期以来，我国利率政策操作遵循的都是一种根据经济风向而进行干预的粗调模式。从外在表现来看，这种粗调模式有两种形态：被动的盲目干预与主动的积极干预。事实上，在我国还处于从计划经济体制向市场经济体制过渡时期，我国早期的利率政策调控属于被动盲目干预的粗调阶段。在此阶段，经济运行常常大起大落，经济周期表现为强幅波动，而央行往往采取事后应对的形式来进行利率政策操作。这种利率政策操作的主要特点是力度强、幅度大，力求通过高强度的调控措施扭转经济急剧下跌的态势。随着我国市场经济体制改革的逐步推进，我国的利率政策调控开始进入一种主动的积极干预阶段。该阶段的特点为经济周期的幅度波动大大减少，表现为中幅波动，此时，央行的利率政策调控主要表现为积极主动干预的粗调特征。现今，我国改革开放的步伐日益加快，利率市场化改革即将完成，经济周期的规律性正逐步呈现。在此阶段，央行可以通过观测宏观经济波动的先期指标变动情况，较早地调整和使用

① 刘义圣. 中国利率市场化改革论纲［M］. 北京：北京大学出版社，2002：118.

政策手段，对未来可能出现的经济波动进行利率微调。这与党的十八届三中全会《决定》的精神也是相适应的。

而在市场起决定作用的要求下，利率则是由各个金融机构根据金融市场供求状况和央行的指导性信号，自主地确定利率大小和调整利率的时机，央行只是通过预定年度货币政策计划、制度和调整法定准备金率、再贷款利率、再贴现利率，进行公开市场业务操作及其他指导性窗口等，借助货币市场的内在运行机制，向金融机构传导央行的信贷、利率政策信号，从而间接影响到金融市场的利率水平。市场起决定作用下的利率调控模式就必须具有更加科学、理性的调控理念和内涵。因为，在市场起决定作用的条件下，利率政策的传导机制是畅通的，央行的利率政策意图也是能被市场参与者正确理解的，科学、理性的调控理念所引起的调控结果必然也是相对合理和有效的。市场起决定性作用对利率调控方式的影响主要体现在，需要对传统利率手段的调控方式在运用上加以变化，以克服利率调控所带来的周期长、见效慢等特点，使经济增长速度维持在既定的增长目标上。即在调整利率的过程中幅度不能过大，要根据所观察到的调控效果随时进行政策的跟进和搭配，以巩固当前的调控结果。其实施规律为：当经济存在过热倾向时，央行可通过多次、小幅度提高利率来抑制投资与消费，控制经济增长；当经济出现衰退倾向时，央行则采取反方向行事来刺激投资与消费，促进经济增长。这种方式更注重经济运行中市场机制的作用，发挥市场体制和经济体制自身的功能，其调控的结果能够使经济更接近自身的自然状态，更具有稳定性。

综上所述，市场起决定作用下的利率调控模式更加强调经济运行的平稳性，避免大起大落，理论上使经济运行至潜在增长率水平附近。即当经济走向高涨阶段时，通过对利率进行预测性的、逆风向的微幅调整来消除因经济高涨可能带来的通货膨胀；而一旦经济存在收缩倾向但并未进入实质性衰退时，同样采取预测性、逆风向的降息行为，防止经济的继续衰退。其政策宗旨意为经济增长率的“不冒顶”“不触底”，而非大幅度的提高或压缩经济增长率，从而将经济运行长期稳定在潜在的经济增长率水平附近。

三、利率调控的机制调整

从概念上说，利率调控机制是指中央银行根据国家一定时期的利率政策目标，通过运用利率政策工具，控制操作目标，作用于中介目标，实现最终目标的运行过程，包括利率政策工具及其作用操作目标的选择和运用、中介目标的控制和管理。而市场起决定作用下的利率调控机制则是指中央银行虽然放开对市场利率的决定权，但央行仍然保留了调控利率的能力，只是在途径上不再是通过直接限制商业银行存贷利率，而是通过参与到市场中进行扭曲交易。由此可见，市场起决定作用下利率调控机制之精髓并不是改变利率，而是转移利率的决策权，即从央行转交到金融机构。原因在于，市场起决定性作用下的利率管理实际上是对政府放权的倒逼，通过政府与市场的“金融分权”，使资金价格（利率）的确定将发生两个重大变化：一是利率决定机制的市场化。即指利率的高低、利率的期限结构、利率的风险结构都由金融机构自主定价。在一个市场化的利率体系中，利率水平能够准确、有效、迅速地反映资金供求双方的力量的对比，从而实现资金的最优配置。二是利率干预机制的市场化。即央行不再通过行政命令来干预利率，而是运用再贴现率或公开市场操作等货币政策工具，改变金融市场资金的供求平衡，引导市场利率。这就要求构建一个能有效释放、传递央行政策信号，正确引导并影响市场利率的利率调控机制。主要包括以下两个方面：

第一，建立中央银行的间接调控机制。中央银行作为国家管理货币信用的重要部门，必须具有一定的超脱性和独立性，逐步退出对市场利率的直接参与和管制，对金融市场乃至整个国民经济进行间接调控。中央银行在对宏观经济状况进行科学分析和预测的基础上，根据稳定币值的货币政策目标来确定基准利率，并通过对基准利率的调节，辅以公开市场业务、再贴现率等其他货币政策工具来间接影响市场利率，传导作用于商业银行。由此可以看出，在中央银行的间接调控机制中，种类繁多的市场利率完全是由商业银行根据自身的实力和资产负债管理水平自行决定的，中央银行无权直接干预，只能采用一种市场化手段对其进行间接调控。在此过程中，中央银行的利率政策是通过市场机制来引导资金流向、调节资金配置的。这种间接调控利率的机制包括以下特点：一是央行通过公开市场业务调控基准利率，其他利率放开；二是让货币市场的供求关系决定其他利率水平；三是主要运用市场化的手段调节货币市场的供求关系，从而间接影响市场利率的变动，一般情况下不再采用行政管理手段来规定各种利率的水平。这样做遵循的是市场经济原则，是通过利率手段去激励商业银行增加或减少信贷供给，使实际利率的变动能真实反映资金的供求关系，从而改变资金需求量和需求结构，通过市场机制的作用自动趋于均衡，既有利于资本形成数量的增加，也有利于资本形成质量的提高，更有利于央行货币政策传导效率的增强以及利率政策调控水平的提高。事实上，正是在这样的市场条件下，利率政策的传导机制才是畅通的，央行的利率政策意图才会被市场参与者正确理解，利率微调的效果也才能得以保证。

第二，是完善利率传导的中介机制。货币政策是货币当局通过货币量的供给和调节以达到宏观经济的既定目标的政策。货币政策的实施能否实现预期的效果，关键在于货币政策的传导机制是否与金融体制和经济体制相协调、相适应。① 如果货币政策传导梗阻，货币政策的执行效果也就会大打折扣。成功的

① 李社环．利率自由化——理论、实践与绩效［M］．上海：上海财经大学出版社，2000：152.

货币政策除了要求目标科学合理、操作工具得利外，还要求有一个高效的操作程序，这是决定货币政策具有前瞻性和微调性的关键。与此相匹配的利率传导的中介机制主要是以同业拆借市场为主的货币市场。中央银行以基准利率影响同业拆借市场利率，同时通过公开市场操作直接调节同业拆借市场的资金供求余缺。同业拆借市场利率的高低和公开市场吞吐基础货币的多少，影响市场利率，进而影响商业银行的资金成本和可用资金的数量，并进一步影响经济。

在我国，利率行政管制是制约我国利率传导机制有效性的关键。在利率管制情况下，我国的利率传导主要通过行政管理手段，由中国人民银行分支机构督促商业银行组织实施，这无疑会阻碍利率宏观调控效能的发挥。央行运用利率机制进行宏观调控的有效性受到制约、利率内在的自我平衡机制遭到破坏、由于不能正确反映资金的供求状况和国内资金短缺现象，歪曲了资产的价格，破坏了社会信用的基础。由此可见，要想完全让市场在资金配置中起决定性作用，还需要按照我国国情和实际发展的需求安排一系列重要金融制度，比如：公开市场操作工具、目标利率选择等，尤其是要使市场化的中央银行目标利率得到实现，公开市场操作的功能与成效不断完善。[①] 虽然，目前我国的公开市场业务并不及西方发达国家那么成熟和完善，但是，我国的公开市场业务正处于不断地发展和完善的过程中，可以预见，它最终必将成为中国人民银行吞吐基础货币、贯彻货币政策意图的重要工具。与此相适应，市场起决定性作用的利率调控模式，就是应该采用这种市场化干预利率的操作手段，放弃行政管理利率的方式，采取市场化的利率调控方式，使利率变动真正反映货币市场上的资金供求，理顺货币政策的利率传导机制，加强利率政策的宏观调控效果。

---

① 加快推进利率市场化　让市场在资金配置中起决定性作用［EB/OL］.（2013－11－17）. http：//news. xinhuanet. com/fortune/2013－11/17/c_118171013. htm.

第二节　市场主导下中国利率的微调模式选择

综上所述，市场起决定作用对我国利率调控的理念、方式、机制等都具有影响，这种影响实际上就是市场起决定作用对我国利率调控模式的影响，并对日后我国利率调控模式选择提出了要求。基于对市场起决定作用下的利率调控理念、方式、机制等的具体理解，可以把这种选择归纳为一种常被专家学者以及政策决策者提及的“利率微调”模式。

一、宏观经济调控“粗调”与“微调”之辨析

（一）宏观经济调控之发展概述

宏观经济调控在西方经济学中也称为政府干预和国家调节，自“凯恩斯革命”之后，宏观调控就成为任何一个国家都不容忽视的客观问题。20 世纪 30 年代，西方世界爆发了严重的经济危机，该危机造成的大萧条几乎使资本主义经济和社会覆灭。为了拯救和改善资本主义经济，当时的经济计划者和政府都需要从理论上为国家干预经济的政策提供依据。正是在此背景下，以凯恩斯的需求管理为指导的宏观经济政策思想在西方国家日益兴起，并逐渐占据了西方经济学领域的主导地位。凯恩斯理论认为，在资本主义自由放任的条件下，由消费需求和投资需求构成的有效需求不足以实现充分就业，而市场经济自动调节机制又往往难以发挥作用，因此，政府应该发挥积极的作用，对总需求进行管理，以帮助经济向均衡方向调节。在需求管理思想指导下，宏观经济政策主

要表现为政府为了缓解经济周期性波动而实施的一系列具体措施，是政府为了实现一定的经济目标而对经济活动进行有意识的干预活动。一般说来，该政策思想以充分就业、价格稳定、经济持续均衡增长和国际收支平衡为主要目标，主张根据经济风向运用斟酌决定（相机抉择）的财政政策和货币政策对总需求加以调节，以此来减少经济的周期性波动。而斟酌决定（或斟酌使用）的财政政策和货币政策，是指为了确保经济稳定，政府审时度势，主动采取一些财政（变动支出水平或税收）和货币（变动货币供给量或利率等）措施以稳定总需求水平，使之接近物价稳定的充分就业水平。① 就此而言，现代宏观经济调控的主要任务就是在一般情况下通过控制总需求来稳定经济、防止波动；在经济出现衰退时，通过提高总需求水平，促进经济复苏，增加就业和发展产业。而且，现代宏观调控政策也体现了政府为稳定经济增长水平的主动调节意图，即指政府通过对经济发展形势加以分析判断，有意识地进行所谓反周期（逆经济风向行事）的相机抉择，采取积极的政策措施。

随着世界各国经济社会的不断发展，宏观调控所赖以进行的宏观环境和微观主体都有了不同的面貌，这就要求宏观调控在模式与手段上必须与时俱进、科学发展。在宏观经济调控政策漫长的发展演变进程中，各国的宏观调控大致呈现出如下的发展轨迹：被动的盲目干预→主动的积极干预→科学的精确干预。市场经济条件下，早期的宏观调控往往处于被动的盲目干预阶段。在此阶段，经济运行常常大起大落，经济周期表现为强幅波动，而政府往往采取事后应对的形式来进行宏观经济调控。② 如，在经济发生严重衰退时，紧急采取应对措施，此时宏观调控的主要特点是力度强、规模大，政策工具以数量型为

---

① 范家骧，王志伟. 宏观经济学［M］. 大连：东北财经大学出版社，2003：193.

② 刘义圣. 关于现时期我国利率微调问题的思考［J］. 经济问题，2007（12）：101—104.

主，力求通过高强度的调控措施扭转经济急剧下跌的态势；随着市场经济的日益成熟，宏观调控会进入主动的积极干预阶段，该阶段的特点为经济周期的波动幅度大大减小，表现为中幅波动。此时，政府的宏观调控主要表现为以“相机抉择”为主要指导思路的依势而行、积极主动的“粗调”特征；在宏观经济理论和政府干预经验的指导下，发达国家已经步入了宏观调控发展的新阶段，即科学的精确干预阶段。在该阶段，政府会根据经济周期的某些规律性和观测宏观经济波动的先期指标变动情况，较早地调整和使用政策手段，对未来可能出现的经济波动进行“微调”。此时，政府的宏观调控特征主要体现在灵活性和前瞻性上。

从凯恩斯主义以需求管理为核心的国家干预思想成功登上了历史舞台，到今天新凯恩斯主义经济学在宏观经济调控中的运用，在西方经济学领域，宏观经济调控理论和政策历经了七十多年的系列演变。从该演变进程中，可以看到，在西方国家，宏观经济调控政策并不是遵循固有的、不变的原则，而是以西方经济学者在不同时期就现实经济问题提出的具体理论解释为依据。随着时间的更迭，新的经济问题不断出现，宏观经济调控理论和政策也不断地为适应新的经济形势不断发展与完善起来。在宏观经济学得以发展的七十多年来，宏观调控理论与政策取得了令人注目的发展，目前已经形成一套具有理论基础、政策目标、政策工具及政策效应分析的完整的宏观经济政策理论。尤其是近年来，随着数学、计算技术在宏观经济学领域的普遍使用，宏观经济调控日益沿着精确化与科学化的方向发展。

（二）宏观经济“粗调”与“微调”之比较分析

早期的宏观经济学，即传统的凯恩斯主义以及后凯恩斯主流均认为经济的周期性波动源于经济内生的有效需求不足的冲击，是能够感应，并可以在一定程度上加以调节的。因此，他们认为在经济波动中进行政府干预是有效率的，并主张设计反周期的宏观调控政策进行“粗调”。“粗调”一词从字面理解即为不精确的、粗略的调整。在宏观经济学领域，“粗调”（Coarse－Tuning）则是指国家干预经济运行的一种模式，该模式以粗放型干预为主，是国家逆经济周期性波动之势，采取一系列政策工具，间断式地对宏观经济运行情况进行幅度较大的调整，该调控模式有助于处理事前无法预料的突发性波动，力求以及时有效的应对之策缓解经济周期性波动所造成的影响。就此而言，“粗调”属于一种事中、事后的必然性措施，意图在于应对危机、扭转形势。

20世纪70年代中期，大多数西方国家出现了“滞胀”的局面，即失业和通货膨胀同时并存。“滞胀”的现实问题使凯恩斯的理论遭受到了严重的打击，现代货币主义者据此对以凯恩斯理论为指导的宏观经济调控进行了猛烈的攻击。他们认为，相机抉择的宏观经济政策是美丽的陷阱和骗局，因为对经济政策制定者并不能比私人部门做出更好的预测，因此，政策应该减少干预市场的行为，只给经济提供一个稳定的“固定规则”的货币政策。与此同时，理性预期学派（强调“理性预期”对经济行为和经济政策的影响与作用）的代表人物卢卡斯提出的“卢卡斯批判”也对早期宏观经济政策的有效性提出了相反的结论。卢卡斯认为，具有理性预期的“经济人”会预料到政府政策可能造成的后果，故而会相应地采取对策加以防范，这种对策会导致政府政策的无效性。如前所述，20世纪70年代经济“滞胀”的局面使传统的凯恩斯主义失去其正统的经济学地位，但要求国家完全放弃对宏观经济的干预却是一种对市场经济过度放纵的行为。此种行为并不能像现代货币主义和理性预期学派所诠释的那样，维持经济自由运行即可避免经济剧烈波动。相反，它只会使经济运行处于更易失控的地位。在此背景下，一个主张国家干预的新学派——新凯恩斯主义经济学在西方经济学界逐渐发展起来，该学派的兴起使凯恩斯主义走出了困境，并以更有说服力的形象重新获得政府和学术界的重视。新凯恩斯主义经济学者认为，“卢卡斯批判”仅在于政府政策发生重大变动时才有效，而当政府政策采取微小变动时，“卢卡斯批判”并不适用。对此，新凯恩斯主义者通过在原有的凯恩斯理论中吸收理性预期的观点，创新地采用了一种新的宏观经济调控模式。该模式就是同时具备前瞻性与灵活性的“微调”模式，在新凯恩斯主义经济学中以泰勒规则的利率操作模式为代表。在此，有必要事先对“微调”一词的含义给予简要解释。

“微调”一词最早见于对机械、电子仪器的调节中。“微调”的“微”含有细微精确的意思，“微调”就是微小的使之趋向精确的调整。如电子学上指对调谐电容作幅度很小、但效果精确的变动或调整。宏观经济政策领域的“微调”(Fine－Tuning) 主要指，国家小幅度地使用某种政策工具不断地对经济运行中出现的微小变动进行调整，它能使经济周期的波幅缩小，从而发挥宏观调控的最佳功效。由于“微调”是一种经常性的活动，它要随时进行，所解决的是经济运行中较小的变动，因此，它的整个调控过程较为复杂。① 宏观调控采用“微调”方式，更好地利用经济运行中市场机制的作用，充分发挥市场经济的自我调节功能，其效果是使经济趋近于平稳发展的自然状态，进而保持经济发展的协调性与均衡性。②

然而，不容忽视的问题是，受近期全球性金融危机的影响，学术界对西方发达国家近年来的宏观经济调控方式提出了质疑，质疑的焦点主要是宏观经济调控所应遵循的是固定规则，还是相机抉择问题。采用“固定规则”而不是“相机抉择”来制定宏观经济政策是货币主义者的政策纲领。货币主义经济思想的主要内容就是货币规则，他们认为最佳的货币政策应使货币供给以固定的

---

① 王春丽，刘义圣．我国货币政策的利率微调问题初探［J］．福建论坛（人文社科版），2009 (11)：26—29.

② 梁小民．高级宏观经济学教程［M］．北京：北京大学出版社，2001：417.

速率增长，并且在任何经济形势下都维持这一速率。因此，一些学者认为，当前全球性金融危机产生的根源就在于，美国近年来所实施的以“固定规则”为指导的政策“微调”，认为此种政策调控方式过于放任了市场自由和经济自由。但有必要指出，本文所提及的“微调”并不是以货币主义者所提倡的货币规则为理论基础。对此，萨缪尔森在《经济学》一书曾经提到，“原则上，货币主义者也许会建议利用货币政策对经济进行微调。但在事实上，他们采取的方针却完全不同，他们认为私人经济部门是稳定的……”① 那么，本节中所提及的宏观经济“微调”所依托的理论基础是什么呢？总的来说，应该是一种将固定规则与相机抉择统一起来的理论，该理论引导了一种更具有前瞻性和灵活性的宏观经济政策调控模式。此种“微调”模式的好处就在于既能够解决相机抉择所导致的动态非一致性问题（所谓动态非一致性是指，宏观经济政策在制定时是满足最优规则的，然而在政策的实施过程中，随着时间的推移，政策的操作结果往往是次优的②），又能解决固定规则所不具备的政策的灵活调整问题（针对不利的供给波动或意外的货币需求波动迅速、灵活地进行政策调整，以缓解不利冲击可能引起的危害③）。当然，我们所说的这种宏观经济“微调”模式主要是针对一般经济运行中的小扰动而言，实际上，在面对重大经济危机冲击时任何国家都会积极主动地采取较大幅度的财政政策和货币政策。

基于上述分析，我们对“粗调”与“微调”两种模式的优劣性也有了较为清晰的认识：以相机抉择为指导的“粗调”模式存在动态非一致问题，因此，

---

① 保罗·萨缪尔森，威廉·诺德豪斯．经济学［M］．17版．北京：人民邮电出版社，2004：575.

② Kydland F. E.，Prescott E. Rules Rather than Discretion：the Inconsistency of Optimal Plans［J］．Journal of Political Economics，1977（7）：72—93.

③ Rogoff K. the Optional Degree of Commitment to an Intermediate Monetary Target［J］．Quarterly Journal of Economics，1985（100）：1169—1190.

在经济运行常态下，此种宏观经济调控模式并不是一种最优的选择，但在经济运行面临重大冲击时，该模式却是一种极为有效的应对之策；而以固定规则与相机抉择的统一理论为指导的“微调”模式，是一种兼容理性预期前瞻性和依势而动的灵活性的宏观经济调控新模式，该模式属于经济运行常态下宏观调控的最优的选择。

二、中国宏观经济调控的理性过渡：从“粗调”到“微调”

（一）打造“和谐经济”的必然：从“粗调”到“微调”

改革开放以来，我国经济主体的活力在日益充分的竞争中不断地释放出来，成为推动经济发展的强大动力源。与此同时，也出现了竞争无序和失范等不和谐现象。这就告诉我们，发展社会主义市场经济，在不断完善市场竞争机制的同时，必须着力构建一个规范经济主体责任、协调多方利益、均衡各方发展的和谐机制，打造社会主义和谐经济。[①] 2007 年中央经济工作会议召开前夕，中国官方将过去十几年强调的经济“又快又好发展”的提法，转变成“又好又快发展”。“好”在“快”前，这就意味着中国经济发展思路将更加重视经济发展的协调性和均衡性，和谐经济的打造将会摆在更加突出的战略位置。建立和完善和谐经济的主要目的在于保证经济平稳、健康、持续地发展，严防经济大起大落的“过山车效应”。[②] 就经济波动的一般规律而言，经济增长过热，即我们常说的“大起”，必然导致随后的“大落”。因为在“大起”中，造成对资源的高消耗，对环境的高污染，造成对经济正常运行所需各种均衡关系的破坏，这就必然引起“大落”。“大起大落”的要害在于“大起”。宏观调控的目

① 张圣兵．社会主义市场经济应是和谐经济［N］．人民日报，2005－09－16．

② 刘义圣．关于现时期我国利率微调问题的思考［J］．经济问题，2007（12）：101—104．

的正是为了防止“大起大落”，平抑经济波动，而其中的关键又在于及时地防止“大起”，也就是及时地防止经济增长由偏快转为过热，或由局部过热转为全面过热。这就要求及时地“削峰”，使经济增长率的“峰位”处于适度增长区间的可控范围内，不致因经济增长过热而损害资源和环境，损害经济的全面、协调、可持续发展。① 经济大起大落的“过山车效应”在中国改革开放以来曾多次出现过，主要原因就是没有很好地认识和把握上述经济波动的一般规律，没有及时地防止“大起”，没有及时地进行“削峰”，而是等到经济增长率已冲出 11%的上限警戒线，经济增长已陷于全面过热而难以为继时，才不得不进行被动调整。这种情况经过多年的宏观调控已有所好转，但是，根本问题并未解决。治本之策，应在于对宏观调控机制加以改进。2007 年中央经济工作会议明确指出，要把加强和改善宏观调控作为实现经济“又好又快发展”的首要措施。

近年来，我国宏观调控的水平正在不断提高，尤其是在具体模式的运用上，已逐渐放弃了以往被动的盲目干预的做法（在经济出现严重衰退或过热时，才被迫采取高强度的应急措施，容易造成经济的大起大落）；取而代之的是，在经济出现过热或衰退苗头时，就迅速采取紧缩或扩张措施。而且在整个宏观调控期间，开始注意力度的把握，并试探性地进行适时、适度的调控，不搞全面扩张或紧缩，而是区别对待，有保有压，这不仅避免了经济强幅震荡，而且保持了经济的平衡快速增长。就此而言，我国的宏观调控已经成功步入其发展演变过程的第二阶段——主动的积极干预阶段。但与科学的精确干预相比，我国当前的宏观调控依然还偏重于粗放型的干预模式，由于此种宏观调控模式难以避免经济运行惯性的冲击，因此也无法将经济稳定在适度增长区间。

① 刘树成．多次性微调：使经济增长率不“冒顶”[J]．经济学动态，2006（10）：4—7.

由此可见，要与构建和谐经济的发展思路保持一致，我国的宏观调控尚需完成由第二阶段向第三阶段过渡的进程。基于保持经济平稳较快增长，防止“过山车效应”的宏观调控目标，我国宏观调控的改革取向应该是由粗放干预向精确干预转变。① 通过采取适当的微调工具对宏观经济进行“适轻量”调控，以此来引导社会的合理预期，确保宏观调控目标的顺利实现。近年来，我国宏观调控政策从“双防”，向“一保一控”和“保增长”的转变，凸显了为确保国民经济又好又快发展和改善民生，我国宏观经济调控正在向具有前瞻性、及时性和灵活性的新模式转变。

（二）中国宏观经济微调的渐进化表现

2008 年、2009 年受全球性金融危机的影响，我国的经济增长率有所放缓，但根据具体数据分析，我国经济放缓的步调并不是在瞬间产生的，而是保持了一个循序渐进的过程。就此而论，我国的宏观经济已经进入了一个相对平稳的发展阶段。与此发展阶段相统一，我国的宏观经济调控方式也应该逐步向更加稳定、更加规范化的方向发展。此外，就我国宏观经济的发展趋势来看，随着此次经济危机对我国宏观经济的影响逐渐消退，我国的宏观经济运行重新回到平稳较快发展的轨道上来，但是与此同时，我国宏观经济的发展也将面临更多的、复杂的、难以确定的问题。② 针对未来可能出现的纷繁复杂的局面，我国宏观经济调控的主要方向还是应该根据经济形势的新变化和产生的新问题，采取必要的手段进行适当的微调。

2009 年 8 月 5 日，中国人民银行发布《中国货币政策执行报告（2009 年第二季度)》指出，下阶段中国人民银行将坚定不移地继续落实适度宽松的货

① 刘义圣．关于现时期我国利率微调问题的思考［J］．经济问题，2007（12）：101—104．

② 国务院发展研究中心副主任侯云春在 2009 年 12 月 19 日举行的 2010 年中国经济形势解析高层报告会上表示：2010 年经济形势不确定因素很多，不排除发生新危机的可能。

币政策，根据国内外经济走势和价格变化，注重运用市场化手段进行动态微调。① 这是央行第一次公开提出对货币政策运用市场化手段进行动态微调。至此之后，微调就成为央行货币政策调控的主旋律。

2010 年 1 月 6 日，央行工作会议确定，2010 年将保持货币信贷适度增长。具体来说，既要保持足够的政策力度，支持经济平稳较快发展，又要稳定价格水平，有效管理通胀预期。同时，密切跟踪监测国际金融危机发展趋势、国内外经济运行和市场流动性情况，适时适度调节。② 由此可见，适度微调依然是央行 2010 年货币政策调控的主基调。

2011 年 11 月 16 日，央行在《2011 年第三季度货币政策执行报告》中称，将继续实施稳健的货币政策。与此同时，央行还表示，将根据经济形势的变化，适时适度进行预调微调。③

2012 年 8 月 3 日至 4 日，中国人民银行分支行行长座谈会提出，下半年，要继续加强货币政策预调微调，发挥货币政策的逆周期调节作用。在保持货币政策连续性和稳定性的同时，进一步加强对国内外形势的分析研究，增强前瞻性；做好政策储备，准确把握政策的方向、力度和节奏，适时适度进行调控，增强针对性。④

2013 年 11 月 5 日，中国人民银行发布的《2013 年第三季度货币政策执行报告》称，货币政策要坚持总量稳定、结构优化的要求，坚持政策的稳定性和

---

① 中国人民银行. 2009 年第二季度中国货币政策执行报告［EB/OL］.（2009－08－05）. http：//finance. sina. com. cn/china/hgjj/20090805/17006575593. shtml.

② 中国人民银行. 央行定调 2010 年货币信贷政策 适度微调成主基调［EB/OL］.（2010－01－07）. http：//finance. people. com. cn/GB/10724819. html.

③ 中国人民银行. 2011 年第三季度中国货币政策执行报告［EB/OL］.（2011－11－17）. http：//news. xinhuanet. com/fortune/2011－11/17/c_122292789. html.

④ 中国人民银行. 下半年继续加强货币政策预调微调［EB/OL］.（2012－08－06）. http：//money. 163. com/12/0806/01/886I810700253B0H. html? from＝money.

连续性，继续实施稳健的货币政策，增强调控的针对性、协调性，保持定力，精准发力，适时适度预调微调。①

2014 年 11 月 6 日，中国人民银行发布的《2014 年第三季度中国货币政策执行报告》称，继续实施稳健的货币政策，保持政策的连续性和稳定性；并根据经济基本面变化适时适度预调微调，增强调控的灵活性、针对性和有效性。②

目前，这种货币政策微调的旋律依然没有改变。2015 年 7 月 3 日，中国央行发布区域金融运行报告称，2015 年各地区金融业将继续贯彻落实稳健的货币政策，更加注重松紧适度和预调微调。③

在此思路的指导下，作为我国货币政策调控主要手段的利率，自然而然地开始了微调转向，在具体的操作目标以及相关理念、原则上，都呈现出一种微调的特征。总体来说，在经济形势没有发生大的变化时，应注意保持宏观调控基本政策的相对稳定，在具体调控过程中，灵活地掌握调控的时机、节奏、力度等，注重运用市场化手段解决来问题。

三、中国宏观经济调控的利率微调前瞻

（一）中国宏观经济微调工具的考选：利率的胜出

央行提出，我国要保持适度宽松的货币政策不变，并通过采用市场化手段，灵活运用多种货币政策工具，实行货币政策的动态微调，以此来提高调控

---

① 中国人民银行．央行发布 2013 年第三季度中国货币政策执行报告［EB/OL］．（2013－11－05）．http：//finance. people. com. cn/bank/n/2013/1105/c202331－23441652. html.

② 中国人民银行．2014 年第三季度中国货币政策执行报告［EB/OL］．（2014－11－06）．http：//finance. sina. com. cn/china/hgjj/20141106/174420751386. shtml.

③ 中国人民银行．中国央行金融运行报告：货币政策更重松紧适度和预调微调［EB/OL］．（2015－07－03）．http：//finance. ifeng. com/a/20150703/13817510 _ 0. shtml.

的科学性、前瞻性和有效性，从而增强货币政策的针对性、有效性和可持续性。至此，我国货币政策调控的新模式浮出水面，动态微调不置可否地成为当前宏观经济调控领域的一个新亮点。当前，我国货币政策动态微调的主旋律业已确定，接下来亟须解决的问题是，究竟应该采用何种市场化手段来实行货币政策的动态微调？

从我国货币政策的发展历程来看，我国央行对货币政策手段的选择经历了从直接到间接、从数量到价格、从计划到市场的演进过程。直到 20 世纪末，我国央行的货币政策手段仍是以货币供给量、信贷规模等直接性指标为主，而利率等间接性指标在货币政策的实施过程中依然处于从属地位，只是在既定的货币供给量和信贷规模的前提下发挥有限的辅助作用。随着现代经济的发展，经济市场化、货币化及金融全球化程度的加深，利率对货币政策的敏感性随之加强了，而中央银行对货币总量的控制有时却出现了不易把握的局面，并且货币总量作为经济变量只能用以事后统计。近年来，由于受发达国家偏爱利率的影响，我国央行也开始对其货币政策手段改弦易辙，利率逐渐为我国宏观调控者所青睐，并上升为宏观调控的主要货币政策手段，这从 1996 年以来我国央行频繁调整利率的意图中可见一斑。与货币供给量和信贷规模相比较，选择利率作为宏观经济的微调工具，是由其自身的特点与优势决定的。

第一，利率作为间接的价格型手段，反映的是资金的供求状况，央行通过调整利率来改变资金市场的供求状况，有利于兼顾宏观经济效益和微观经济效益。在宏观经济的取向上，央行可以通过调整利率水平来体现其货币政策的总意图，并配合宏观政策引导投资和消费，及时协调并促进积累和消费合理比例的实现。在微观经济的行为上，利率水平的变动会直接影响企业的信用成本和收益，央行可以通过调整利率水平来影响企业的经济利益，修正和优化经济主体的经济行为，从而促进微观经济有序健康发展。

第二，利率不但相对稳定，同时还具备“易测、可控、及时”三大特性。利率作为资金价格能够通过资金供求双方不断变化的交易及时地反映出来，而且中央银行也可以通过公开市场操作调节基础货币，来影响市场利率。此外，利率的变化从根本上说能反映经济的动态，在市场经济条件下，由于在不同的金融资产市场上利率的变动方向是一致的，所以利率高低可以作为衡量社会资金稀缺程度的一个指标，政府据此可知社会上资金是多了还是少了，并依此做出货币政策紧缩还是扩张的抉择。①

第三，利率作为资金的价格，本身就具有可频繁调整的特性，央行可以根据经济、金融形势的需要，在短期内对其进行连续调整：根据价值规律的客观要求，价格必须围绕价值上下波动，这就决定了中央银行能够依据资金市场的供求变动频繁地调整利率，从而凸显了利率微调的优越性。即利率随着经济的变化而变化，根据中央银行货币政策目标而适时适度决定，以千变应万变。中央银行可以通过对基准利率的适时适度调整，引导和调节社会各种利率水平。

与利率比较，信贷规模属于直接的数量型手段，非市场性较强，既不利于资金的优化配置，也容易造成货币政策目标失效。一方面，实施信贷规模控制，可以直接限制货币流通手段的增长，但是，这种方式也会使资金分配和资金成本的确定变得主观随意，毕竟要求银行在限额内分配信贷是一种非市场因素，不利于市场竞争，容易造成资金的低效配置；另一方面，在金融市场发育程度较高的情况下，除贷款外，企业还可以通过其他多种渠道融资，因此，信贷规模控制与最终目标的相关性较弱，加之经济实体也会想方设法来躲避信贷规模的直接管制，从而会阻碍信用管理与信用限额作用的发挥，容易造成货币政策目标失效。

---

① 刘义圣. 中国利率市场化改革论纲［M］. 北京：北京大学出版社，2002：135—136.

而货币供给量在实际操作中，既难于控制也不适用于微调。一方面，从货币供给量的控制来看，货币供给量是基础货币和货币乘数的乘积，虽然中央银行可以控制基础货币，但货币乘数还要受中央银行所不能直接控制的其他因素影响，因此，货币供给量既有外生的一面，也有内生的一面。在现代金融创新和金融市场发展的新背景下，由于资金的跨国流动、金融管制的放松以及金融创新的不断深化，货币乘数和货币的流通速度都变得更加不稳定，货币供给量的内生性日益明显，传统的控制货币供应量的货币政策面临着挑战。另一方面，从货币供给量的作用路径："货币供给量→利率→投资→总需求→国民收入"来看，货币供给量对投资与产出的影响不如利率直接，实际上，货币供给量也是通过利率来间接影响经济的，即货币供给量的增减影响利率的升降，进而影响实际的投资与产出，因此，它的政策效应首先取决于货币需求的利率弹性，这就决定了它并不适于频繁小幅度的调整，因此不宜作为微调工具。正如 Joseph E. Stiglitz and Bruce Greenwald（2005）在《通往货币经济学的新范式》一书中指出："货币政策作为政府调控宏观经济的重要手段之一，已经不同于往日的让政府控制货币供给来影响利率，进而影响投资，在新的范式之下，影响经济活动水平的是私人部门获得信贷的条件以及信贷的数量，而非货币数量本身。"①

（二）近年来中国利率政策调控的"适轻量"表现

在我国，尤其是 1998 年货币调控机制改革以来，以货币供应量为中介目标的数量型货币政策在保持物价稳定、稳定经济增长方面发挥了重要作用。近年来，随着我国金融业创新步伐的加快以及宏观经济环境的不断变化，货币供应量的可测性、可控性、相关性等不足的问题日益突出。借鉴国外的做法，我

① 斯蒂格利茨，格林沃尔德．通往货币经济学的新范式［M］．北京：中信出版社，2005：106.

国也开始转变货币政策中介目标的具体实践，利率逐渐成为货币政策的主要手段，而且在调整上也呈现出与发达国家相似的微调特征。该特征在 2004 年以后表现得较为明显。

如表 4－1 所示，2004 年 10 月 28 日以后，我国利率政策调控呈现出如下特点：一是利率调控幅度减小。2002 年以前，我国央行对利率的调整幅度均在 0.5%以上，大多数保持在 1%以上；而 2004 年 10 月 28 日开始，我国央行连续多次以 27 个基点、25 个基点或 18 个基点来调整一年期金融机构贷款利率，其中，仅有一次调整幅度为 1.08%。① 这次利率下调是过去每次下调 0.27 个百分点的 4 倍，也就是说，此次对利率的调整相当于过去 4 次利率调整的总和，其幅度创 1997 年亚洲金融危机以来之最。然而，如果进一步分析此次大幅度利率下调的用意，我们就会发现，此次利率调整并不代表央行要改变已经选取的利率微调趋向，而是在经济危机影响扩大时期的应急之举。事实上，在此次大幅度下调利率之后，我国央行又重新回到了微调利率的轨道上来，2008 年 12 月 23 日，我国央行又一次下调利率 0.27 个百分点。二是利率调控频率增多。1996—2002 年 6 年时间内，我国央行一共下调利率 8 次。其中，调整次数最多的一年为 1998 年，一年内下调了 3 次利率；而 2004—2008 年 4 年时间里，我国央行一共调整了利率 14 次（上调利率 9 次、下调利率 5 次），其中，仅在 2007 年就上调利率 6 次，2008 年又下调利率 5 次。2010—2015 年 5 年时间里，我国央行又调整了利率 11 次，其中上调 5 次，下调 6 次。三是利率调控间隔缩短。2004 年之前，我国央行两次调整利率，最短的间隔时间为 3 个月零 22 天；而 2004 年以后，我国央行两次调整利率的时间间隔大多数都在 3 个月内，其中，有 5 次利率调整时间间隔低于 1 个月，最短间隔时

① 此次利率的大幅度调整主要是为了应对全球性金融危机对我国经济造成的负面影响。

间仅为 21 天。这些特点均反映出我国央行利率政策调控模式的转变，即从幅度较大、次数较少的调整模式向幅度较小、次数较多的调整模式转变。当然，其中也存在利率调整时间间隔比较长的情况，比如，2012 年和 2014 年各有一次利率调整时间间隔将近 1 年，但这并不影响对利率调整模式转变的趋势判断。

至此，我国利率政策调控的“适轻量”特征得以显现。这表明了国家旨在通过经常性地微调利率来平抑宏观经济波动，从而使经济增长保持在适度的增长率水平附近，进一步表明我国央行运用利率手段的日趋成熟。

表 4－1　1996－2015 年我国央行对金融机构一年期贷款利率的调整

调整时间	调整幅度		调整后利率水平
	向上	向下	
1996－5－1		1.08	10.98
1996－8－23		0.9	10.08
1997－10－23		1.44	8.64
1998－3－25		0.72	7.92
1998－7－1		0.99	6.93
1998－12－7		0.54	6.39
1999－6－1		0.54	5.85
2002－2－21		0.54	5.31
2004－10－29	0.27		5.58
2006－4－28	0.27		5.85
2006－8－19	0.27		6.12
2007－3－18	0.27		6.39
2007－5－19	0.18		6.57
2007－7－20	0.27		6.84
2007－8－22	0.18		7.02

续表

2007－9－15	0.27		7.29
2007－12－21	0.18		7.47
2008－9－16		0.27	7.2
2008－10－9		0.27	6.93
2008－10－30		0.27	6.66
2008－11－27		1.08	5.58
2008－12－23		0.27	5.31
2010－10－20	0.25		5.56
2010－12－26	0.25		5.81
2011－2－9	0.25		6.06
2011－4－6	0.25		6.31
2011－7－7	0.25		6.56
2012－6－8		0.25	6.31
2012－7－6		0.31	6
2014－11－22		0.4	5.6
2015－3－1		0.25	5.35
2015－5－11		0.25	5.1
2015－6－28		0.25	4.85

注：数据来源于中国人民银行官方网站。

第三节　中国利率微调操作基础的条件阙如

中央银行以利率政策来干预宏观经济运行，是我国货币政策适应建立市场经济体制的一项重要改革，然而，具体到我国利率调控政策的效果上，国内学者通过不同的实证分析，得出的结论大相径庭。根据宏观经济学原理，利率政策的有效使用必须有一定的市场机制来支撑，这从发达国家的利率政策实践中可见一斑，这些国家的利率政策的成功实施与其成熟、稳健的市场是分不开的。2014 年 11 月以来，我国央行四次降息、两次降准，但银行信贷增长乏力，超额存款准备金高企，金融市场和短端利率下降迅速，企业融资和长端利率下降并不明显，货币宽松政策整体效果不如预期。其重要原因就是利率传导机制不健全，各金融市场之间、金融市场向信贷市场的利率传导存在障碍。① 由此可见，要想在我国充分发挥利率微调的政策效果，就必须提前分析我国现行市场机制中还存在哪些与利率调控不相匹配的因素，只有这样，才能“对症下药”，为我国的利率体制改革指明一条可行的道路。

一、货币市场传导机制尚不健全

利率微调是通过小幅变动目标基准利率调控市场利率的一种调控模式。如果一国货币市场传导机制不健全，基准利率的变动不能传导至市场其他利率，则利率微调操作也失去了意义。目前，仅从中央银行利率体系看，我国建立了一个多元而复杂的中央银行利率体系，包括公开市场回购和逆回购操作利率、央票发行利率、法定存款准备金利率、超额准备金利率、再贷款和再贴现利率、公开市场短期流动性调节工具（Short－term Liquidity Operations，简称 SLO）利率、常备借贷便利（Standing Lending Facility，简称 SLF）利率等利率体系。但利率多轨制仍然是现时期我国利率的主要特征。在利率多轨制下，一些利率是市场利率，一些利率是管制利率，不能形成合理的利率期限结构，

① 钟辉．利率传导机制困境：为什么“降准＋降息”效果不尽如人意［N］．21 世纪经济报道，2015－07－06（09）．

不利于利率效应的发挥，也限制了不同利率之间的相互影响。此外，利率多轨制使得部分利率工具存在软约束，中央银行与微观主体之间关于利率的沟通和互动存在不足，限制了市场主体根据宏观经济的变化调整自身的经济行为，利率效应弱化。由此可见，在我国渐进式改革的社会环境中，利率多轨制限制了利率效应的发挥。同时，利率多轨制又反过来影响利率传导机制的完善。

另外，我国地域广阔，区域经济发展不平衡，不同地区和不同行业之间存在较大的发展差异，对货币政策的敏感程度不同。这就使得央行只能在总量平衡的基础上决定货币政策的取向。而地方保护主义的盛行，阻碍了全国统一市场的形成，阻碍了资金在不同区域之间的合理流动，也限制了货币政策在全国的传导、实施。

二、央行政策操作的独立性不强

根据我国现行的《中华人民共和国中国人民银行法（修正)》，在我国利率政策制定和执行过程中，中央银行只有相对独立性，而不具有完全独立性。这主要体现在：其一，虽然我国当前的货币政策是以保持货币币值稳定，并以此来促进经济增长为主要目标，但是在具体实践过程中，中央银行的货币政策目标还包括来自政府部门的任务和压力，如增加就业、促进经济结构调整等。这种利率政策在实际操作过程中的多目标与法律所规定的货币政策目标相违背，不仅削弱了中央银行对主要目标的实现程度，还影响了利率政策有效性的发挥。其二，由于在法律地位上，我国的中央银行隶属于国务院，利率政策的最终决定权掌握在国务院手中，利率政策的决策通常表现为中央银行与财政等多个政府部门谈判、博弈的结果。

具体来讲，目前我国的利率水平的调整是由货币政策委员会决定的。根据1997 年 4 月 5 日国务院发布的《中国人民银行货币政策委员会条例》，货币政策委员会是中国人民银行制定货币政策的咨询议事机构，其职责是在综合分析宏观经济形势的基础上，依据国家宏观调控目标，讨论货币政策的制定和调整、一定时期内的货币政策控制目标、货币政策工具的运用、有关货币政策的重要措施、货币政策与其他宏观经济政策的协调等涉及货币政策等重大事项，并提出建议。[①] 货币政策委员会由中国人民银行行长一人、中国人民银行副行长二人、国家计划委员会副主任一人、国家经济贸易委员会副主任一人、财政部副部长一人、国家外汇管理局局长、中国证券监督管理委员会主席、国有独资商业银行行长二人、金融专家一人组成，主席为中国人民银行行长，组成成员的调整变动由国务院决定。由此可见，在我国，利率政策的决定并非由中央银行自行决定，而是由企业主管部门、商业银行、财政部门和中央银行等各个利益集团经过多方谈判、博弈达到利益均衡的结果，其最终决定权在国务院。

三、中国的汇率制度仍不完善

在开放经济条件下，一国货币政策的执行受到国际资本流动的影响。国际资本主要通过汇率影响一国货币市场。我国从过去固定汇率制到当前“以市场供求为基础、参考一篮子货币进行调节、有管理的浮动汇率制度”，是顺应经济发展要求的。从 2005 年 7 月 21 日我国人民币汇率形成机制改革以来，人民币对美元汇率浮动幅度 3 次扩大。分别为 2007 年 5 月 21 日，人民币汇率浮动幅度由 0.3%扩大至 0.5%，2012 年 4 月 14 日又由 0.5%扩大至 1%，以及最近一次 2014 年 3 月 17 日起，人民币汇率浮动幅度由 1%扩大至 2%，标志着人民币升值步伐的加快。但这种管理下的小幅升值虽然在一定时期内为国内企

① 中国人民银行．货币政策委员会职责［EB/OL］.（2010－09－14）．http：//www.pbc.gov.cn/huobizhengce/huobizhengceweiyuanhui/zhize.asp.

业适应人民币升值提供了宝贵的时间，保证国内经济的平稳运行，却增加了货币市场调控的难度。加入WTO以来，我国外汇储备持续快速增长。2015年年底，国家外汇储备余额为3.4万亿美元，比去年同期共减少4090亿美元，降幅达到10.6%。但相比较而言，中国仍然是世界外汇储备第一大国。由于我国实行强制结汇制度，大量的外汇占款使得央行被迫发行大量人民币，货币市场资金供给增加，产生流动性过剩，影响了央行货币政策的实施。同时，由于对人民币的升值预期，大量境外资金通过各种渠道进入我国，冲击资本市场，也增加了货币市场调控的难度。虽然央行通过各种手段“吸收”市场上过多的流动性资金，如发行央行票据、提高准备金率、发行特别国债等，但国际游资还是不断地进入我国，因为在稳定的升值预期下，投资人民币是风险最小的，央行执行货币政策的难度不断加大。

四、利润最大化尚未成为银行的追求目标

企业利润最大化目标制是提高宏观经济效率的基础和前提。利率微调要求市场主体必须以追求利润最大化为企业首要目标。我国金融市场主要仍以四大银行为主，由于金融业关系国民经济运行的稳定，在改革过程中，我国对金融业采取稳妥的渐进式改革。虽然我国四大银行基本完成股份制改造，但其国有企业背景仍未改变，它们的经营常常偏离利润最大化目标。譬如，为了稳定社会，我国商业银行对一些效益不好的国有企业发放安定团结贷款；为了增加就业和经济增长，商业银行往往只能发放一些利润并非最大的贷款。同时，由于存贷款利率都是由央行直接决定的，利率怎样变动，对商业银行的经营影响都是有限的。商业银行不会因为利率的变动而调整自身的经营行为。现今，各地涌现了数量众多的城市商业银行、农村商业银行，也拥有一批全国性的股份制商业银行，如招商银行、光大银行、民生银行等。其经营机制相对四大国有银

行而言，利润最大化对其约束力较强。但由于四大国有银行占有大部分市场份额，而各种类型的商业银行也都有政府的背景，其众多的经验决策仍受政府决策的影响。因此，利润最大化尚未成为银行的追求目标，利率微调的效果也大打折扣。①

五、利率市场化程度还有待提高

从市场机制的宏观层面来看，利率政策的有效实施与利率体制改革息息相关。利率市场化是我国利率体制改革的核心。我国利率市场化改革最终的目标就是形成在社会资金供求关系中，以基准利率为中心，市场利率为主体，既有国家宏观调控功能，又具有市场自我调节功能的一种利率管理系统。就我国现阶段而言，虽然从宏观制度看，我国的利率市场化改革自 1996 年开始，经过近 20 年的稳步推进，基本上已全面落地。尤其在 2015 年，作为利率市场化"最后一跃"的存款利率管制由逐步扩大浮动上限直至全面放开，确保了利率市场化改革完全实现了《金融业发展和改革"十二五"规划》所强调的"放得开"原则。但从微观基础和实际操作看，我国利率市场化程度仍不高，与《金融业发展和改革"十二五"规划》所强调的"形得成"和"调得了"原则还存在较大差距。一方面，由于存贷款利率放开管制时间并不长，商业银行仍缺乏风险定价和风险管理的能力，人民币存贷款利率更多表现为"浮而不动"；另一方面，利率市场化改革必然要求利率调控由直接调控向间接调控转型。但目前存贷款基准利率对银行定价仍具有较强的引导作用，而且利率间接调控基础条件尚不完备，这就决定了当前及未来较长一段时间利率调控仍会以直接调整存贷款基准利率为主要方式。为此，未来我国必须加强利率间接调控机制建

---

① 林琛．利率走廊与利率平滑及我国利率调控目标模式探讨［D］．福州：福建师范大学，2009．

设，建立一套引导、影响利率总水平和利率结构的货币政策操作体系。①

六、金融市场发育不完善

在市场经济条件下，利率政策的有效实施必须依赖发达、有效的金融市场。发达国家的成功经验表明，利率体制改革不仅仅是单一的利率问题，而是从属于整个金融体制改革的重要组成部分。金融市场作为市场经济中宏观金融调控信号变换和信息反馈的载体，对发挥利率机制在宏观金融调控过程中的作用是非常明显的。然而，从目前情况来看，我国的金融市场，不论是货币市场，还是资本市场、信贷市场，均存在一定程度的缺陷，还难以为利率政策的有效实施提供相应的支撑。

第一，在货币市场方面，我国货币市场自 1996 年 1 月组建全国银行间同业拆借市场以来，发展较快，但由于体制方面的原因，发展畸形。主要表现在：一是市场交易主体发展不平衡，金融机构多，而非金融机构少；二是各子市场之间发展不平衡，银行间同业拆借市场和债券回购市场发展较快，但票据市场、现货市场和存单转让市场发展缓慢；三是市场交易主体的活跃度不高，对利率政策信号的反应不敏感。

第二，在资本市场方面，尚未形成以宏观经济形势和公司业绩为主导的有效资本市场。市场投机行为吸引了大量的社会游资，从而导致大量储蓄存款在从商业银行分流出来之后大多数沉淀在股市，未能真正进入实体经济促进资金循环。这必然会降低整个金融体系的资金利用效率，从而阻碍了货币政策信息的有效传导。

第三，我国信贷市场由于信息不对称等原因，使得信贷资本未能流入具有

① 李若愚．利率市场化推进与利率调控转型困境［J］．清华金融评论，2015（12）：61—65.

真正需求、但发展前景不明确的企业，而是大多数流入有政府背书的重点项目和重点企业，从而导致信贷市场上竞争机制效率偏低，信贷市场规模受到很大的限制，这些因素最终将影响市场经济主体对利率政策信号的反应力。

综上所述，我们认为，一方面，由于我国金融市场发育不完善，还缺乏足够的中介机构和市场参与者，交易品种欠缺，金融工具和手段创新滞后，货币市场缺乏流动性，市场间分割严重，交易不活跃，导致利率机制传导缺乏速度与效率，直接影响了我国现阶段的资金供求难以通过利率变化进行有效调节，进而使得真正的市场利率难以形成；另一方面，由于我国金融市场发展不平衡，还存在着明显的重心偏移现象：在货币市场中，银行间同业拆借市场、债券国债回购市场发展相对较好，而票据贴现和存单转让市场发育不足；在资本市场中，股票市场发展相对较快，而债券市场发展则相对缓慢；在信贷市场上，政府重点项目和重点企业信贷容易，而私营中小企业信贷困难。正是由于我国金融市场还存在诸多不平衡的状况，所以间接地影响了货币当局与市场经济主体之间的良性互动，降低了利率政策效果的充分显现。

第五章

中国利率微调模式的目标建构

第一节　中国利率微调的基本原则

从我国央行近期对货币政策走向的表态中可见，利率微调已经成为我国宏观调控的重要取向性选择。尤其是在未来一段时间内，随着经济危机的影响逐渐弱化，为了有效防范通货膨胀率可能上升的压力，我国利率有可能步入新一轮的加息周期。在此背景下，权衡经济增长与物价稳定之间的关系，我国央行将缓慢揭开利率微调的面纱：渐进地、小幅度地上调利率。但事实也显示，即便在实践中利率微调已然不再神秘，可对于利率微调必须坚持的原则迄今为止还不清晰，而且也未见有学者对此做出系统的归纳与总结。基于此，考虑到我国当前的实际情况，同时借鉴国外的相关经验与做法，对我国利率微调应遵循的基本原则问题，提出以下几点看法。

一、利率微调的可预期性

任何一项政策的出台，都重在效果而不在形式。利率微调即是如此。利率微调从本质上说，仍属于一种有规则的相机抉择的政策调控方式，规则的作用在某种程度上就体现为准确地引导和培育市场主体的理性预期行为。就此而论，利率微调发挥效用的关键在于市场主体对政策导向的准确领会和同向传导。这可以大大减轻利率政策出台所带来的冲击，保持经济运行的相对稳定性。为此，可预期性应成为利率微调的基本原则之一。

在市场经济条件下，一些政策工具的信号意义往往比政策本身更为重要。可预期性的利率微调正是基于中央银行事先制定的操作规则，使得市场主体与中央银行之间具有相对明确的利率政策博弈机制，以提高公众对利率政策的可预见力，减少市场主体可能出现的多变状态。与此相匹配，要想有效发挥利率微调的政策效应，就需要尽快建立公开、透明的利率政策调控规则，以降低市场信息的传递成本。基于此，我国的利率微调要尽快转向公开、透明的规则化操作轨道上来，这样才能准确传递央行的政策调控信号，提高公众的理性预期能力，充分发挥利率微调“四两拨千斤”的功效。

二、利率微调的前瞻性

利率政策对宏观经济的影响具有时滞性，一般需要有6—18个月的传导环节才会真正显露出来。因此，利率微调政策的制定必须具备一定的前瞻性（在政策决策时就提前把政策时滞考虑在内），根据宏观经济对未来变化的预测结果提前做出反应。基于此，一国中央银行在进行利率微调政策决策时，就必须以前瞻性为其基本原则，要在科学预测的基础上采取超前预防性策略，提高利率微调的质量。

在我国，有一些专家时常以现期的经济金融指标为依据，就事论事地提出利率政策建议。由于这些经济金融指标往往是过去情况的滞后反映，以此为依据来制定利率政策，极可能出现一种情形：当利率政策真正开始发挥效用时，决策所依据的客观形势早已时过境迁，从而导致利率政策在不合适的时机发挥相反作用。与此相对，前瞻性的利率微调是指，利率政策的制定、实施均与物价稳定、经济增长等中长期目标相契合，在经济可能出现波动之前，就采取相应的措施以保障经济稳定运行或减轻经济波动可能造成的损害。有鉴于此，我国央行在制定利率微调政策时，必须尊重经济运行的客观规律，综合考虑经济的长期发展和短期变化等因素，根据对经济运行状况的事先判断，提前谋划，防患于未然。

三、利率微调的配套性

虽然理论与实践都证明，价格机制的效果、灵活性比数量机制更加符合市场经济的运行。但是，对我国而言，经济目前还处于转轨阶段，经济发展中既存在总量调控问题，也存在结构调整问题。鉴于数量型和价格型政策工具在宏观调控中各有其特殊作用：数量型工具有利于总量性调控，价格型工具有利于结构性调控。因此，在我国货币政策的具体实施过程中，既需要有利率、汇率等“价格型工具”，也需要有流动性吸收和外汇管制等“数量型工具”。只有有效地加强价格型和数量型政策工具的配合运用，才可以使我国的货币政策调控具有更广阔的运转空间，同向用力、互补协调，以取得理想的政策效果。正是出于此种考虑，在我国实施利率微调的过程中，就必须处理好利率与其他货币政策工具的配合使用的问题。

有的学者认为，在 1996 年 5 月至 2002 年 2 月，利率是我国货币政策调控最重要的工具；而在 2002 年 3 月之后，央行更侧重于选择公开市场操作和存款准备金率等数量型工具。事实上，近年来央行频繁调整存款准备金率，尤其是 2008 年以来多次调整存款准备金率，并不是有意取代利率政策的主导地位，而是针对此前宏观经济运行中的特定情况（如流动性过剩等）做出的反应性调整。其实，迄今为止，存款准备金率与利率一直是我国央行配套使用的两大货币政策工具，具体使用哪种工具，侧重点在于看是哪种宏观经济问题。例如，当市场中出现流动性过剩、资产价格膨胀时，就主要采取存款准备金政策；而当通货膨胀压力增大时，就主要采取利率政策。总结我国近年来的货币政策实践会发现，利率调整与存款准备金率变动之间有一个配套性规律——利率调整往往出现在存款准备金率变动之后不久，这显现出我国央行在货币政策操作方式和手段上的日趋成熟。在此过程中，数量型和价格型工具的协调和配合运用，也为实体经济的运行创造了良好的环境。

四、利率微调的市场取向性

利率市场化是国际金融体制改革的趋势和方向，它是逐步向市场主体让渡利率决定权的过程，包括利率决定、利率传导、利率结构和利率管理等的市场化。美国利率微调政策之所以在格林斯潘时代取得了显著的成效，一个隐含的先决条件就是美国利率的市场化。以Q条款的废止为标志，美国在1986年就顺利完成了国内的利率市场化改革。改革之后，美联储可以直接控制的利率就仅有联邦基金利率和贴现利率两种，其他利率均是参考这两种利率根据市场供求状况自由决定的，不再受美联储的管制。这就使得美国的市场利率可以充分体现货币市场状况以及市场参与者的意愿，货币政策的传导也相对畅通了。美联储以联邦基金利率作为其基准利率，通过对其调整来引导和影响市场利率，借助市场机制和市场力量，市场利率就会自动根据基准利率进行调整和修正，进而影响资金配给和经济状况，使利率政策效果得以实现。

从世界各国的实践来看，央行间接调控市场利率的优势已经得到充分的证实。这种“决定在市场，调控在中央”的利率政策调控方式不仅能够保证市场意愿不被扭曲，而且也不会削弱央行的调控能力，央行仍然可以通过其对基准利率的调控来引导和影响市场利率。事实上，正是在这样的市场条件下，利率政策的传导机制才是畅通的，央行的利率政策意图才会被市场参与者正确理解，利率微调的效果也才能得以保证。2007年1月4日，上海银行间同业拆借利率（Shanghai Interbank Offered Rate，简称Shibor）作为我国货币市场基准利率正式开始运行。为此，就我国而言，中央银行接下来面临着两个任务：一是如何有效发挥基准利率的作用。这就需要进一步确立基准利率在利率体系中的地位，通过理顺利率关系、简化利率结构，来确保基准利率对其他利率的标杆和基准作用。二是如何完善市场利率的建设。这就需要逐步放松利率管制，向市场让渡利率决定权，形成在市场竞争规律的作用下，由市场机制根据资金市场供求状况等因素自主确定的利率，即市场均衡利率。

第二节　中国利率微调的适时、适度、适当方式

从近年来我国利率政策的实际操作来看，利率调整存在着一定的滞后性，这种政策的滞后性直接决定了其调节的力度和效果，从而导致我国利率政策的时效性略显疲软。为了更好地使用利率杠杆为宏观经济管理服务，我国就应对利率微调的决策与操作从思路上进行根本的转变，提升利率微调的操作技巧与方式，从而使得利率微调更加精准、更具针对性和前瞻性。

一、利率微调时机的选择

事实上，由于我国央行在确定是否调整利率时，权衡物价水平、国有企业负担、银行经营状况等因素，要兼顾多部门、多行业利益，兼之决策环节多，周期长等原因，因而，我国央行对利率政策的运用尚缺乏科学的决策机制，即何时调整利率缺乏客观和科学的依据。理论上，微调利率要把握最佳时机，调整得过早或太晚，利率政策的实际操作效果都会被削弱，甚至与宏观政策意图背道而驰。原则上，利率微调时机的选择主要考虑以下两个因素：

第一，国内经济运行状况，主要以物价指数、经济增长率、固定资产投资额等为参考指标。由于上述各参考指标对经济运行的反应时间前后不一，因此，在选择利率微调的启动时机时还应该有一个核心指标作为标准。基于前面

对我国利率政策操作目标的锁定，建议使用物价指数为核心指标。在这方面，发达国家已有成功经验，如英国央行在微调利率时，以2.5%左右的通货膨胀率为标准。以我国目前的实际情况来看，市场经济的成熟度和经济实体对利率反应的灵敏度都还有待提高，故而，在判断通货膨胀的适度区间时，就应做到具体情况具体分析，不能像英国那样以一个具体数值为依据，长期执行下去。既是如此，就需要运用适宜的物价指数对通货膨胀加以衡量。衡量通货膨胀率的指标有居民消费价格指数、批发物价指数（WPI）和GDP缩减指数（GDP Deflator）。当前，我国央行更倾向用CPI的变动来判断通货膨胀水平。CPI指标有许多优点：它衡量的是一篮子商品和劳务的价格，基本反映了居民的消费结构和习惯的变化以及全社会的物价水平；加上公众对于CPI也比较熟悉，易于理解和接受；公布及时，而且具有规律性，一般公布后很少修正等。但是，使用CPI作为衡量通货膨胀的指标也存在一些缺陷，主要表现为：在短期内，如果利率上调会导致投资成本的上升，会对CPI产生向上的影响，这样，通货膨胀可能会向相反方向移动，并使利率政策解释出现困难；而且，对于CPI的短期波动，中央银行也是难于应付的。如国际市场价格的冲击会对进出口产生短期效应，进而使价格变化发生国际传染，国内CPI也随之发生改变。就此而言，在我国，使用CPI指数时应剔除税收和补贴等因素，同时还应加入资产价格等对经济发展有重要影响的相关指数。①

第二，考虑国际经济形势。随着经济金融全球化水平的不断推进，任何一国的利率水平调整都难以处于孤立状态，都是与世界上大多数央行步调保持一致的。2006年为了抑制通货膨胀压力的上升，全球发起了一次大范围的加息

① Goodhart（1995）就指出，中央银行应将房地产和股票等资产的价格也包括在广义的通货膨胀指标内。

风潮：不仅是美联储，欧洲央行、瑞士、泰国、印度、日本以及韩国等也分别对基准利率实施上调政策；而 2008 年为应对全球性金融危机，世界各国又先后进入了新一轮的降息周期：从美联储拉开此次降息“会演”的大幕，英国央行、越南央行、瑞士央行、马来西亚央行等迅速调低利率，不置可否地成为此次降息风潮的助推者。而我国央行也不例外，从 2008 年 11 月 27 日起，下调金融机构一年期人民币存贷款基准利率各 1.08 个百分点。此后，澳洲央行、泰国央行、新西兰央行和欧洲央行也纷纷加入降息的队列中，采用了利率调整的跟随战略，以防止本国经济复苏的脚步落后于别国。由此可见，在开放经济的条件下，一国利率政策的制定，虽然主要考虑本国实际经济情况，但也要理性分析国际经济形势，不能以独立行军的姿态来面对日渐复杂的宏观经济问题。就我国而言，尽管目前我国的资本项目还没有完全开放，但随着经济的进一步全球化和我国金融开放步伐的加快，我国货币政策受国际市场的影响将会越来越大。为此，我国央行要时刻关注国外的经济形势与利率政策动态，做出准确的判断，及时调整本国利率水平，以与国际利率调整步调保持一致。

有鉴于此，我们有必要建立科学和客观的利率微调时机选择思路。在构想上，我国中央银行在研究制定利率微调政策时，应随时关注经济波动的趋势，以物价指数为主要参考指标，同时兼顾经济增长、就业、信贷、投资、企业利润、居民收入和消费等多项指标，此外也要考虑国际经济形势与变动趋势。在此基础上，既考虑经济运行对利率水平的要求，也准确估测利率水平变动对经济运行相关指标的影响，即综合多方面因素来进行利率微调，以达到最优目标。

二、利率微调频率与量度的判定

利率对宏观经济的调节可分为两种：一种为经常性调节，即经济活动在正常情况下进行的调节，比如在货币供应量和物价均比较稳定的状况下，利率只是做微量调整；另一种是特殊性调节，即经济活动在不正常情况下进行的调节，如通货膨胀和物价上涨猛烈，或者商品滞销、生产下降，利率就要做超微量调节。可见，无论实行高利率或低利率都是根据具体的经济活动状况而决定的，并无孰优孰劣之分。在利率微调模式下，利率调整应该遵循小幅多调的原则，这主要是指在经济活动正常状态下，同时控制利率微调的幅度和频率，以顺应经济的发展需求；而在经济活动不正常的情况下，可适当放大利率微调的幅度和频率，以备不时之需。

从美国等发达国家的利率微调实践中，不难发现，利率调整的幅度一般是控制在0.50个百分点以内，而且绝大多数都是采取0.25个百分点的微幅调整方式，只是在极其个别的情况下才会对利率采取0.75个百分点的较大幅度调整。这种调控力度的选择主要是出于几方面的考虑：其一，降低由于央行判断失误而造成的利率决策风险；其二，有利于随时对利率调控的不利影响进行修正；其三，确保央行利率政策的持续性以推动社会公众预期的形成。与美国相比照，2004年以来，我国央行对于金融机构一年期存贷款利率的调整也开始采用0.27个百分点的微幅调整方式，其政策意图与美国相仿。但是，比较发现，我国央行大多数情况下都是以多于美国联邦基金利率0.02个百分点的幅度来实施利率微调。对此，可以初步判断，我国利率微调的幅度比美国高出0.02个百分点，可能还是考虑到我国的金融市场体系还不够完善、利率政策还呈现出一定的弱有效性，适当扩大利率微调的幅度以备市场损耗之用，从而实现与美国等发达国家接近的利率微调效果。

除此之外，发达国家的相关经验还告诉我们，利率水平的调整不能渗透太多的社会责任目标，应根据社会资金供求的实际状况确定合适的利率水平。为此，中央银行可以确定一个“爬行钉住”（Crawling Peg）的基准利率的调节机制，实行短期灵活、中长期稳定的利率调整制度。短期上的微调使利率不会发生大的波动，这样能不断地增加经济主体的市场意识，培养企业的风险管理意识；中长期内又能反映资金需求，使资金和资源配置合理化。基于此，我国利率水平的调整必须改变以往调整频度低、幅度大的做法，增加调整频率，减小变动幅度，以增强模拟市场的“仿真效果”和公众对利率变动的适应性，有利于将来放开利率管制时不至于产生社会的“过敏反应”。中央银行要经常对社会利率水平进行调查，对社会资金供求状况、企业资金利润率及银行利差水平等进行测算，结合对通货膨胀的合理预期和证券市场、商品市场的运作状况，确定利率的调整频率和幅度，使基准利率的调整真正成为引导市场利率变化的信号，促进市场资金供求的均衡，发挥利率对储蓄、投资、生产和消费的调节作用。

综上所述，我国在采用利率微调这种利率政策操作模式时，总体上是要遵循谨慎微调的原则，利率调整的力度不宜过大，常规调整时应限制在 50 个基点之内，即便是在经济局势严重恶化或是经济政策“大转换”时也应控制在 1 个百分点内。其中，利用公开市场业务来间接调整利率水平不仅要求央行不断提高对于经验数据的分析能力，而且还要增强对于储备需求的预测能力。

三、利率微调适当方式的选用

虽然利率微调要求利率调整保持一定的渐进性，但这并不是意指利率微调的方向需要实行数年“一贯制”，更不是“终身制”，而应根据市场资金供求状况，及时调整。在市场利率机制情况下，央行对利率的调节经常处在变动状态，利率一般也不可能在某个方面停留过长时间。某一利率调整方向如果长时间不变，其最初的积极作用或调控功能会朝相反方向演变。这种演变是利率方向适时变动的重要理由。根据利率微调的灵活性（相机抉择）原则，构建我国利率微调模式时，利率调整方向的选择应以对经济周期的准确判定为主要依据，只有当国内经济运行遭遇大的冲击、经济运行状态发生大的逆转时才需要改变利率的调整方向，而如果国内经济运行状况基本稳定、经济并未受到会引起其大幅波动的实质性冲击时则无须改变利率的调整方向。总而言之，就是对利率做出应对经济周期波动的逆向调整。

如上所述，虽然利率微调在调整方向的判定上有一定的规律可循，但在实际操作中，利率微调还应该具备能够满足我国客观需求的适当方式：

第一，利率微调可以采用存款利率与贷款利率的不对称调整策略。比如，存款利率平均降低 0.5 个百分点时，贷款利率平均降低 0.25 个百分点，这有利于减缓存贷利差过小对银行经营的压力。利率每次调整的幅度尽可能小些，以便使存、贷款各方逐步适应新的利率水平，从而使利率下调的副作用减小到最低限度。事实上，我国央行在近年来的实际利率政策操作中也体现了此种思路。如 2008 年 9 月 16 日起，央行为了应对国内外经济增长趋势放缓，资金压力明显增大，下调一年期人民币贷款基准利率 0.27 个百分点，同时，为了控制银根以防范通货膨胀风险，央行保持了存款基准利率不变。可见，在特定时期，央行采取了适当方式来实施利率微调政策，在货币政策依然从紧的情况下，通过“一保一控”对贷款利率和存款利率加以区别对待，这就体现出利率微调所应具备的一种更加灵活的政策调控新思维。此外，由于我国商业银行存贷款利差较高，不合理的存贷款利差收入形成了商业银行的巨额垄断利润，这会造成商业银行对国内产业利润的侵蚀，影响着国内产业资本的长期竞争力。故此，为了促进银行业务和盈利模式的转型，在经济常态化时期，央行也可以采取存款利率上调而贷款利率保持不变的不对称调息方式，以此来提高我国银行深化改革和创新的动力，同时增强其与外资银行竞争，为社会客户需求提供服务的压力。

第二，为适应我国经济发展和结构调整的需要，中央银行在确定基准利率和商业银行基础利率时，可以对贷款利率按照“短期多调、长期少调”的原则差别进行。在我国经济发展过程中，长期存在投资过高而消费贡献率降低的问题，过快扩张的投资不但会挤占消费，也会降低企业提高生产率、管理水平的动力，从长远角度来看，这也是我国经济结构难以得到优化的一个主要障碍。一般来说，投资尤其是固定资产的贷款投资多侧重于长期，而消费贷款、企业资金周转贷款则侧重于短期。因此，若短期贷款利率下调幅度大于长期贷款，就可以在控制投资，尤其是固定资产投资的同时，缓解企业流动资金紧张，刺激居民消费。故而，在一定程度上起到推动经济结构优化提升的作用。当然，在对短期贷款利率进行微调的过程中，也应科学区分不同产业、区域、用途等差别进行。未来几年，我国的经济工作重点都会以结构调整为主，而这种大结构调整应该包括产业结构优化、缩小城乡差距、发展中西部、还富于民。鉴于此，利率微调也应与时俱进，要针对不同产业、不同区域和不同用途，为商业银行设定标准不同的、能够用于指导结构调整的基准利率体系，具体可按贷款使用方向和目的的不同实施结构性的利率政策。

第三节　中国利率微调的模式建构：“利率平滑＋利率走廊”

在市场起决定作用的宏观环境下，我国的利率市场化改革加快推进，2015年10月23日，我国央行宣布放开存款利率浮动上限，这标志着我国利率市场化进程已经走完最重要的一步，利率调控模式与国际接轨已经具备了较好的条件。目前，国际上比较流行的两种利率调控模式分别是利率走廊调控与利率平滑调控，其中，利率平滑是基于公开市场操作对目标利率进行调整，以平衡可观测的需求冲击；利率走廊是基于央行的存贷款利率对目标利率进行管理，以平衡不可观测的需求冲击。与利率平滑调控试图直接影响利率的波动幅度不同，利率走廊调控旨在通过确定可信的利率上下限，将利率波动幅度限制在走廊之内。

考虑到完成利率市场化还需走过两步，一是市场的资金定价机制；二是货币政策的传导机制。这就意味着，未来一段时期，在利率完全放开的情况下，我国的金融风险问题可能会大幅上升，可观测的需求冲击与不可观测的需求冲击会同时并存。为此，从我国当前乃至以后较长时期的经济环境、制度环境与政策环境来看，构建一种融合利率平滑与利率走廊两种模式在内的利率微调模式，更加符合我国客观实际与整体要求。

一、利率平滑与利率走廊的内涵

“利率平滑”一词的出现，最初只是用来描绘一种利率政策调控的外在表现形式，即 20 世纪 90 年代以来国外央行变动基准利率过程中所反映出来的一个特征：基准利率是趋向于在同一方向上连续、小幅变动的，而相反方向的变动相对较少且间隔时间长。由此可见，利率平滑调控是指货币当局以实际利率作为货币政策中介目标，并通过控制短期名义利率使之沿同一方向逐步小幅变动。即在经济运行情况发生变化时，通过微调利率的方式，向市场传达明确的政策信号，促使市场自动进行调整。① 它有三种特性：

（一）规律性

利率平滑调控的规律性主要表现为，中央银行为了尽可能使公众预期与中

① 黄燕，胡海鸥．利率平滑的政策操作模式研究及启示［J］．当代经济管理，2006（1）：63—66.

央银行执行的利率政策保持一致，故而以一种规则的、可预测的方式来调整利率。由此可见，从规律性角度来解释利率平滑实际上是出于对理性预期假说的接纳，这种解释最大的好处就是使得利率政策在影响利率预期形成以及长期国民经济状况方面更加有效，进而更有效地将经济运行引向均衡状态。① 不难理解，如果利率调整幅度与方向频繁变动，这就会导致公众对于央行调控宏观经济的能力产生怀疑，不利于央行向公众传递政策信号并有效发挥其政策效果。同时也会使得公众的价格反馈信号背离正常的轨道，不利于央行了解经济运行的信息、准确掌握货币政策的传导机制。但是，在利率平滑调控模式中，利率调整是在一个相对稳定的理论模型指导下决定的，从而使得公众可以对利率政策形成理性的预期。央行一次微小的利率调整常常被看作是央行一系列有规律的利率调整的开始，产生了较强的告示作用。这样，在公众和市场合理预期的帮助下，央行微幅调整利率的政策效果就被扩大了，央行将宏观经济引向均衡所花费的时间也就相应缩短了。

如果央行的行为能够影响到利率预期的形成，市场参与者就能判断现期的利率政策是具有一定规律性的，那么微小的现期利率变化就能起到稳定经济状况的作用。而央行只需通过微幅变动现期利率水平来发出政策调整信号，就能将经济运行引向更优的轨道上。但是，从另一个角度考虑，公众和市场预期的形成是以央行的信誉为基础的，只有央行保持良好的信誉，利率政策的预期效果才能实现，这一点在利率平滑调控模式中显得尤为重要。在利率平滑调控中，央行根据一定的先验规则来制定利率调整政策，其目的就是给公众及市场传递一个政策调整的初始信号，表明央行在接下来的一段时间内都将沿着这一

① Ágnes Csermely，András Rezessy. The theory and practice of interest rate smoothing [J]. MNB Bulletin，2007 (11)：7.

规则进行利率政策操作，那么如果公众和市场对央行的信任度较高，他们就会形成与央行政策意图相同的预期，央行微小的利率调整就会得到更显著的效果。从实际操作效果而言，利率平滑调控的这种规律性特征确实能够提高央行的信誉度，有助于公众和市场形成有利政策操作的预期，进而缩短了央行将经济引向新均衡状态的时间，提高了利率政策的执行效率。

（二）渐进性

对利率平滑调控渐进性的解释，除了基于对利率政策时滞性的考虑之外，也融入了对其他一些因素的分析。比如说，在实际操作中，由于政策制定者对于理论经济模型中各参数的估计并不是那么准确，而且这些参数也会随着时间的推移、事件的发生而出现无法预料的变动。央行利率政策调控的谨慎性即表现为在某一方向上渐进的利率操作，它可以有效避免利率政策调整过程中的反复性和曲折变化，有利于缩短政策效果发挥的时间距离，提高利率政策调控效率。事实上，在这种利率渐进式调整模式下，央行可以在充分观察利率调控的前期效果的基础上来制定接下来的利率调整政策，从而更有效地控制利率变动对于其他经济变量的影响效果，降低利率政策的调整成本。就此而论，利率平滑调控的渐进性特征，在某种程度上的确可以降低央行利率调整对宏观经济运行的不确定性影响，缓解利率政策调整本身对经济运行造成的冲击，从而降低利率政策的调整成本。这主要是基于以下两方面的考虑：

第一，由于央行所能利用的政策分析工具，往往不足以准确预测到利率调整对总体宏观经济运行的影响，甚至理论模型的最初设计形式原本就不尽准确。这导致政策制定者必然是在一种相对不确定的框架下来制定相应政策的，因此，就难以准确判断利率变动对于诸如国民产出和通货膨胀率这样的宏观经济变量究竟会产生怎样的影响。这就要求最优政策规则在执行过程中应该保持一定的谨慎性，以便政策制定者可以采取更多试验性的策略，以达到在对模型参数估计不准确的情况下，减小执行政策对于国民产出和通货膨胀的不利影响的目的。为此，央行在调整利率的过程中，通常应该采取小幅渐进的调控方式，这样才能够使货币当局预留足够的空间来观察前期小幅调整利率对宏观经济产生的影响和作用，并在此基础上，结合各种可获得的宏观经济指标理性判断下一步的利率调整方案。

第二，由于利率作用于经济的时滞较长以及经济波动本身亦具有惯性的特点，央行的利率调控政策如果采取一步到位的调整方式，一般是难以达到预期的调控效果的。虽然，如果政策方向执行正确，利率调控政策有可能达到预期效果，但是，可能的情形是，在利率政策时滞的影响下，当政策传导至微观层面时，原先制定政策所对应的经济环境已发生变化，利率调控政策经常不能达到预期效果。在央行的利率平滑调控路径中，一次性微小的利率调整受限于利率政策本身的时滞性影响，对于宏观经济的作用效果十分有限，不足以将宏观经济运行引至央行期望的轨道上去。而在经济波动较为剧烈的情况下，如果经济形势发生逆转，甚至可能产生与预期相反的作用。基于此，央行应该采取渐进的调控方式，即每次微调后通过观测市场的后续反应来判断利率调整方向是否正确，并根据上次调整的政策效果来决定下次利率调控政策的方向和力度，以此来增强利率调控政策的准确性。总的来说，正是由于利率微调的渐进性可以对政策调控的结果做出及时的修正，因而可以有效降低宏观经济的调整成本。

（三）灵活性

利率平滑调控的灵活性主要表现为，中央银行针对不利的供给波动或意外的货币需求波动，迅速、灵活地调整利率，以缓解不利冲击可能造成的危害。该特征最大的好处是能够处理事前无法预期的突发波动，避免因规则固定造成不必要的经济波动，从而有助于经济总量均衡的实现。自从 Barro and Gordon

(1983) 在 Kydland and Prescott (1977) 的有关研究基础上，把“规则与随意”的二分法从“积极与不积极”的政策行为中分离出来，就打开了实际货币政策决策者可能的政策规则大门，结束了以往广泛认同的政策规则需要固定货币当局工具变量的信条。事实上，如果要从实践上区分规则与随意型政策，可能没有一家中央银行遵从简单的公式设定工具。弗里德曼认为，货币政策决策应该采取一般使用的规则与个案为基础相结合进行决策，才会产生有利的结果。规则型政策的要点是：在方法上遵从计划，不是偶然或随机地采取行动，而是具有系统性。由于货币当局对经济形势的了解多少是不完全的，因此，绝对规则的政策决策模式是不可取的。

此外，经济运行过程中存在许多不确定性：一是事件的不确定性。我们生活的世界每天可能发生未预期的事件，这些可能会在相当程度上影响到我们最初的决策；二是央行所得到的宏观经济数据的不确定性。央行为了得到较好的预测结果，需要综述大量的资料。然而，在现实中，央行所取得的宏观经济数据时常是不准确的；三是央行进行利率调控所依赖模型的不确定性。经济运行过程中遇到的特定事件有可能使原来的预测模型的可靠性大打折扣。① 正是由于央行在实施利率政策过程中，时刻面临上述诸多不确定性，因此，央行在规则地进行利率政策决策时还应该保持一定的灵活性。即在具体实施过程中既接受一定的规则约束，同时又能做到依据经济运行态势灵活取舍，以最新获得的各种宏观经济指标为判断标准，逆风向行事，进而提高利率政策调控的效率。

利率走廊最初是企业进行债务操作的一种方式，20 世纪末逐渐开始用来表述流行于国外的一种货币政策操作新方法：即中央银行通过设定商业银行在央行的存贷款利率上下限（上限为央行向商业银行发放贷款的利率，下限为商

---

① 钱小安. 货币政策规则 [M]. 北京：商务印书馆，2002：226.

业银行在央行存款的利率），且在贷款利率上无条件满足商业银行的再贷款需求，在存款利率上无条件接受商业银行的存款。利率走廊模式的调控依据是，在该操作框架下，借助于市场机制的作用，追求利润最大化的商业银行会促使同业拆借利率在央行设定的存贷利率范围内波动，并最终保持在央行存贷利率1/2的位置，这一位置就是央行最终公布的目标拆借利率。在利率走廊调控模式下，由于央行设定的存贷款利率上下限外在表现为一种类似走廊的通道，因此也有学者称之为利率通道模式。从具体操作上来看，利率走廊调控不同于传统模式下中央银行通过公开市场业务来影响利率水平的做法，它主要立足于央行利率政策的告示效应会引起公众预期的相应变化，进而影响市场主体的储备需求行为。因此，利率走廊调控要求商业银行是追求利润最大化的市场主体，并且具备理性预期的特质。只有如此，中央银行公布的目标拆借利率，才会成为其调整储备管理和市场交易行为的依据，从而最终促使实际拆借利率与中央银行的目标利率水平趋于一致。①

目前这种利率调控模式正在为越来越多的经济、金融发展程度不同的国家和地区所采用，特别是以德国、加拿大等国为代表。从实施效果来看，采用利率走廊调控的国家在实际操作过程中都取得了较好的成效，拆借利率一般都在利率走廊区间波动，实际利率也都在央行控制的目标水平上。

二、利率平滑与利率走廊的比较

（一）利率走廊比利率平滑要求更高的支撑条件

利率平滑调控的主要操作手段是公开市场业务，它是一种总量控制型的市

① 刁节文，王铖．加拿大利率走廊调控模式的研究及对我国的启示［J］．海南金融，2008（7）：42—45.

场化货币政策工具，即央行通过在公开市场上买进或卖出证券来影响利率水平和结构。一方面，中央银行通过买进或卖出证券，使货币供给量增加或减少，从而导致市场利率下降或上升；另一方面，中央银行在金融市场上买卖不同的有价证券，可以直接改变市场上不同证券的供求状况，从而使利率结构发生变化。由此看来，利率平滑调控的前提仍然是公众有确定的货币需求。与利率平滑调控相比，利率走廊调控更在意的是一项重要的技术支撑，即电子技术手段的普及和运用。如果没有电子技术手段的支撑，商业银行的账户余额就无法为零，资金就得不到充分运用，拆借利率就可能高于或低于央行目标利率，它们就无法在央行存贷款利率之和 1/2 的位置上实现均衡，利率走廊的调控效果难免大打折扣。例如，加拿大银行于 1999 年 2 月 4 日引入了新的实时大额电子结算系统 LVTS（Large Value Transfer System，简称 LVTS），规定商业银行必须利用该系统进行最终结算。此外，利率走廊调控比利率平滑调控更支持准备金率下降。虽然余额准备金制度不会根本改变利率走廊运行的基本规则，但是，运行效果却明显低于零准备金制度的同等情况，而且，余额准备金率越高，商业银行在保持期末筹集资金的量越大，拆借利率的波动幅度也相应增大，因此要保障和提高利率走廊运行效果，就需要大幅度降低准备金率，甚至使之趋向于零。与之不同的是，利率平滑调控在准备金率这一点上并没有过多的要求。①

（二）利率平滑比利率走廊更加注重工具的使用

不同于利率走廊调控模式通过变动央行存贷款利率来实现对同业拆借利率的调节和控制，利率平滑调控需要借用公开市场业务来间接调控市场利率。公开市场业务是市场化利率调控的一项重要工具，具有市场性、灵活性和可控性

① 胡海鸥，贾德奎．“利率走廊”调控的理论与实践［M］．1 版．上海：上海人民出版社，2006：147—149．

等特点，大多使用于利率市场化程度高的国家或地区。美、英等国的利率平滑调控基本上也是通过公开市场操作来管理市场上的短期利率水平，进而影响长期利率趋势来调控投资和消费。美国的公开市场业务拥有一个专门的市场运作机构，即公开市场委员会，有关公开市场业务的一切重要决定都是由该委员会决定的。在公开市场业务的参与者方面也有着严格的标准，这样也就形成了比较典型的一级交易商制度，这些交易商在资本实力、经营业绩以及信誉状况等方面都有比较优异的表现，它们对美国政府债券的买卖、对央行政策意图的传递起着十分重要的作用。美联储对于公开市场业务的使用频度也是很高的，几乎已经达到了每日操作的程度。公开市场委员会凭借丰富的经验，每天对银行体系准备金的状况进行预测，然后根据预测的结果连同货币市场的状况来决定是否进行公开市场操作以及操作的方向，而且其操作是选择以联邦基金利率为目标的。英格兰银行每天在公开市场上进行 4 次操作，操作的标准是 14 天的逆回购，按照货币政策委员会确定的固定利率向市场招标，最终使短期利率向官方利率靠近。①

(三) 利率平滑与利率走廊拥有类似的政策思维

通过对比发现，利率平滑与利率走廊大都采用一样的货币政策规则，即通货膨胀目标规则。通货膨胀目标规则大致可以分为两种：一种是严格的通货膨胀目标。另一种是弹性的通货膨胀目标（在此框架下，货币政策制定者既要考虑通货膨胀偏离其目标值所带来的损失，又要同时考虑产出偏离目标值所引发的损失②）。与泰勒规则同时以通货膨胀和产出两个变量为目标的理念不同，

---

① 刘义圣，王春丽．中国宏观经济利率微调的操作模式探绎［M］．长春：长春出版社，2012：191.

② 孙丽．弹性通货膨胀目标制下的汇率与货币政策规则［J］．华东师范大学学报（哲学社会科学版），2007，39（2）：62—71.

通货膨胀目标规则是指中央银行以通货膨胀为目标，通过向外公布通货膨胀目标，同时利用最优控制理论，制定最优名义利率反应函数。① 这一政策规则释放出的政策思维表明要把价格稳定作为利率货币政策的首要目标。虽然美联储曾公开表示它采取的是泰勒规则，但它的货币政策也可以描述成隐蔽的通货膨胀目标制，它的通货膨胀目标在3%左右。

通货膨胀目标规则是一种前瞻性的货币政策规则，它大大地提高了利率政策决策的透明度和可靠性，其主要特点表现为：一是目标的透明性可以推动公众理性预期的形成。货币制度选择的关键因素之一在于其可靠性，而通货膨胀定标规则是通过中央银行是向公众宣布通货膨胀目标，这就使得目标的责任有所明确，就此而言，采取通货膨胀定标规则可以自然地提高货币政策的可靠性，促使人们逐步形成理性预期。二是央行的独立性可以提高政策效率。通货膨胀目标规则使一国中央银行具有独立运用货币政策的权力，这就可以在相当大的程度上摆脱政治因素对货币政策的无效干预，提高政策操作的效率。三是最优反映函数要求逐步微调利率。通货膨胀目标规则提出了货币当局最优反应函数，这在社会偏好既定的情况下是十分必要的，最优反应函数要求货币当局逐步微调利率。四是决策的前瞻性可以减少货币当局的随意性。通货膨胀目标规则并非不顾及其他目标，成功的通货膨胀目标框架需要考虑货币政策的时滞性，因此，通货膨胀目标规则指导下的货币政策具有前瞻性。

（四）利率平滑与利率走廊具有共同的依托条件

比较而言，利率平滑与利率走廊都表现出对公众理性预期以及央行操作透明的需求。其中，利率平滑调控就是中央银行为了尽可能使公众预期与中央银

---

① Ball L.，Sheridan N. Does Inflation Matter [J]. National Bureau of Economic Research Working Paper，2003 (3)：9577.

行执行的利率政策保持一致，故而以一种规则的、可预测的方式来调整利率。它一方面要求市场主体的行为符合市场规律，要求市场主体必须以利润最大化为目标。与传统的一步到位调控方式不同，利率平滑调控是采取小幅微调的方式，如果经济主体不是以利润最大化作为其最终目标，对利率变动不敏感，则利率的微小变动对其经济活动的影响微乎其微，甚至毫无影响。这与利率走廊对商业银行追求利润最大化的要求是一致的。利率走廊调控认为商业银行是在不断试错的情况下，调整自己的利润预期，它们的理性程度与对市场和政府的预期水平在试错的过程中不断提高，这就能推动利率走廊调控效果的走高。另一方面，利率平滑调控要求央行保持利率政策操作的可靠性与透明度，这一点与利率走廊调控依托的条件也是相同的。因为市场经济主体对央行政策预期的准确程度取决于央行赋予政策的明确和稳定程度，如果政府提供的信号是模糊的和不稳定的，商业银行的预期水平再高，也难以做出符合市场和央行要求的反应，这就可能造成市场利率的无序波动。就此而言，随着利率政策调控手段的日益成熟，中央银行要想更多地发挥导向性信号作用，就必然要增强其政策操作的可靠性和透明度，以便引导公众形成合理预期，充分实现利率平滑或利率走廊调控的政策效果。

三、“利率平滑＋利率走廊”调控的基本思路

目前，我国利率调控模式仍然是由央行直接确定存贷款基准利率，虽然2013 年 7 月放开了贷款利率管制，2015 年 10 月放开了存款利率管制，但由于市场的资金定价机制与货币政策的传导机制还没完全建立，从这一点上看来，我国的利率市场化改革尚未完成，完全依赖市场的利率走廊模式在我国还难以得到真正的推行，公开市场操作在一定时期内必然要作为我国央行与商业银行之间的关系纽带。此外，即便近十年来，我国在存贷款利率的调整幅度上呈现

出与美、英等国相似的平滑特征（一是利率调控幅度减小；二是利率调控频率增多；三是利率调控间隔缩短），然则，鉴于我国金融市场发育不完善，央行政策操作的独立性不强，这就制约了我国照搬利率平滑调控模式来实行利率政策的可行性。就现实而言，当前我国利率市场化即将完成，其改革的最终目标是利率形成在市场、利率调控在中央，即利率调控应充分利用市场的力量来实现利率调控的目标。有鉴于此，考虑到我国当前实际情况以及未来政策走向，在市场起决定作用的背景下，我国应该同时参考利率平滑与利率走廊两种模式，汲取其中适合我国的经验做法，构建一种更符合我国市场条件的利率调控模式。关于此种利率调控模式的具体说明如下。

（一）在整体形式上，偏重利率平滑调控模式

第一，在表现形式上，要偏重利率平滑的小幅、微调特征。即指央行适时、适度、适量、灵活地调整利率水平，以此来应对经济运行中不可避免的小扰动，平滑经济波动，使经济保持长期稳定增长的状态。因为，我国所积累的试错性经验都更加偏重于利率平滑调控模式。特别是2004年以后，我国利率政策调控逐渐呈现出一定的平滑特征，这进一步表明我国央行运用利率平滑调控模式的日趋成熟。2004年10月28日以后，我国利率政策调控呈现出如下特点：一是利率调控幅度减小。2002年以前，我国央行对利率的调整幅度均在0.5%以上，大多数保持在1%以上；而从2004年10月28日开始，我国央行连续多次以27个基点或25个基点来调整一年期金融机构贷款利率，其中，仅有一次调整幅度为1.08%。① 二是利率反向变动较少。2004年至2014年4年时间里，我国央行一共调整了利率22次（上调利率15次、下调利率7次），其中，反向操作仅有3次，分别是2008年10月9日由正向调整转为负向调

① 此次利率的大幅度调整主要是为了应对全球性金融危机对我国经济造成的负面影响。

整、2010 年 10 月 20 日由负向调整转为正向调整、2012 年 6 月 8 日由正向调整转为负向调整。这些特点均反映出我国央行利率政策调控模式的转变，即从幅度较大、反向操作较多的调整模式向幅度较小、趋于同一方向的调整模式转变。

第二，在操作手段上，偏重于对公开市场业务的使用。众所周知，公开市场业务是一种总量控制型的市场化货币政策工具，具有准备金、再贴现、再贷款等货币政策工具难以比拟的主动性、灵活性、时效性和公平性等优势。① 虽然从调控理念来看，利率走廊调控主要通过变动央行的存贷款利率，基本无须买卖国债来调节供币供给量，更能发挥市场的内在运行规律，符合经济市场化的发展轨迹。但对我国而言，利率调控的技术手段与市场条件都没达到完全依赖市场的程度，中央银行与市场主体之间的联系还必须得以维系。使用公开市场业务，有利于实现中央银行对利率的控制力，这种控制不仅是对名义利率的操作，更是有效控制真实利率的一个富有意义的途径。与此相适应，此前央行也多次表达，要采用市场化手段，灵活运用多种货币政策工具，实行货币政策的动态微调，以此来提高调控的科学性、前瞻性和有效性，从而增强货币政策的针对性、有效性和可持续性。

（二）在政策思维上，借鉴通货膨胀目标规则

采取利率平滑与利率走廊调控的国家普遍采用的是通货膨胀目标规则（含弹性通货膨胀目标规则），它的使用必须满足一定的前提条件。从我国当前的客观实际出发，我国经济仍处于转型期，与西方国家的情形大不相同。转型期的特殊经济背景决定了我国短期内既无法把物价稳定或经济增长作为利率政策的单一目标，又无法只考虑物价稳定和经济增长两个因素。适应我国国情的利

① 曾宪久. 货币政策传导机制［M］. 北京：中国金融出版社，2004：119.

率调控目标规则，应该是一种以通货膨胀率为首要目标，同时兼顾经济增长、就业率、汇率稳定等多种因素的“超弹性通货膨胀目标制”①。理论上说，多重目标之间往往会发生冲突，从而迫使中央银行不得不优先考虑某些最终目标。因此，货币政策要想同时实现多重目标是非常困难的。但从我国每年一度的中央经济工作会议文件和中央银行分行长会议报告中，不难看出，我国货币政策多重目标的压力主要来自于经济转型的现实背景。就此而言，在经济转型期，我国货币政策虽然要改变传统的多重目标制的做法，但也不得不将其他目标如促进就业、确保经济增长、保持人民币汇率稳定等因素考虑在内。② 与此相适应，在“超弹性通货膨胀目标制”下，央行不但重视通货膨胀、产出的波动性，而且也要重视就业、汇率等的波动性，并在合理的期间内努力平滑利率的调整。究其内涵，可以归纳为三点：一是以稳定价格作为其首要目标，既要反通货膨胀也要反通货紧缩；二是在稳定价格的前提下，根据宏观经济形势的变动情况，适时保持利率微调的前瞻性和透明度；三是中央银行应在职责范围内，根据价格、产出、汇率、就业率等一篮子经济指标，灵活、独立地调整利率水平。

（三）在基本构架上，融合利率走廊调控模式

融合利率走廊调控模式的基本构架，要求我国改变原来由中央银行直接决定商业银行存贷款利率波动幅度的做法，即在市场起决定作用下，中央银行通过向商业银行等金融机构提供存贷款而设定一个利率操作区间（走廊的上限一般为中央银行的再贷款或再贴现利率；走廊的下限是商业银行在中央银行的备付金利率），央行通过利率操作区间控制同业拆借利率，通过同业拆借利率控

① 这里的“超弹性通货膨胀目标制”是指在现有的弹性通货膨胀目标制的基础上综合考虑汇率、就业等因素。

② 谢平．新世纪中国货币政策的挑战［J］．金融研究，2000（1）：44—45.

制商业银行的存贷款利率。由于这一模式需要拆借利率处于市场利率体系的核心地位，为此，构建利率走廊模式与推进利率市场化的制度安排相一致。事实上，央行建立利率走廊的过程，是逐步寻找政策利率锚的过程，也是进一步推进利率市场化的过程。这需要从建立利率上下限开始，稳定拆借利率波动，并逐步解除其他管制，疏通传导渠道，最终确定拆借利率的核心地位。①

当前，虽然我国也有着与发达国家相似的央行存贷款利率、同业拆借利率和商业银行存贷款利率等，但是，我国的利率体系还带有行政体制的惯性和烙印，这与利率走廊调控的要求相去甚远。鉴于此，建立利率走廊调控的基本构架，既要理顺此三种利率的关系，逐步解除央行对商业银行存贷款利率的直接控制，让央行的存贷款利率充分发挥调控作用；又要简化利率结构，把再贷款利率和再贴现利率合并起来，变成需要抵押品的贷款。将准备金存款与超额准备金存款合并起来，成为商业银行在央行的存款，使两种存款利率只剩下一个。② 2014 年年初，我国央行开展常备借贷便利操作试点，这显示出我国央行构建“利率走廊”调控模式的意图。在央行自动质押融资系统支持下，建立央行的贷款便利机制，使商业银行可在清算资金不足时向央行自动进行债券质押融资，这些措施将大大降低商业银行持有的超额准备金数量，建立起以超额存款准备金利率为下限，以隔夜自动质押融资利率为上限的货币市场“利率走廊”，以稳定货币市场利率水平。③

---

① 钟正生．“利率走廊”模式的市场化推进［EB/OL］．（2014－06－02）．http：//www.souqian.com/infor/101743.html.

② 胡海鸥，贾德奎．“利率走廊”调控的理论与实践［M］．1 版．上海：上海人民出版社，2006：268—273.

③ 任晓．“利率走廊”通向流动性精准调控［N/OL］．（2014－01－28）．http：//news.xinhuanet.com/fortune/2014－01/28/c_126072023.html.

第六章

中国利率微调模式的决策规则

第一节　利率微调的规则举要

就实践层面而言，利率微调的产生、发展与货币政策规则所表述的根据一些经济变量的相对变化而调整利率的操作方法是紧密联系、相辅相成的。虽然，货币政策规则在内涵上最初并不是用于解释利率微调模式的相关理论，但从逻辑上考证，利率微调的出现正是基于一些发达国家，如美国、英国等国在采用货币政策规则指导本国的货币政策操作时，自然而然地表现出来的一种具有相对普遍性的利率变动规律。由此可以初步判断，利率微调应该是货币政策规则在具体操作过程中表现出来的一种外在形式，而在某种程度上，也可以将货币政策规则说成是利率微调产生并逐渐明确化的前因。从近几十年的货币政策文献中可以明显地感觉到，关于宏观经济模型中货币政策规则主要分为两大类，它们被广泛地运用于利率政策调控的具体决策过程中，其中，一类为泰勒规则，另一类为通货膨胀定标规则。

一、泰勒规则

泰勒规则也称利率规则，该规则主要介绍了中央银行的短期利率工具依经济状态（主要是通货膨胀和产出）而进行调整的方法。很显然，如果通货膨胀和产出的变动是具有持续性和渐进性的，那么在泰勒规则的指导下，一国基准利率的变动就必然会同时显现出一些持续的、小幅度的特性。

（一）泰勒规则的原式及政策含义

泰勒认为，货币政策应该在一个规定的框架内执行，在此框架内，货币政策的短期影响因素是实际产出水平，长期影响因素是通货膨胀率。因此，当经济运行偏离了潜在产出水平、实际通货膨胀率和事先规定的通货膨胀率目标值不符时，就应该适时地调整利率，从而使经济运行和通货膨胀率维持在设定的水平附近。这种货币政策操作规则被称之为“泰勒规则”，具体形式如下：

$$i_t = r^* + \pi_t + h(\pi_t - \pi^*) + g[(y_t - y^*)/y^*] \qquad (6-1)$$

其中 i_t 代表当期的短期名义利率；r^* 代表均衡的实际利率水平；π_t 代表当期通货膨胀水平，π^* 代表央行目标通货膨胀水平；y_t 代表当期的 GDP，y^* 代表潜在的 GDP，$[(y_t - y^*)/y^*]$ 表示 GDP 缺口；g，h 分别表示产出水平的偏离、通货膨胀的偏离对名义利率的影响系数。①

泰勒规则原式是一种相对简单但极具代表性的货币政策操作规则，它描述了中央银行应该如何使用一种规则化的方式来调整利率水平，以此来应对通货膨胀率的增长和宏观经济的波动。泰勒就短期利率对通货膨胀和产出的反应能力进行了回归分析，设定通货膨胀率目标值和均衡的实际利率水平为 2，相关反应参数为 0.5，这一公式即被称为典型的泰勒规则，具体形式如下：

$$i_t = 2 + \pi_t + 0.5(\pi_t - \pi^*) + 0.5[(y_t - y^*)/y^*] \qquad (6-2)$$

泰勒指出，如果使用真实季度产出对线性趋势的偏离来测量产出缺口，使用产出平减指数的年度变化率来测量通货膨胀率，这些参数就能很好地描述美联储 20 世纪 80 年代末至 90 年代初期的实际行为。

长久以来，货币经济学领域存在的一个持续性问题，金融主管当局究竟该如何规划和实施货币政策，才能实现最优的货币政策目标，如价格稳定和充分就业。被大家广泛认同的观点是，一个设计合理的货币政策能够抵消宏观经济

① Taylor, John B. A History Analysis of Monetary Policy Rules [M]. Chicago: University of Chicago Press, 1999.

的干扰因素及价格、就业的周期性波动，从而能全面实现经济的稳定运行和社会福利的最大化。泰勒规则为货币政策的操作提供了新的理论依据，其政策含义在于，货币当局在执行货币政策时遵循以下反馈规则，即根据通货膨胀率和总产出的实际值与目标值之间的差距来调节联邦基金利率的走势。①

（二）泰勒规则的扩展形式及现实意义

在泰勒规则下，中央银行的利率调整按照产出高于或低于潜在产出水平，以及通货膨胀高于或低于目标水平而加以调整，将公式（6－1）的 π_t 移至等式的左边，公式（6－1）可相应变形为：

$$(i_t-\pi_t)=r^*+h(\pi_t-\pi^*)+g[(y_t-y^*)/y^*] \qquad (6-3)$$

不难看出，等式的左边（$i_t-\pi_t$）即为当期的实际利率，右边为均衡的实际利率水平加上通货膨胀和产出的调整项。这也就是泰勒所要表述的：在影响物价水平和经济增长的诸多因素中，只有实际利率能够与物价水平和经济增长保持长期稳定的相关关系，因此通过调整名义利率 i_t 来调整实际利率，使实际利率恢复和保持在长期均衡水平的货币政策才是货币当局的首选。

尽管泰勒规则在很大程度上指导了美联储的实际货币政策操作，但金（2000）指出，货币政策的具体操作并不能完全遵从泰勒规则，因为公式（6－3）没能确定利率随时间变化的路径，这主要取决于通货膨胀和产出本身如何对利率的早期变化做出反应。因此，有必要对简单的泰勒规则进一步扩展，即可得出扩展形式：

$$i_t=r^*+\lambda_1(y_t-y^*)+\lambda_2(\pi_t-\pi^*)+\lambda_3 i_{t-1} \qquad (6-4)$$

该公式中，利率的变化与其自身原有的水平相关，这实际表明了利率政策会发生滞后的反应，主要原因在于传导机制。因此，只有当利率水平保持相对

① 陆军，钟丹．泰勒规则在中国的协整检验［J］．经济研究，2003（8）：25．

平稳，才有助于货币政策的有效实施。这表明了中央银行应随时维持货币政策的渐进性以及小心的程度。① 而一些学者通过统计也计算得出，这三个系数分别为0.8、3.0和1.0。鉴于此，扩展的泰勒规则就从另一个角度说明了利率水平应该保持预期的平稳，这将有利于发挥利率政策的杠杆效应。

而基于理性预期学派的相关理论，克拉里达、加利和格特勒通过分析提出了前瞻性的利率规则，其中，主要是将泰勒规则原式中的 π_t 替换为前期的预期值，从而使修订后泰勒规则又具有了预测性、前瞻性的特点。根据理性预期学派的理论：

$$\pi_t = E_{t-1}(\pi_t) + \xi_t \tag{6-5}$$

其中 $E_{t-1}(\pi_t)$ 表示给定（t－1）期可得信息的情况下，理性经济人在（t－1）期对t期的通货膨胀的理性预期；ξ_t 表示独立同分布的外生干扰项，均值为0且方差不变。这样引入预期后的泰勒规则就可以表示为：

$$i_t = r^* + E_{t-1}(\pi_t) + h[E_{t-1}(\pi_t) - \pi^*] + g[(y_t - y^*)/y^*] \tag{6-6}$$

这样，在含有了预期行为的泰勒规则中，目标利率就不是取决于现实的或事后的通货膨胀水平，而是取决于由已有的信息而做出的对于未来的通货膨胀的预期，这使得根据泰勒规则制定的货币政策更加具有前瞻性。理性预期理论指导下的前瞻性泰勒规则，主要传递了一种意图：中央银行在制定货币政策决策时，应理性判断价格水平是否达到预期水平。这就说明了央行制定政策行动的主要依据是经济运行水平的未来值，而不是当期值。事实上，包含前瞻性预期因素的利率规则在指导具体的利率政策实践时，最明显的特征即为当货币当局可以促使市场参与者对于未来利率调整形成理性预期时，根据此规则，央行

---

① King，Mervyn. Challenges for Monetary Policy：New and Old［J］. Seminar Papers for Monetary Policy Rules by the IMF，2000（3）.

应该采取渐进式调整利率的方法，同时保证短期利率在较小的范围内变动，这样的利率微调模式在稳定国民产出和通货膨胀方面有着显著的效果。

（三）泰勒规则的分析与评价

泰勒规则的主要政策含义是，经济要想保持在持续稳定增长的理想状态，其前提是实际利率与实际均衡利率相一致，因此，若实际利率由于产出增长率、失业率、通货膨胀率等因素变化的影响而偏离了实际均衡利率，货币当局就应该采取市场化手段，运用各种有效的政策工具以使名义利率适应各种因素的变化，从而使实际利率回复到实际均衡利率的水平，维持经济的内在稳定性。从泰勒规则的基本原理出发，泰勒规则所提倡的是一种“中性”货币政策，其政策意图在于稳定经济本身的固定增长率，而并非以“积极”货币政策来人为地刺激经济增长。这种货币政策“中性”原则的优点是将规则和相机抉择结合起来，既秉承了“单一规则”的政策连续性，同时又兼收了相机抉择的政策灵活性。于是，货币当局一方面可通过规则操作作用于人们的预期；另一方面可通过反向微调对经济进行渐进调整，通过这两种政策模式的相互协调、配合来确保政策的合理有效：既以规则性来保证政策的连续性，又以相机抉择来为政策增加一定的灵活性和应变性，从而确保在达到政策目的的同时，又能在很大程度上减缓经济的大幅震荡。因此，该规则受到了众多学者的重视，并为越来越多的中央银行所接受。泰勒规则除了成功地指导了1993—2001年美国经济在通货膨胀率和失业率“双低”的情况下持续稳定增长之外，其他一些国家，如德国、日本等发达国家和一些新兴国家、发展中国家的利率政策操作也基本上都是遵循泰勒规则或其演化形式进行的。以上种种表明，泰勒规则对各国中央银行的利率政策操作具有重要的理论和实践指导意义。①

① 王莹. 泰勒规则评析及其对我国货币政策制定的借鉴意义［J］. 武汉金融，2004（1）：6—8.

然而，值得我们注意的是，在实践上，泰勒规则展示了它适用的一面，但不可否认的是，泰勒规则本身也并非完美无缺。事实上，泰勒规则在实际运用中也存在着一定的局限性，比如相关变量、参数估计方式的不确定，从而导致政策规则的有效性面临了较大的风险。此外，还有适用范围的限制。首先，泰勒规则的核心要义是通过利率水平的调整来影响公众预期，进而实现对宏观经济的调控。因此，其中隐含的条件是该规则只有在市场机制比较发达、利率形成机制完善及市场化程度较高、市场反应灵敏的国家才能具备相应的利率政策传导机制，按泰勒规则进行操作的利率政策也才能实现其既定的政策目标。相反，在市场机制不够健全、利率市场化程度较低的国家采用泰勒规则指导其利率政策就很难奏效。其次，泰勒规则刚刚提出时就强调，在浮动汇率制下一国货币当局可以根据通货膨胀缺口和实际产出缺口的变动来调整短期利率，但在固定汇率制下，中央银行往往不能单独决定其短期利率，因为国内利率的升高会造成外币的流入，进而对本币升值带来压力，反之亦然。因此，泰勒规则是假定一国货币当局对利率政策具有独立操作权的前提下运作的，在现实中，一些国家很难做到。正如欧菲尼德斯（1997）所指出的，在固定汇率制下，中央银行操作银行间同业拆借利率的自由度会由于固定汇率的需要而降低。①

二、通货膨胀定标规则

通货膨胀定标货币政策框架是新新古典综合学派理论提出的货币政策规则。自从 1990 年新西兰宣布采用通货膨胀目标制之后，这一规则已经在全世界取得了较快发展。迄今为止，世界上有 24 个国家（包括新西兰、加拿大、

---

① 克鲁格曼提出，固定汇率制度、资本流动和货币政策独立性三者是不能兼顾的，即所谓的“三元悖论”。

英国、瑞典、澳大利亚、冰岛、挪威7个工业化国家和以色列、捷克、波兰、巴西、智利、哥伦比亚、南非、泰国、韩国、墨西哥、匈牙利、秘鲁、菲律宾、斯洛伐克、印度尼西亚、罗马尼亚和土耳其17个新兴市场国家）采用这项政策。从实施的总体效果上讲，钉住通货膨胀率的货币政策体制在稳定经济方面已取得了显著成果，实行通货膨胀定标规则的国家，在控制通货膨胀上无一例外地取得了巨大的成功。

就上述国家对通货膨胀定标规则的具体操作而论，通货膨胀定标规则大致可以分为两种：一种是严格的通货膨胀定标框架；另一种是弹性的通货膨胀定标。假设中央银行在利率政策操作过程中只考虑价格稳定和产出稳定两个因素，此时中央银行的损失函数可以表述为下式：

$$S=\alpha(\pi-\pi^{*})^{2}+(1-\alpha)(y-y^{*})^{2} \qquad (6-7)$$

其中，π为通货膨胀率，π^{*}为目标通货膨胀率，y表示产出水平，y^{*}表示潜在产出或目标产出水平，α和$(1-\alpha)$表示中央银行利率政策在通货膨胀和产出之间的权重。当$\alpha=1$时，是严格通货膨胀目标制，即中央银行只钉住通货膨胀，没有其他任何目标；当$0<\alpha<1$时，表示弹性通货膨胀目标制，即中央银行不仅钉住通货膨胀目标，还允许其他目标的存在，但是其他目标必须服从于价格稳定的目标。

（一）通货膨胀定标规则的内涵透视

与泰勒规则同时以通货膨胀和产出两个变量为目标的理念不同，通货膨胀定标规则是指中央银行以通货膨胀为目标，通过向外公布通货膨胀目标，同时利用最优控制理论，制定最优名义利率反应函数。① 对于目前许多国家选择通

① Ball L.，Sheridan N. Does Inflation Matter? [J]. National Bureau of Economic Research Working Paper，2003（3）：9577.

货膨胀定标规则，可以从两方面给予解释，一是原来长期使用的以货币供给量为目标的货币政策框架，在不断变化的经济环境下，明显存在了缺陷，因为新背景下货币需求开始出现了较大幅度的波动性和结构性变化，从而使得货币供给与政策目标之间产生了不确定性；二是依据荷兰著名经济学家 Jan Tinbergen（1952）的“丁伯根法则”，要想同时实现多个独立的政策目标，政府至少必须同时使用与政策目标数相等的独立政策手段，如果政府所拥有的政策手段少于所要实现的政策目标数，那么这些目标就无法同时实现。

虽然通货膨胀定标规则在实践过程中取得了很好的效果，但是关于通货膨胀定标规则的内涵及其真实可靠性，理论界还是存在着一定的争论，争论的焦点多集中于从理论上如何认识通货膨胀定标规则的性质，以及从实证上如何判断通货膨胀定标规则对于产出和通货膨胀的可能影响。对此，斯文森（1997）指出，通货膨胀定标使通货膨胀预测成为中介目标，这样，通货膨胀定标也可以看作一种目标规则。在通货膨胀定标规则指导下，中央银行的目标函数是使通货膨胀的波动最小化，即 E（$\pi-\pi^*$）。Bernanke（1999）认为，通货膨胀定标规则是一个货币政策框架，它是由官方公开宣布未来一段时间内，需要达到的通货膨胀目标（或者通货膨胀目标的范围），同时明确承诺低且稳定的通货膨胀是货币政策首要且长期的目标。通货膨胀定标规则的作用主要表现在它不仅强化了政策制定者和公众之间的沟通和交流，它还为货币政策的制定提供纪律和责任性。① 伯格（2000）提出，通货膨胀定标可以作为名义锚，力求协调通货膨胀预期。它提供一种承诺机制，有利于提高中央银行的可靠性，将有关通货膨胀的目标传导到公众，为公众提供一个参考点。从伯南克和伯格的定

① Bernanke B., Laubach T., Mishkin F., et al. Inflation Targeting [M]. Princeton: Princeton University Press, 1999.

义中，我们看到更多的是体现了通货膨胀目标制在实践中的一些规定和利益点，并没有深入到通货膨胀目标制隐含的内容，即实行通货膨胀目标制必须与传统以货币供应量、名义收入等中介目标分清界限。对此，斯文森采用了动态规划的方法，构造了一个无限期的封闭经济模型来进行论证。在这个模型中，中央银行的目标是使通货膨胀和产出与社会最优水平的偏离的平方和的贴现值最小化，即与社会有着相同的目标函数。本期的通货膨胀由上期的产出缺口和通货膨胀率、本期的产出缺口和上期的真实利率决定。因此，真实利率对产出缺口以及通货膨胀的影响分别滞后一期或两期。在此假设下，斯文森比较了名义收入钉住、货币供应量钉住以及通货膨胀钉住三种目标规则对社会福利的影响。其结果是，在通货膨胀钉住目标规则下社会福利损失最小。在此基础上，斯文森也对通货膨胀定标规则提出了较为全面的说明：首先，通货膨胀定标规则必须有一个清晰的数量化通货膨胀目标，为避免真实经济的不稳定，这个目标必须是央行的中期目标；其次，由于货币政策工具影响价格存在不可避免的时滞，因此，实践中的决策框架应该是“通货膨胀预测钉住”（Inflation Forecast Targeting)；最后，沟通必须清晰而且切中要害，决策的依据是其公布的通货膨胀和产出缺口预测。①

在通货膨胀目标定标规则下，中央银行在调整利率实现长期通货膨胀目标时，为应对目标偏离情况而需要保持足够的灵活性，对此，通常的做法是区分通货膨胀的长期目标和短期目标，并使后者逐渐向前者靠拢。基于此，通货膨胀目标制规则可以用模型表示如下：②

$$i_t^* = \bar{i} + f_\pi \ (\pi_{t+1,t} - \pi^*) \ f_{y_t} \tag{6-8}$$

① Svensson. Inflation Targeting: Should It Be Modeled as an Instrument Rule or a Targeting Rule [J]. NBER working Paper, No. 2002 (15): 8925.

② 谢平，刘斌. 货币政策规则研究的新进展 [J]. 金融研究，2004 (2): 9—20.

$$i_t = \rho_{t-1}^{i} + (1-\rho)\ i_t^* \qquad (6-9)$$

其中，i_t^* 代表名义利率，$\bar{i}$ 代表自然失业率水平下的长期名义利率，$\pi_{t+1,t}$代表当期对未来通胀率的预期，π^* 代表通货膨胀率目标，y 代表产出缺口。公式（6－8）和公式（6－9）表明当期的利率与上期利率、当期预期利率有关，后者是由长期名义利率和通胀率的偏差与产出的缺口来决定的，即在通货膨胀定标的框架下，中央银行可以根据预期通胀率与其目标值的偏差及产出的缺口通过调整利率来达到其货币政策目标。

尽管通货膨胀定标规则在实际操作中具有许多优势，但从理论上而言，通货膨胀定标规则指导下的中央银行货币政策能否达到社会福利损失的最小化是不确定的，尤其是在通货膨胀定标框架下还没有考虑到失业等问题的情况下。此外，在实施通货膨胀定标规则时，实际上存在灵活性和可靠性的替代关系。过于灵活的货币政策自然而然会失去可靠性和公众的信心。但是，过于僵硬的制度可能会导致产出过大的易变性。经验表明，货币政策需要建立可靠性以弱化这种替代关系，并长期保持相对灵活性。基于此种考虑，作为一个货币政策框架，理性的通货膨胀定标规则就不应该过于严格刻板，而应该相对灵活，即在以通货膨胀为目标的基础上，也应该给予产出一个稳定的正权重，目的是使通货膨胀预期逐步向通货膨胀目标靠拢。① 这种通货膨胀定标规则即被称之为弹性通货膨胀定标规则。由于该规则同时结合了货币政策规则与相机抉择两种决策模式的优点，因而属于一种相机抉择性的规则（Discretionary Rules）。

（二）通货膨胀定标规则的前提与要求

采用通货膨胀定标规则需要一定的前提，主要包括以下几个方面：一是把价格稳定作为利率货币政策首要目标，并在法律条文中明确规定，没有其他的

① 钱小安. 货币政策规则［M］. 北京：商务印书馆，2002：319—321.

名义锚，以此为价格稳定的目标提供制度保证；二是中央银行应该有有效的货币政策工具，一种与通货膨胀具有高度相关性的政策工具，一些使用通货膨胀定标的国家主要通过使用间接货币控制工具而不是直接工具进行调控；三是中央银行的独立性应该与不断提高的责任性相联系，中央银行要定期向公众做出关于货币政策的报告，公开有关宏观经济形势分析；四是通货膨胀定标需要与公众保持较好的交流，以保证公众对通货膨胀定标的认识，并使其作为通货膨胀预期的锚；[①] 五是使用通货膨胀定标规则的国家必须具备发展良好的金融体系，如稳健的银行体系、发达的金融市场、流动性强，以此为价格稳定目标提供通货膨胀预期等参考信息。

选择通货膨胀定标时，从技术上看，要做好以下工作：一是要选好相对价格指数作为通货膨胀度量，对于特定的价格指数，中央银行应该对此有充分的说明；二是通货膨胀目标是一点、区间，还是中间值，要对此予以澄清；三是通货膨胀定标情况下，要对短期利率、汇率、货币与信贷等作用有充分的认识，尤其要充分认识到各项因素变动对总需求和通货膨胀的影响；四是货币当局要对货币政策有充分可依靠的通货膨胀预测，政策制定者应该清楚货币政策工具对经济总量影响的速度和力度，对有关信息进行收集，并做出较为可靠的预测。[②]

① 袁靖．我国通货膨胀现象的时变方差性特征和定标制政策的可行性检验［D］．青岛：青岛大学，2005．

② 钱小安．货币政策规则［M］．北京：商务印书馆，2002：318．

第二节 利率微调规则在中国的适用性分析

一、泰勒规则在中国的适用性分析

关于泰勒规则在中国的适用性，国内部分学者研究表明①，泰勒规则确实可以在很大程度上较好地反映中国的货币政策操作，能够为中国货币政策提供一个尺度，衡量中国利率等货币工具操作的松紧程度。但是，也有部分学者认为，泰勒规则在中国是否适用仍然是一个值得商榷的课题。如刘义圣、刘一林(2010)采用实证检验方法得出结论：同业拆借利率对产出缺口与通货膨胀率缺口的趋势符合泰勒规则。但利率对通货膨胀率的缺口与对利率产出缺口的反应系数 $\alpha<1$，$\beta<1$，这说明用我国的实际数据去模拟泰勒规则会显示其是不稳定的。当利率对通货膨胀的反应系数小于1时，也就是说当通货膨胀率每增加1个百分点时，名义利率的上升幅度小于通货膨胀率的上升幅度，这样会导致实际利率的下降，反而会进一步刺激总需求，引发新一轮的通货膨胀；同样的道理，当通货膨胀率下降时，名义利率的下降幅度会小于通货膨胀率的幅度，此时会导致实际利率的上升，从而抑制总需求，引起通货膨胀率的进一步下降。这与我国的利率政策调控意图是相悖的，所以它不适应我国的货币政策。② 究其原因是泰勒规则的运用和实施是需要一系列的前提和条件的，而中

① 谢平(2002)、陆军(2003)、齐稚平(2007)通过对泰勒规则运用于中国货币政策的实证检验后发现，中国货币政策操作确实存在类似于泰勒规则的事实。

② 刘义圣，刘一林．泰勒规则及其对中国适应性研究［J］．当代经济研究，2010(10)：48—53.

国现在的经济金融环境尚不足以完全满足该规则所必需的所有条件。

(一) 泰勒规则的适用条件概况

1. 利率市场化

泰勒规则的核心要义是通过利率水平的调整来影响公众预期进而实现对宏观经济的调控。因此，其中隐含的条件是该规则只有在市场机制比较发达、利率形成机制完善及市场化程度较高、市场反应灵敏的国家才能具备相应的利率政策传导机制，按泰勒规则进行操作的利率政策也才能实现其既定的货币政策目标。相反，在市场机制不够健全、利率市场化程度较低的国家采用泰勒规则指导其利率政策就很难奏效。

2. 浮动汇率制度

泰勒强调，在浮动汇率制下，一国货币当局可以根据通货膨胀缺口和实际产出缺口的变动来调整短期利率，但在固定汇率制下，中央银行往往不能单独决定其短期利率，因为国内利率的升高会造成外币的流入进而对本币升值带来压力，反之亦然。因此，泰勒规则是假定一国货币当局对货币工具利率具有独立操作权的前提下运作的，这在现实中的一些国家是很难做到的。正如 Orphanides（1997）所指出的，在固定汇率制下，中央银行操作银行间同业拆借利率的自由度会由于固定汇率的需要而降低。①

3. 利率调控的双重目标

泰勒规则要求货币当局在调控利率时必须拥有双重目标，即保持经济稳定增长和抑制通货膨胀，这一点在泰勒规则的具体形式中就得以充分体现。Huang，Margaritis and Mayes（2002）指出，泰勒规则对于美国这样有明确

---

① 克鲁格曼提出，固定汇率制度、资本流动和货币政策独立性三者是不能兼顾的，即所谓的“三元悖论”。

双重目标的国家当然是适用的，但是对于以通货膨胀作为唯一目标而进行货币政策操作的国家，或是对那些货币政策有多重目标追求的国家而言，按照泰勒规则行事就有一定的困难。

（二）泰勒规则在中国的非适用性解析

自 1984 年中国人民银行恢复行使中央银行职能到 1998 年这期间，中央银行货币政策操作工具主要是贷款规模指令性计划管理，货币政策操作的目标也是抑制过高的通货膨胀。因此，对于泰勒规则在中国适用性的分析主要是结合央行 1998 年之后的利率政策操作展开的。

1. 利率市场化尚未完全实现

2015 年，作为利率市场化“最后一跃”的存款利率管制由逐步扩大浮动上限直至全面放开。从宏观制度看利率市场化改革基本上已全面落地，但从微观基础和实际操作看，我国利率市场化程度仍不高。一方面，由于存贷款利率放开管制时间并不长，商业银行仍缺乏风险定价和风险管理的能力，人民币存贷款利率更多表现为“浮而不动”；另一方面，利率市场化改革必然要求利率调控由直接调控向间接调控转型。但目前存贷款基准利率对银行定价仍具有较强的引导作用，而且利率间接调控基础条件尚不完备，这就决定了当前及未来较长一段时间利率调控仍会以直接调整存贷款基准利率为主要方式。① 同时，中国人民银行作为货币政策制定者，理应具有很强的独立性，但由于我国政治体制的特殊性，它一直是作为国务院的一个附属机构，缺乏一定的自主独立性。这些最终会导致微观经济主体缺乏对利率的敏感反应，影响货币政策的成功实施。

---

① 李若愚. 利率市场化推进与利率调控转型困境［J］. 清华金融评论，2015（12）：61—65.

2. 汇率未能完全自由浮动

我国自2005年7月21日开始实施以市场供求关系为基础的、参考一篮子货币进行调节、有管理的浮动汇率制度，人民币汇率制度形成了所谓的BBC模式，即一篮子、区间浮动和爬行（Basket，Band and Crawling）。但是，汇率水平的波动幅度不大，中央银行对汇率形成的干预仍然存在。① 同时，有管理的浮动汇率在一定程度上与固定汇率相似，因为中央银行必须在适当的时候通过买卖外汇以使汇率维持在一定区间内，从这个角度上看有管理的浮动汇率制也将影响中央银行货币政策操作的独立性。

3. 利率政策操作的多目标制

《中华人民共和国中国人民银行法》（下称《中国人民银行法》）明确规定，中国货币政策的目标是保持币值稳定，并以此促进经济的增长。谢平（2000）、戴根有（2002）、蔡跃洲（2004）认为，中国货币政策的目标是单一的，即稳定物价，促进经济增长是其衍生目标。但是，在现实经济中，中央银行迫于政府和国内外宏观经济形势的压力，在实际的利率政策操作中往往凸显政策目标的多样性，既重视稳定物价，又要兼顾经济增长、促进就业和国际收支平衡等目标。特殊金融体制所决定的中央银行利率政策操作目标的多样性使得其很难运用泰勒规则指导中国的利率调控，并实现既定的政策目标。

综上所述，泰勒规则尽管可以很好地指导中国利率政策的操作，增强货币政策操作的透明度和可信度，但基于特殊的经济金融环境和经济变量估计的技术障碍，中国当前还不具备施行泰勒规则的条件，并且中国利率调整对通货膨胀变化的反应系数远远小于“泰勒条件”，是一种不稳定的规则。考虑到中国

① 中国人民银行规定，每日银行间外汇市场美元对人民币的交易价格仍在中国人民银行公布的美元交易中间价上下千分之二幅度内波动，非美元货币对人民币的交易价在中国人民银行公布的该货币交易中间价上下一定幅度内浮动。

利率政策还是以钉住通货膨胀为主的调控方式，加快研究其他利率政策操作范式，如为多数新兴市场国家所采用的通货膨胀目标制的适用条件及其在中国的适用情况尤显紧要。①

二、通货膨胀目标制在中国的适用性考探

通货膨胀目标制的成功实践使一些国家保持了较低的通货膨胀水平，也因此被有些学者尊称为“圣杯”，受到各国中央银行家和货币经济学家的关注。纵观通货膨胀目标制产生的背景及其发展历史不难看出，多数国家通货膨胀目标制的实施是在本国货币供应量和价格相关性下降的情况下进行的，这与我国当前经济形势十分相似。② 结合通货膨胀目标制国家的成功实践经验，从我国实际出发，研究通货膨胀目标制在中国适用的条件和挑战，构建中国利率政策操作的目标模式是摆着货币政策理论工作者面前的严峻任务。

（一）实行通货膨胀目标制的条件梳理

从上述通货膨胀目标制在新兴市场国家和工业化国家的实践来看，其成功的运作效果得益于一系列实施该政策范式的必要条件，即健全的经济金融环境、特定的政治环境等因素。根据 Skilos（2002），Bernanke et al.（1999），Blejer et al.（2000）等人的相关研究，通货膨胀目标制在一国成功实施必须具备的前提条件主要包括制度因素、经济因素和技术因素。其中，制度因素主要有：一是把价格稳定作为利率货币政策首要目标，并在法律条文中明确规定，没有其他的名义锚，从而为价格稳定的目标提供制度保证；二是央行必须

---

① 王璐，欧世建．中国利率政策操作：历程、特征与泰勒规则的适用性考探［C］．武汉：第三届珞珈国是论坛论文集，2009.

② 夏斌、廖强（2001），常玉春（2004），葛结根（2008）等人的研究表明，由于公众预期的可变性和利率管制，货币供应量作为我国货币政策中介目标已经存在诸多缺陷，应该考虑其他方式的货币政策操作。

独立地运用利率等工具以实现通货膨胀目标；三是中央银行必须明确实现价格稳定目标是其责任；四是央行最后采纳的政策战略必须是政府和公众认为在一定条件下最合适的。经济因素主要有：一是发展良好的金融体制，包括稳健的银行体系、发达的货币市场等，能够为价格稳定目标提供通货膨胀预期等参考信息；二是财政收支状况良好。技术因素主要有：一是为保证通货膨胀预期被限制在目标范围之内，央行必须前瞻性地对通货膨胀预测值和目标制进行反映；二是政策制定者应该清楚货币政策工具对经济总量影响的速度和力度；经济信息应该及时、准确获得；三是央行应该有有效的政策工具，以引导市场知道央行政策意图以影响通货膨胀预期。

尽管上述要件在没有完全满足的条件下，一些国家也建立起通货膨胀目标制的货币政策操作范式，并取得了一定的成效。但是，其货币政策效果会大大削弱，因为不完备的条件必将影响和挫伤中央银行的可信度、责任性及其货币政策的透明度，进而给货币政策操作带来负面影响，因此分析通货膨胀目标制在一国适用情况时，不仅要考察如何创造条件满足这些要件，更要进行必要的制度设构。①

（二）通货膨胀目标制在中国的时机基本成熟

一般来说，通货膨胀目标制在一国利率政策操作中成功实行依赖于该国中央银行的独立性、成熟的经济金融环境和较高的操作水平。但是，实施通货膨胀目标制国家的经验已表明，对经济金融体系的要求并非是通货膨胀目标制的先决条件，缺乏这些条件不会影响通货膨胀目标制的进行（Batini，2005）②。

---

① 欧世建. 利率政策操作范式与我国目标模式取向研究［D］. 福州：福州大学，2010.

② Batini，Nicoletta，Andrew G. Haldance. “Forward－Looking Rules for Monetary Policy”，In Taylor，John B，Monetary Policy Rules［M］. Chicago：University of Chicago Press，1999.

况且，实行一种新的货币政策操作范式取决于该政策操作模式与所替代的政策框架之间的成本收益分析。换言之，如果采用通货膨胀目标制的成本更低、收益更高，就可以而且应该大胆尝试这种新的货币政策操作范式。虽然一国在实行通货膨胀目标制时可以不具备全部的必备条件，但是一些必要的条件和前提是必须要满足的，如把价格稳定作为货币政策的首要目标、中央银行的独立性和高效通货膨胀预测能力。尽管通货膨胀目标制在中国实行仍存在若干困难，但是一些基本的有利条件已经形成，这为我国采用通货膨胀目标制创造了条件和可能。

1. 我国实行通货膨胀目标制的有利条件

第一，国民经济持续发展，财政收支状况良好，金融体系稳定运行。持续增长的国民经济、良好财政状况和发展良好的金融市场体系是通货膨胀目标制成功实行的经济要素。从 1992 年开始的新一轮经济周期中，中国国民经济迅速增长，GDP 增长率除与个别年份同比有所下降，一路上升，近年来基本保持在 10%以上的增幅。在财政收支状况方面，自 1994 年财税体制改革后，基本遏制了之前财政收入占 GDP 的比重持续下降的局面，基本实现了“两个比重”（国家财政收入占 GDP 的比重和中央财政收入占全国财政收入的比重）同时提高。另外，我国金融体系的稳定性也可圈可点。银行主导的支付结算体系的稳定是金融体系稳定最重要的支柱。

第二，中央银行经济独立性不断增强。在中央银行及其政策独立性问题上，《中国人民银行法》第二十九条规定：中国人民银行不得对政府财政透支，不得直接认购、包销国债和其他政府债券。这就从法律上排除了央行直接为财政融资的可能。从 1997 年开始，中国人民银行又成立了货币政策委员会。货币政策委员会作为货币政策制定的咨询议事机构，在对宏观经济形势进行综合分析的基础上，依据国家宏观调控目标对货币政策决议提供建议。另外，中央银行货币政策工具调控独立性也在不断加强。2004 年开始，经国务院批准央行实行再贷款浮息制度①，给了中央银行一定幅度内调整利率的权利，以上行为都说明中央银行的独立性在不断提高。

第三，中央银行利率政策的透明度和责任性日趋提高。在货币政策透明度和责任性问题上，《中国人民银行法》对央行和财政部之间的分工进行了明确的规定，通过新闻发布货币政策中介目标、操作程序和货币政策工具，如利率的变动情况，在对外信息提供方面通过出版《货币政策执行报告》《中国人民银行季报》(年报)、《中国金融年鉴》等，回顾前一阶段货币政策效果并向公众传达政策信号，建立内容丰富的网站供公众查询各种信息。这些都表明我国利率政策的透明度水平有了显著的提高。

第四，人民币汇率体制改革取得重大突破。1994 年以前，我国先后实行固定汇率制度和双轨汇率制度。1994 年汇率并轨以后，我国实行以市场供求为基础的、有管理的浮动汇率制度。1997 年亚洲金融危机之后，我国加快了金融领域和经济体制的改革，外汇管制进一步放宽，外汇市场建设的深度和广度不断拓展，为完善人民币汇率形成机制创造了条件。2005 年 7 月 21 日起，我国开始实行以市场供求为基础、参考一篮子货币进行调节、有管理的浮动汇率制度。这说明我国已经摆脱了单一钉住美元的固定汇率，为实行通货膨胀目标制提供了很好的条件。②

第五，利率政策调控目标的多样性。2003 年修订的《中国人民银行法》第三条明确规定：货币政策目标是保持货币币值的稳定，并以此促进经济增长。其中保持币值稳定包括对内价格稳定和对外汇率稳定。这就意味着中国当

① 再贷款浮息制度是指中国人民银行在国务院授权下，根据宏观金融形势变化，在再贷款基准利率基础上，适时地确定并公布中央银行对金融机构贷款利率加点幅度的制度。

② 李奕滨．我国货币政策效果评价理论与实证分析［D］．上海：同济大学，2007.

前的货币政策实际上存在两个名义锚：价格水平和汇率水平。在 IMF 对于货币政策框架的分类中，中国是一个钉住汇率又以货币总量作为中介目标的国家。在经常项目和资本项目持续顺差的条件下，为保证汇率稳定，央行不得不在外汇市场大举买入外汇，外汇占款①大量增加，由此带来基础货币增加会给国内价格造成压力。因此，由于双重名义锚的存在，使得中央银行在进行利率政策操作时不得不同时考虑价格稳定和汇率稳定，以及在此基础之上的经济增长和促进就业等问题。

2. 我国实行通货膨胀目标制所面临的困难

第一，通货膨胀预测水平较低，目标区间难以选择。作为高度前瞻性的货币政策，通货膨胀目标制成功实施的关键是具有精确的通货膨胀预测。由于统计数据不完整和统计口径不可比导致计量经济预测模型很难获得准确的通货膨胀预测值，另外通货膨胀成因的复杂性与货币政策利率传导机制的弱有效性，以及经济社会制度变革产生的微观经济主体行为的不稳定性，使得依据过去经济数据建立的行为方程在通货膨胀预测过程之中往往失效。由于上述障碍的存在，中央银行在较容易获得宏观经济指标、货币信贷指标、资产价格指标等有助于预测通货膨胀的各项经济指标和数据的同时，很难准确把握货币政策的主要传导机制、利率等工具对实体经济影响的时滞及冲击的程度。

第二，货币政策传导机制不畅。作为货币政策传导工具的利率在我国尚未实现市场化，利率不是通过市场力量形成的，而是中央银行制定的。因此，利率的高低既不反映资金需求，也不利于货币政策作用的发挥。

第三，中央银行政治独立性不强。主要表现在以下几方面：一是央行履行

① 是指银行由于购买外汇资产而投入的本币的数量，银行购买外汇形成本币投放，所购买的外汇资产构成银行的外汇储备。

职能的非独立性。利率工具的使用及其政策的调整都是在政府经济工作重点确定之后才进行的，利率政策的时滞延长，利率工具调控效果下降，没能真正实现货币政策工具的独立性。二是货币政策委员会的职能不清。货币政策制定透明度不高。央行货币政策委员会会议时间和会上发言内容没有及时公开，货币政策目标没有及时公布，货币金融数据编制和发布在频率、时效和真实性等方面不够。三是利率调节多目标制。中国转型期的特殊经济背景决定了其在实践过程中往往会超越法律范围，利率政策调控呈现出“多目标”特征，不仅要实现价格稳定还要兼顾汇率稳定、经济发展等目标。

综上所述，短期内无法把价格稳定作为利率政策的首要目标、中央银行利率工具操作的独立性较低以及通货膨胀预测准确性较差是引入通货膨胀目标制的主要障碍。然而，不管利率政策的目标是什么，上面所述良好的财政状况和金融体系是利率政策所必需的。实践证明，在利率政策操作中引入通货膨胀目标制并非要满足制度、经济和技术上全部条件，实际上只要具备两个核心前提，该国就可以实行通货膨胀目标制：① 一是中央银行必须有一定程度的独立性尤其是独立利用利率工具进行宏观经济调控；二是中央银行不能再同时钉住其他目标。就我国目前情况来看，其一中央银行独立性、透明度和责任约束并不构成中国实行通货膨胀目标制的障碍；其二我国人民币汇率形成机制改革已经取得重大突破，实行的是有管理的浮动汇率制度，并且在不断扩大浮动区间，已经摆脱了单一钉住美元的固定汇率。因此，我国已经基本具备了实行通货膨胀目标制的两个核心前提，我国实行通货膨胀目标制是可行的。通过上述分析可知，通货膨胀目标制在中国现时使用并非最佳时机，因为中国在制度、技术上尚缺一些必要条件。但是，中国已经具备实行通货膨胀目标制的两个必

---

① 李奕滨．我国货币政策效果评价理论与实证分析［D］．上海：同济大学，2007.

备核心条件：利率工具操作独立性较强和汇率体制改革不断推进。更为重要的是，作为新兴市场国家普遍采用的利率政策目标规则，通货膨胀目标制由于其兼顾规则的稳定性与透明度，以及相机抉择的灵活性的本质特征，其成为新兴市场化国家和部分工业化国家未来利率政策操作范式的未来演进方向。为此，中国必须积极创造条件，尤其是从制度和政策层面研究探讨进一步完善我国采用通货膨胀目标制的制约因素及其政策建议，早日将其作为中国利率政策操作的目标模式。①

第三节　中国利率微调的规则选择

中央银行制定和实施货币政策，必须围绕着货币政策目标进行。世界各国在货币政策目标选择方面各有不同，主要分为三种：单目标论、双目标论和多目标论。在我国《中国人民银行法》中规定，我国货币政策的最终目标是“保持币值稳定，并以此促进经济增长”。就此而论，我国货币政策目标明确，即币值稳定为货币政策的单一目标。但是，进一步分析就会发现，在我国目前实行有管理的浮动汇率制度下，币值稳定包括价格稳定和汇率稳定，并没有区分二者的优先地位。我国央行在币值稳定和经济增长之间也存在权衡与竞争，这就可能导致，在经济遭受冲击时，货币政策会以牺牲价格稳定而追求汇率稳定或经济增长，不能起到货币政策的真正作用。事实上，在利率政策的具体操作过程中，我国央行目前还是沿袭传统的多重目标制，即制定和实施利率政策时

① 欧世建. 利率政策操作范式与我国目标模式取向研究［D］. 福州：福州大学，2009.

包括多重目标在内，主要包括：促进就业、确保经济增长、配合积极的财政政策扩大内需、确保外汇储备不减少、保持人民币汇率稳定等多个方面。这种目标设定在很大程度上制约了我国利率政策效果的发挥。为此，要想最大限度地发挥我国利率微调的实际效果，就不得不对利率微调的最终目标做出一个相对明确的界定。

一、利率微调目标的选择："超弹性通货膨胀目标制"

利率政策要以何种指标作为最终目标，在不同的社会制度、不同的经济环境下会有不同的答案。如前所述，目前流行于西方国家的两种利率政策操作规范中，泰勒规则是以物价稳定与经济增长为双目标，而通货膨胀定标规则所追求的是物价稳定单一目标，两种操作规范的使用都必须满足一定的前提条件。从我国当前的客观实际出发，我国经济仍处于转轨时期，这与西方国家的情形大不相同。其一，我国政府始终维持着对货币、金融市场较强的管制，作为货币政策主要手段的利率尚未实现市场化，利率水平的高低不能完全反映资金的需求，这会导致以物价稳定或经济增长为单一目标的利率政策传导渠道不畅，进而阻碍利率政策效果的发挥。此外，受到制度约束的干扰，微观经济主体行为在某种程度上存在着不稳定性，这就导致以通货膨胀为单一目标、依据过去经济数据建立的行为方程在实际操作过程中常常容易失效。其二，中国转型期的特殊经济背景决定了我国的利率调控政策必然包含有多重目标：不仅要实现价格稳定，还要兼顾汇率稳定、经济发展、充分就业等。我国当前实行的有管理的浮动汇率制在一定程度上又与固定汇率制相似，它决定了中央银行必须在适当的时候通过买卖外汇以使汇率维持在一定区间内。从这个角度上看，有管理的浮动汇率制影响着中央银行采用物价稳定和经济增长作为双重目标的可能性。

目前，在一些工业化国家中，央行普遍采用的是弹性通货膨胀目标制。在此框架下，货币政策制定者既要考虑通货膨胀偏离其目标值所带来的损失，也要同时考虑产出偏离目标值所引发的损失。① 然而，在我国，短期内既无法把物价稳定或经济增长作为利率政策的单一目标，也无法只考虑物价稳定和经济增长两个因素。基于此前对泰勒规则和通货膨胀定标规则所做的比较分析，结合我国目前的实际情况，故认为：适应我国国情的利率微调目标规则，应该是一种以通货膨胀率为首要目标，同时兼顾经济增长、就业率、汇率稳定等多种因素的“超弹性通货膨胀目标制”②。理论上说，多重目标之间往往会发生冲突，从而迫使中央银行不得不优先考虑某些最终目标。因此，货币政策要想同时实现多重目标是非常困难的。但在我国，从每年一度的中央经济工作会议文件和中央银行分行长会议报告中，不难看出，我国货币政策多重目标的压力主要来自于经济转型的现实背景。就此而言，在经济转型期，我国货币政策虽然要改变传统的多重目标制的做法，但也不得不将其他目标如促进就业、确保经济增长、保持人民币汇率稳定等因素考虑在内。③ 与此相适应，在“超弹性通货膨胀目标制”下，央行不但重视通货膨胀、产出的波动性，而且也要重视就业、汇率等的波动性，并在合理的期间内努力平滑利率的调整。

二、“超弹性通货膨胀目标制”的内涵

如前所述，基于我国当前的经济形势，利率微调操作应该选择一种更具灵活性的“超弹性通货膨胀目标制”，究其内涵，可以归纳为三点：

---

① 孙丽．弹性通货膨胀目标制下的汇率与货币政策规则［J］．华东师范大学学报，2007（3）：62—71.

② 这里的“超弹性通货膨胀目标制”是指在现有的弹性通货膨胀目标制的基础上综合考虑汇率、就业等因素。

③ 谢平．新世纪中国货币政策的挑战［J］．金融研究，2000（1）：44—45.

第一，以稳定价格作为其首要目标，既要反通货膨胀也要反通货紧缩。由于通货膨胀率上升时，未来经济形势会变得难以预测，因此，货币政策以通货膨胀目标制为操作规则，主要目的就在于降低通货膨胀率。而以稳定价格为首要目标的“超弹性通货膨胀目标制”，其主要任务就是要使长期价格水平基本保持不变，既要反通货膨胀也要反通货紧缩。由此可见，价格稳定与低通货膨胀率并不是一回事，价格稳定是在追求反通货膨胀的政策效应之外，还要综合考虑诸多因素。基于此种考虑，在明确我国利率微调的首要目标之后，接下来就是要合宜地制定我国物价稳定的目标区间。西方国家一般把不低于3%的通货膨胀率视为合理区间，而我国作为新兴经济转型国家，宏观经济环境相对于那些成熟市场经济国家更加复杂多变，因此，物价稳定的目标区间应该适当地放大。再者，考虑到我国当前的宏观经济调控能力，我国物价稳定的目标区间还应该保持相对的动态性。即能够跟随我国宏观经济调控能力的不断提高，相应地缩小区间范围，以此来增强我国利率微调政策的科学性和可靠性。

第二，在稳定价格的前提下，根据宏观经济形势的变动情况，适时保持利率微调的前瞻性和透明度。各国的经验均表明，利率政策作用存在着时滞性，这对采取通货膨胀目标制的国家要实现价格稳定的目标产生了挑战。尽管长期来说，通货膨胀主要受货币政策影响，但在短期内，通货膨胀还受到中央银行控制之外的各种冲击的影响。正是由于利率政策存在时滞性，因此，利率政策的制定和实施必须具有前瞻性，应基于对未来通货膨胀趋势的预判，及时采取措施。除此之外，在实施以物价稳定为首要目标的利率微调政策时，信息的透明度显得分外重要。事实上，在采取显性通货膨胀率为目标的国家，大多数都提供《通货膨胀报告》，作为公众准确预测货币政策变化态势的重要依据。[①]

① 钱小安. 货币政策规则 [M]. 北京：商务印书馆，2002：189—197.

第三，中央银行应在职责范围内，根据价格、产出、汇率、就业率等一篮子经济指标，灵活、独立地调整利率水平。这主要是指，在长期通货膨胀目标的约束下，中央银行在短期也可以灵活地应付其他一些目标，包括经济增长、汇率稳定和促进就业等。此外，中央银行还应适时考虑将资产价格也引入到“超弹性通货膨胀目标制”框架内。这是因为，在资本市场存在的条件下，货币政策中介目标所确定的货币供应量，会在实体经济和以资本市场为代表的虚拟经济之间产生分配和流动，货币政策不可避免地会对资产价格产生影响，而资产价格的剧烈波动又会反过来影响货币政策的有效性。因此，在制定利率微调政策时，中央银行要提高对资产价格波动信息的解读能力，前瞻性地考虑到其对资产价格的可能影响。① 如果资产价格出现异常波动时，中央银行也应适当地调节利率水平，以达到稳定金融市场的目的。但只要这种资产价格波动尚未对通货膨胀或通货紧缩产生压力，中央银行就不应对资产价格波动做出任何反应。因为，决策者很难判断资产价格波动是受基本经济因素变动的影响，还是由非基本经济因素所决定的。②

① 连平，徐光林. 资产价格应成为货币政策的重要参考因素［J］. 新金融，2009（10）：4—8.
② 余明. 资产价格、金融稳定与货币政策［M］. 北京：中国金融出版社，2003：117—118.

第七章

中国利率微调模式的调控基准

从市场起决定作用的内涵与利率微调的定义来看，利率微调只是宏观经济货币政策调控的一种新模式，因此，它的整体运行机制是从属于利率政策理论与实践的。就此而论，它必然需要具备符合其发挥作用的利率体系，特别是处于调控核心的基准利率。基准利率是中央银行利率微调的操作目标，能够体现中央银行的政策意图，即中央银行通过控制基准利率以引导市场走向，达到调控宏观经济的目的。

在利率市场化程度较高的国家，如美国和日本，对利率的干预和调整都是通过公开市场操作诱导隔夜利率向预定的目标利率水平变动，并进而通过利率联动机制，使银行存贷款利率等其他利率如影随形，相应变动。① 在这里，隔夜利率作为货币市场的基准利率很好地发挥了其“导向利率”的作用，成功地扮演了其他利率变动的参照角色。就我国而言，利率市场化改革尚未完成，存贷款利率作为货币政策工具还由中央银行直接操纵和决定，我国还不具备完全意义上的基准利率。随着我国利率市场化改革的不断深化，存贷款利率必然脱离法定利率的轨道而逐步走向市场化的利率生成机制中。为此，确立一个具有抗逆性、可控性和市场性的基准利率就显得极其重要与紧迫。

---

① 曾宪久．货币政策传导机制［M］．北京：中国金融出版社，2004：146．

第一节　基准利率及其选择标准

一、基准利率概述

实现了利率市场化的国家（主要是发达国家），基本上都具备了成熟的市场基准利率，为此，国际学术界对基准利率的研究较少，对其定义也没有一个准确的描述。但根据实践情况可知，发达国家的基准利率往往是一种货币市场利率，中央银行可以通过直接参与货币市场交易，即进行公开市场操作或通过贴现窗口、再贴现窗口等较有效地影响货币市场资金的供求，调节货币市场基准利率，进而影响金融市场的其他利率水平与经济运行的轨迹。如美国的联邦基金利率（一种同业隔夜拆借利率）和英国的国债回购利率都属于市场基准利率。[①] 对于未启动利率市场化即还在实行利率管制的国家，各种法定利率就是名义上的基准利率，央行大都通过直接控制法定利率去影响和调节金融市场以及经济系统。如利率市场化启动之前的中国，长期以来都是以中央银行直接制定和管理的各种存贷款利率作为基准利率。主要包括再贷款利率、再贴现利率、存款准备金利率、超额存款准备金利率和金融机构法定存贷款利率等。而对于已经启动利率市场化但还未完成的国家，基准利率总体表现为央行基准利率、市场基准利率、法定基准利率、政策基准利率等多种名称互用或并存的混

① 杜金岷，郭红兵．基准利率和基准收益率曲线的内涵及关系探讨［J］．上海金融，2008（2）：43—47.

乱局面。如1996年中国启动利率市场化进程之后，为了区分利率形成机制的不同，国内学者们大多将央行直接控制的利率即法定利率表述为央行基准利率；而将市场形成的利率，特别是2007年开始正式运行的Shibor界定为市场基准利率。但从利率调控和传导的有效性来看，这种央行基准利率与市场基准利率并存的双轨局面并非长久之计，伴随着利率市场化的不断深入，两种基准利率最终必将合二为一，市场基准利率逐渐会成为利率体系的核心。

关于基准利率的定义，国内文献资料中提及较多。如李社环（2001）、温彬（2004）提出，基准利率是在整个利率体系中起主导作用的利率，即在整个金融市场上和利率体系中处于关键地位、起决定性作用的利率，它应是整个利率体系中的一种典型而具体的利率，又应该是其他利率决定的参照体。陈时兴（2001）、戴国强和梁国涛（2006）将基准利率直接对应到金融市场基准利率，并对其下了定义，提出它是以金融市场供求为基础形成的基准性的利率，是多种利率并存条件下起决定作用的利率，是各种金融产品定价的基础依据，是人们公认的，并普遍接受的具有重要参考价值的利率。杜金岷和郭红兵（2008）将基准利率的内涵总结为传导性、可控性、基础性和市场性等四个方面。李良松和柳永明（2009）提出，基准利率不仅在一国利率体系中处于核心地位，而且也是金融市场的主导变量，对市场经济的发展和完善具有举足轻重的作用；更为重要的是，基准利率必须是中央银行的操作目标，要能够体现中央银行的政策意图。由此可见，现有文献对基准利率所下的定义虽有一些小的不同，但本质上并无较大差异。

综合各种文献所述，基准利率的定义可以表述为：基准利率是利率体系中处于关键地位起决定性作用的利率，是金融市场上具有普遍参照作用的利率，其他利率水平或金融资产价格均可根据这一基准利率水平来确定。作为货币政策的指示器，基准利率不仅要简明而准确地反映中央银行的政策意图，还要不受外部因素的干扰直接将中央银行的政策意图及时地传达给经济社会。作为一种“导向利率”和“基础利率”，基准利率的作用应该是“牵一发而动全身”。它代表国家政府对经济运行的估计和期望的调整，是其他利率变动的一个真实可靠的参照系。一方面，基准利率的变动会直接影响到商业银行等金融机构的筹资成本、筹资态度和筹资方式，从而引起其他利率水平和金融资产价格的变动，最终影响到企业和个人的经济活动；另一方面，基准利率的变动还会间接地引起社会预期的变化，从而影响全社会经济活动的长期水平。

基于此，基准利率的基本属性也得以显现：一是市场性。考虑到本书所探讨的基准利率系以市场起决定性作用为背景，为此，市场基准利率才是分析的核心。既然如此，市场性必然是其特性之一，即基准利率以市场供求为基础，能准确反映资金市场的供求情况。央行对其的调控，也必须借由货币政策工具间接进行。二是基准性。基准性系指基准利率不仅是金融市场上其他利率调整和变动的依据，而且在整个金融体系中具有很大的参照性，能有效地影响金融机构、企业和个人的预期和行为。三是传导性。传导性指央行对基准利率的调整意图能有效地传递到金融市场，并引起金融市场上其他利率的变动，即在定义中所提及的“导向利率”和“牵一发而动全身”的作用。央行对基准利率的操作，可借由利率传导机制，最终作用于经济体系。

二、基准利率的选择标准

不论是发达国家还是发展中国家，都会通过直接或间接影响基准利率来调节、监管和完善整个利率体系。虽说不同的国家在基准利率的选择上会存在差异，但遵循的标准大抵相同，主要依据于基准利率的定义与基本属性。据此，可以总结出基准利率选择过程中大抵遵循的几个比较通用且重要的标准。

（一）大规模的市场交易量与数量众多的交易主体

基准利率的基准性主要来源于其较大的影响力，且能成为市场参与主体的重要参照标准。一个前提条件就是，它必须是金融市场上有大规模交易量的利率。交易量可以反映市场资金的变化情况与流动性的大小，大规模的交易量更是市场资金走向的重要标志。理性的市场参与者会高度关注具有大规模交易量的利率，并参照该利率的变化进行相应的行为调整。这样一来，货币当局的政策意图就可以通过对此利率的操作与调控来达到。相反，交易量极小的利率变化，很难引起市场参与者的关注和依赖，当然就难以扮演参照标准的角色，更没法充当货币当局通过政策工具间接调控的基准利率。

此外，在成熟的金融市场中，能够反映市场资金大规模交易价格的利率，必然是由该市场的内在定价机制形成的。这就决定了，此种利率的形成必须依赖于数量较多、类型较广的市场交易主体，且交易要是活跃的。唯有如此，才能保证该利率的稳定性和抗干扰性都较强，不容易受到外界因素的突发性影响。否则，如果利率的形成并非由金融市场的内在因素所决定，即该利率的变动不仅受资金变动的影响，还受其他经济或实体因素的影响，市场参与主体就难以对此做出准确的判断。这必然与货币当局的意图相去甚远。这就可以解释，为什么在已经完成利率市场化的国家，其央行都很重视微调基准利率，并对市场主体产生可置信的承诺或者宣告效应，而不会让其无所适从。

（二）政策意图能有效传导其他经济变量与相关利率

在央行宏观经济调控体系中，基准利率既是操作目标，也是中介目标。作为中介目标，基准利率的传导路径是否通畅，主要取决于市场利率之间是否具有很强的相关性。在利率市场化的条件下，这个问题通常已经解决。例如，美联储微调联邦基金利率，就能使整个利率体系发生相应的变化，达到调控经济的目的。

此外，基准利率还应该与 CPI、GDP 等经济变量具有较高相关性。这样央行才能够通过对基准利率微调，将货币政策意图传导给金融市场的其他利率，从而影响金融机构、企业和个人的微观经济行为，最终影响整个宏观经济运行。在利率市场化的国家，基准利率与其他经济主体的相关性通常经过了实践的检验。对从利率管制到利率市场化过渡的国家，基准利率要充当好货币当局货币政策与整个经济体之间的桥梁，就必须全面考察它能否以有效的传导方式来影响其他货币市场利率，以及其他长期利率水平的变动，并以此来引导宏微观经济主体的行为。

(三) 可控性较强，能由货币当局操作或影响

基准利率作为货币当局的操作目标，实现政策意图是其重要属性之一。当然，要实现政策意图不仅要靠利率的相关性及交易量，也要拥有较强的可控性，即能由货币当局操作或影响。在利率管制的国家，这种操作或影响就表现为对法定基准利率的直接控制；在实现利率市场化的国家，这种操作或影响就表现为不直接调整基准利率，而是通过不同的货币政策工具来进行间接调控。如此一来，基准利率就必须相对稳定、容易控制，是无风险或者风险性最小的利率，其他市场利率可按照风险和收益对称原则，在基准利率的基础上根据其自身的风险状况加上一定的风险溢价。如英国的短期国债回购利率和美国的联邦基金利率，都具备交易风险性小、期限短的特点。唯有如此，基准利率才能具有很强的宣示和导向作用，方便中央银行通过基准利率来实现宏观调控。一方面，中央银行能够迅速获取这些指标的准确数据，并对这些指标进行观察、分析和监测；另一方面，中央银行能够依据指标数据与基准利率之间的内在联系，做出准确判断，并在此基础上可以对其进行反向调整或微调，增加政策的效力及效率。

（四）具有丰富的期限品种与合理的期限结构

金融市场产品多种多样，且在同一个市场上众多产品的交易期限也不相同。基准利率要保证货币当局政策意图能够被准确传达，进而促进经济正常运行而不致被扭曲或偏离，在金融市场产品多样性的环境下，就需要基准利率具有丰富的期限品种。这样的情况下，基准利率的交易市场才能成为金融机构特别是商业银行调剂资金余缺的主要场所，而交易者进行投资选择时才会参考其期限交易结构所反映出来的各种信息进行综合评定。

当然，基准利率要发挥效用，不仅需要丰富的期限品种，而且需要拥有较合理的期限结构。利率期限结构反映了不同期限的资金供求关系，揭示了市场利率的总体水平和变化方向。在利率市场化条件下，任何风险特征的资金交易活动均以利率期限结构为参照基准。一方面，利率期限结构可在研究货币政策及对宏观经济信息进行分析的过程中提供重要信息，中央银行可以依据这些信息主动制定和实施货币政策，实现对经济的有效调控；另一方面，金融市场上交易工具的期限结构有助于有效判断市场的未来发展方向，良好的期限结构可以使金融市场参与者做出更好的投融资判断。

第二节　中国基准利率的比较分析

如前所述，不论是发达国家还是发展中国家，基准利率的选择标准都是有一定规律可循的，即便如此，在实际操作中，各国的情况仍然互不相同。如：在利率市场化的条件下，有很多国家选择同业拆借利率为基准利率。如英国央行采用的伦敦同业拆借利率（London InterBank Offered Rate，简称 Libor）、美联储采用的联邦资金利率、日本采用的银行间市场利率都属于同业拆借利率作为基准利率的情况。还有一些国家如法国、德国和西班牙等国则选择国债回购利率作为基准利率。

我国利率体系极其庞大，仅法定利率体系就包括法定准备金利率、再贴现利率、再贷款利率、存款利率、贷款利率等。而作为市场基准利率可供选择的就有银行存贷款利率、同业拆借利率、再贴现率、国债利率、债券回购利率，等等。但由于我国利率市场化还没完成，目前还存在由央行直接控制金融机构存贷款利率的情况，还没有哪一种利率能够稳定地发挥基准利率的作用。借鉴基准利率选择的国际做法，我国在市场起决定作用的背景下，要想使利率微调的效果更好地体现，基准利率的选择就成为至关重要的问题。

依据基准利率的定义、属性，对我国利率体系中各种利率是否可以作为基准利率进行初步判断。首先，仅就市场性而言，一直以来，金融机构存贷款利率都处于我国央行的直接管制之中，虽然，目前存贷款利率正在趋于市场化，浮动区间也越来越大，但其非市场化的属性依然没有得到根本转变，因此，金融机构存贷款利率并不适合充当市场起决定作用下央行微调的基准利率。其次，就基准性而言，虽然，目前从表面上来看，不仅中央银行关心金融机构存贷款利率，而且其他金融工具的利率如国债利率也往往参照它来确定。但随着利率市场化的深化，市场的作用愈发显现出来，金融机构存贷款利率的随机性不可避免，这样就缺失了作为基准利率的基准性这一重要属性。最后，就传导性而言，金融机构存贷款利率也只是单向地反映了金融机构与企业、个人之间的互动关系，而中央银行与金融机构以及金融机构之间的各种关系却没有得以表现，因此，进一步表明，金融机构存贷款利率最终将脱离基准利率这一轨道的必然趋势。

鉴于上述分析，市场起决定性作用下基准利率的选择只能在市场化、基准性和传导性程度都比较高的再贴现率、国债利率和债券回购利率、同业拆借市场利率中进行。接下来，即从基准利率的选择的标准视角看，对有可能充当基准利率的三种利率进行深度比较分析，进而做出基准利率选择的最终判断。具体分析如下。

一、再贴现率存有缺陷

再贴现率指商业银行资金头寸不足时，将其贴现的未到期票据向中央银行申请再贴现时的预扣利率。再贴现率意味着商业银行从中央银行获得贷款的成本，因此，中央银行通过变动再贴现率，就能影响商业银行向中央银行申请再贴现贷款的数量。理论上说，再贴现率的特性明显，作为利率政策调控的基准利率有一定的优势：其一，再贴现率变动的传导性。再贴现率的变动影响商业银行从中央银行获得贷款的成本，从而影响其超额准备金的数量和贷款规模，进而影响金融市场流动性与经济运行水平。当再贴现率提高时，商业银行的再贴现贷款成本上升，将减少再贴现贷款，其超额准备金相应减少，如果准备金不足，商业银行只能收缩对客户的贷款和投资规模，社会的货币供给量将会减少。随着市场货币量的减少，市场利率就会上升，社会对货币的需求也相应减少。反之，则产生相反的传导过程。其二，再贴现率变动的示范性。作为利率体系中的基础利率，再贴现率的变动可以产生货币政策变动方向和力度的告示作用。再贴现率上升意味着中央银行的货币政策是紧缩的；反之，说明中央银行实行的是较为宽松的货币政策。① 这种告示作用，一方面可以影响商业银行对未来中央银行货币政策的周期性判断，进而引导其阶段性的资金投向；另一

① 陈学彬. 金融学［M］. 北京：高等教育出版社，2003：443.

方面可以引导公众对中央银行政策的心理预期，改变他们的消费及投资决策。然则，实践过程发现，再贴现率作为市场起决定作用下我国利率微调的基准利率还是存在较大缺陷的。

（一）中央银行对再贴现率产生的直接效果难以控制

虽然中央银行变动再贴现率可以调节货币供给量和信贷结构，并可以在一定程度上反映中央银行的政策意图。但是，中央银行通过变动再贴现率所能发放的再贴现贷款数量并不是中央银行可以控制的。因为借款的主动权掌握在商业银行手中，如果商业银行的准备金较多，或者其认为经济不景气，没有好的贷款机会时，即使再贴现率较低，也不愿意增加贴现贷款。此外，再贴现率经常变动会导致公众对中央银行政策的不信任，如果中央银行把再贴现利率定在某个固定水平上，市场利率和贴现率之间的利差会使贴现贷款的规模随着市场的波动产生较大的变动，进而引起货币供给量的大幅波动，而这种波动并不反映中央银行的政策意图。①

（二）再贴现率的交易主体单一，市场反应较慢

只有在中央银行开立了账户的商业银行等金融机构才能成为再贴现业务的对象。由于再贴现利率目前仍是法定利率，与市场利率随资金供求变化而变化的规律不同，其交易规模的大小、条件的松严、成本的高低都主要取决于央行货币政策，② 因此，市场对再贴现率的变化并不敏感。此外，再贴现率体系不完整，结构单一、缺乏弹性。③ 中央银行提供的再贴现贷款一般为短期贷款，时间控制在 3—6 个月左右，最长也不超过 1 年。这就导致再贴现利率体系不

---

① 陈学彬．金融学［M］．北京：高等教育出版社，2003：444.

② 温彬．我国利率市场化后基准利率选择的实证研究［J］．国际金融研究，2004（11）：55—56.

③ 王佑元．对我国再贴现利率生成机制及其政策信号与导向作用的研究［J］．金融理论与实践，2012（2）：45—50.

完整，从而限制了再贴现率调控基础货币功能的发挥。

由此可见，再贴现率的交易规模和交易主体数量都不够充足，与其他利率、货币供应量和国民经济的相关性都不够明显，体系不够完整、结构还太单一，因此，无法扮演好市场起决定性作用下的基准利率角色。特别是在微调流动性方面，再贴现率的市场反应慢、缺乏弹性的缺陷限制了它成为基准利率的可能性。

二、国债利率尚不成熟

国债利率在我国金融市场利率体系中占有极其重要的地位，它是国债发行到期所支付的成本，主要受金融市场利率水平、银行储蓄利率、政府信誉与社会资金供给状况的影响。国债的发行主体是国家，代表着国家或政府的信誉，没有发行主体的风险。因此，国债利益从某种意义上说，就是一种无风险的利率。国债利率的无风险性，使得其他金融产品可以在此基础上进行风险定价，较好地体现了基准利率的基准特性。但是，从充当基准利率的其他特性来考察，国债利率还受到较多的制约，主要反映在国债发行规模较小、期限品种结构单一、国债市场分割等方面。

（一）国债发行规模较小，难以满足基准利率对交易数量的要求

国债的发行主体是国家，发行方式采用的是国际通行的收益率投票方式。近年来，我国国债发行规模逐渐增长，但与发达国家相比，国债发行规模还是明显偏少，特别短期国债发行量过少。根据国际经验，短期国债发行规模与中央银行公开市场操作有较大的相关性。然则，我国现行国债发行规模不够大，不足以满足公开市场操作的需求，限制了国债对资金状况做出灵敏反应，削弱了其货币政策传导作用的力度，不利于引导其他市场利率的变动，无法有效充当基准利率。

（二）期限品种结构单一，难以满足基准利率对期限结构的要求

根据国债偿还期限，国债可分为长期国债、中期国债和短期国债，其中，偿还期限10年以上的为长期国债，偿还期限1年以下的为短期国债，两者之间的为中期国债。理论上说，国债的期限品种与国债的市场化程度有较为直接的关系。其中，中长期国债较安全，但由于承受利率风险压力大和流通性差而不利于充当中央银行公开市场业务操作工具。短期国债具有期限短、流动性强、面额灵活、易于销售等特点而适合充当公开市场业务操作工具。[①] 目前我国国债期限品种以中期为主，长、短期的品种极少，结构单一，从而导致国债收益率曲线不能正确地反映市场供求关系的真实信号，国债的期限结构及其发行的稳定性受到抑制。

（三）国债市场人为分割，难以满足基准利率对市场属性的要求

我国国债交易市场被人为分割为银行间债券市场和交易所债券市场，目前，两个市场之间债券不能自由转移、资金不能自由流动、投资者不能自由跨市场交易，降低了国债市场流动性。一方面，由于市场相对分割，无论是银行间国债还是交易所国债规模都受到了限制，降低了市场投资者的集中度，不利于公开市场操作的政策效应；另一方面，两个市场资金的非自由流动，使国债收益率难以反映资金真实供求状况，不利于形成统一的资金价格，容易偏离金融市场的利率水平。

基于以上分析，近年来，我国央行多次提到要进一步扩大国债发行规模，以及完善国债收益率曲线。但目前国债还存在发行规模较小、国债品种缺乏且国债市场人为分割等问题，这些缺陷都客观表现为国债的规律性、稳

① 覃宇环. 制约国债收益率发挥市场基准利率作用的障碍分析及对策［J］. 区域金融研究，2008（10）：10—12.

定性、市场性等较差，以至于在市场经济的环境下，国债难以借助于公开市场操作而间接地发挥出宏观调控的作用，导致其难以承担金融市场基准利率的角色。

三、债券回购利率仍受限制

债券回购利率有银行间债券回购利率和交易所债券回购利率之分，此处主要分析银行间债券回购利率。银行间债券回购利率是指在银行间互相持有债券的基础上，当银行进行回购交易时就会有回购利率。银行间债券回购市场是中央银行货币政策调控发挥作用，进行公开市场操作业务的主战场。在发达国家，就有以债券回购利率作为基础利率的例子。如英国，其基准利率就是短期国债回购利率。因为，在成熟的市场化国家，短期国债回购利率最能反映短期资金市场的供求变动情况，并且对金融机构的各种利率也有较强的影响力。按市场规律，债券回购利率会从三个方面影响金融市场，从而有效地发挥基准利率的作用。一是债券回购利率可影响短期市场利率。在债券市场回购交易量巨大的情况下，债券回购利率可以代表短期市场利率，进而作为人们各类投资决策的参照基础。二是债券回购利率可影响市场资金的充裕程度。当央行进行正回购操作时，央行作为资金的借入方出现，从而使银行的超额准备金减少，减少市场上的流动性；而当央行作为资金融出方进行逆回购操作时，特别是连续进行逆回购操作时，结果会使得市场资金充裕。三是债券回购利率可影响投资者的心理预期。债券市场交易，特别是央行公开市场正、逆回购操作可向外传导有力的信息，其示范作用自然会对市场心理预期产生影响力，进而引发企业或个人对利率和市场的判断。从我国现状来看，银行间债券回购利率还有一定的缺陷，以至于其并不适合作为基准利率。

（一）债券回购利率的市场波动性还较大，风险估值水平还有待提高

虽然债券回购交易是以信用等级较高的国债等资产作为质押进行融资交易的，但是由于债券回购市场实行的是备案制，市场主体结构复杂，信用等级存在着很大的差异。在债券下跌的时候信用级别不高的证券公司和小银行如果大量使用股票进行抵押借款，交易中就会存在着很大的风险。① 从目前情况来看，影响债券回购利率的因素还很多，除了上述的债券信用等级，还有市场供求状况、市场利率的预期变化等，这些因素的变化也会对债券回购交易数据的波动产生较大的影响，使得债券回购利率对未来市场利率走势的预期缺乏准确评估，进而导致债券回购利率的风险测定缺乏准确性和实用性。这与作为基准利率所要求的基准性、可测性等都相去甚远。

（二）市场规模小、期限品种单一，债券回购利率的传导性和市场性不足

自 1997 年 6 月银行间债券市场正式启动以来，债券现券交易有较大发展。特别是商业银行、证券公司和保险公司进入该市场之后，债券交易数量显著增加。但我国国债规模小且交易主体的类型还不够丰富，各交易主体在市场的交易资金有限，且因债券回购市场分为银行间债券回购市场和交易所债券回购市场，两个市场的分割导致债券回购利率在市场上的传导性减弱。此外，与国债利率相似，我国债券回购利率也存在期限品种不够丰富的缺陷。虽然我国现有债券回购利率期限结构达到 11 个，但主要以隔夜和 7 天为主。市场规模小、主体单一性及期限品种有缺陷引起市场缺乏充分竞争性，其市场反应的资金供求状况是扭曲的，债券回购利率难以充分反映货币市场上资金供求状况，无法有效体现基准利率的市场属性。

---

① 徐聪聪．Shibor 作为我国基准利率市场运行的可能性研究［D］．成都：西南财经大学，2011．

四、同业拆借市场利率表现优良

同业拆借市场利率作为金融机构之间资金借贷的价格，是由金融机构之间的交易行为形成的。它代表了金融市场主体取得批发性资金的成本，由拆借双方根据资金供求状况决定，体现了利率由市场决定的本质特征。它充分表达了人们对经济发展和通货膨胀预期等社会各方面的经济信息，有效地反映了经济金融运行、资金供求、银根松紧情况。其利率导向作用极强，是国民经济和金融市场运行状况的显示器或晴雨表。在西方主要发达国家，银行间同业拆借市场利率，一直被认为是金融机构资金充足与否的主要标杆，也是中央银行利率政策调控的基准利率与导向利率。全球最著名的基准利率有 Libor 和美国联邦基准利率（美国联邦基金市场上的银行间隔夜拆借利率），这两国的存贷款利率均是根据此利率自行确定的。

2007 年 1 月 4 日，Shibor 开始正式运行，这是我国利率市场化改革的一个重要突破，它标志着我国央行将逐步改变以往直接调控存贷款利率的做法，取而代之的是将调控重点转移到作为市场利率的“导向利率”上来。与利率体系中的其他利率相比，Shibor 作为金融市场基准利率的优良特性具体表现为：

第一，Shibor 的形成具有较强的市场特性。Shibor 是以拆借利率为基础，根据参与报价团的 16 家银行对各期限资金拆借品种的报价所形成的基准利率，在形成机制上更接近于西方国家基准利率的市场形成方式。目前，Shibor 对外公布的品种主要包括隔夜、1 周、2 周、1 个月、3 个月、6 个月、9 个月以及 1 年。也就是说，从 Shibor 的构成来看，它是由中国货币市场上人民币交易相对活跃、信息纰漏比较充分的银行间拆借利率构成的，而这种拆借利率的形成机制又基本是由资金供求双方在市场上通过竞争来决定，这也就保证了 Shibor 形成机制的市场性，能够准确地反映市场上资金供求态势。

第二，Shibor 具有易于央行控制的特性。由于央行是整个金融体系储备资产唯一的最终提供者，央行无论是通过国外净资产还是国内信贷中的哪一条渠道向金融体系提供储备资产，都将会影响金融体系的超额准备金和银行同业拆借利率，因此，在这个市场上央行具有很强的控制力。[①] 央行在同业拆借市场上具有较强的影响力，换句话说，同业拆借利率对于央行来说更易于控制，这种情况在我国的表现更为突出。在我国，由于传统的信贷管理体制，商业银行对于中央银行的依存度很高，商业银行除了吸收存款作为其主要的资金来源，另一主要来源就是从中央银行获得再贷款。因此，央行可以通过发行央行票据或实施回购等货币工具，来收紧或放松银根，就会直接影响到商业银行，包括 16 家 Shibor 报价团银行的资金余缺，而这些银行又会根据自己的资金状况报出各自的拆出利率，最终间接影响 Shibor。

第三，Shibor 具有较好的传导特征。由于我国货币市场过去长期缺乏基准利率、市场品种单一等问题，货币市场各产品间的定价关系较为混乱。自 2006 年 10 月 8 日创建 Shibor 以来，通过多年来的运行，随着 Shibor 的逐渐推广以及数据的积累，其与货币市场各产品利率之间的比较关系愈加明显和合理。[②] Shibor 在金融市场产品交易定价中发挥重要作用，2007 年中国外汇交易中心发布了《关于开展以 Shibor 为基准的票据业务、利率互换报价的通知》，指出在“货币市场基准利率网”上开发了以 Shibor 为基准的票据转贴现、票据回购和利率互换报价信息发布界面。此后，以 Shibor 为基准的利率互换逐步增长。2014 年央行发布《同业存单管理暂行办法》，提出固定利率存单参考同期限上海银行间同业拆借利率定价，浮动利率存单以上海银行间同业拆借利

① 杨晓胜. 基于 Shibor 完善我国基准利率的研究 [J]. 福建金融管理干部学院学报，2007 (3)：13.

② 郭建伟. Shibor 与利率市场化 [J]. 中国货币市场，2007 (7)：9—10.

率为浮动利率基准计息。这从一定程度上表明，Shibor在货币市场上的影响能力，随着Shibor的不断成熟与完善，其必将显现出与货币供应量、居民消费指数乃至储蓄率和固定资产投资等重要国民经济变量间较强的相关性。这样，Shibor变化将导致货币市场利率、商业银行存款利率、资本市场利率以及证券收益率的变化，而这些利率的变化将引起收入的再分配、影响到工商企业的成本、利润和投资者的收益，进而影响他们的经济行为，使其向着有利于货币政策目标实现的方向发展。①

事实上，从Shibor的运行情况来看，它也逐渐浮现出一定的基准利率特征，如：Shibor具有比较合理的市场主体结构，市场交易主体数量较多、类型较广、交易活跃；Shibor具有比较良好的利率期限结构；Shibor与其他市场化利率之间具有较高的相关性；Shibor相对货币供给量有一定的敏感性②等。

第三节　继续推进中国基准利率的建设

在利率市场化国家，基准利率在利率体系中处在关键性和主导性的地位，能够真实地反映资金的成本和供求状况，而且它的变动必然会引起其他利率的相应变动，是制定其他金融产品价格的参照标准。根据此前我国基准利率选择的相关论述，Shibor作为市场起决定作用下我国利率微调的基准利率较为适合。特别是2014年8月1日开始，Shibor的发布时间提前了两个小时：由上

① 张晶. 利率平滑调控理论及其在我国的应用探研［D］. 福州：福州大学，2008.

② 王海洋，杨晓光. Shibor运行半年来的分析和评述［N］. 科学时报，2007－06－27.

午 11 时 30 分调整为上午 9 时 30 分。从 Shibor 调整报价时间首日情况看，9 时 30 分后，隔夜拆借利率、7 天期回购加权利率逐渐向同期限 Shibor 利率靠拢，表明 Shibor 对货币市场短期利率的引导作用正在逐步显现。当然，Shibor 要真正成为我国货币市场的基准利率，目前还存在着一定的缺陷性。主要反映在：其一，Shibor 的报价行数量相对较少，目前只有 16 家，这可能会使 Shibor 在反映资金供求价格上存在失真问题，所以应该增加 Shibor 报价行的数量，扩大报价行的范围，让更多的金融机构和非金融机构成为报价行的成员；其二，由于我国金融市场发育程度还不高，市场信用制度尚不完善，Shibor 的报价行还普遍存在信用级别差异，信用差异溢价还在一定范围内存在；其三，Shibor 报价行的定价机制尚不健全，一方面是中长期 Shibor 报价依据和结构不充分，透明度和真实性不高，报价的准确性和合理性还有待提高；另一方面是银行对于整个资金市场资金供求把握未完全到位，自主进行资金定价能力仍需提高，以 Shibor 为基准将风险溢价量化还欠缺市场基础。其四，虽然我国对金融机构存贷款利率的管制已经全部放开，但由于放开时间较短，利率双轨制的后遗症在一定时期内还会明显存在，这使得货币政策的利率传导路径在短期内很难改变，Shibor 的形成机制与金融机构的产品定价机制脱节，二者之间的关联度不高，等等。为此，在市场起决定性作用的条件下，提高 Shibor 在利率微调中的基准性，还有较长一段路要走。具体分析如下：①

第一，增强 Shibor 在货币市场中的影响能力。在 Shibor 正式运行之后，各家商业银行分别推出了多种以其为基准的金融产品，例如，2007 年 1 月 18 日，兴业银行与花旗银行完成了国内第一笔利率互换交易，这笔利率互换交易

① 刘义圣，王春丽．中国宏观经济利率微调的操作模式探绎［M］．长春：长春出版社，2012：188—189.

期限为一年，以 3 个月期 Shibor 为基准利率；2007 年 2 月 2 日，兴业银行与太平洋人寿资产管理有限公司在银行间市场达成了首笔以 Shibor 为基准的“人民币远期利率协议”。这是央行推行 Shibor 后取得的可喜成绩，表明 Shibor 在货币市场上已经具备了一定的影响能力。但是，货币市场上以其他利率为基准的金融产品还占有很大的比重，例如，以 1 年期法定存款利率为基准的浮息产品以及七天回购等，Shibor 在货币市场中的影响能力还有待进一步加强。因此，央行应该为商业银行提供必要的经济及制度环境，增加以 Shibor 为定价基准的利率衍生产品的数量，如利率掉期、远期利率协议等，都可以采用 Shibor 为定价基准开展交易。而且，Shibor 对金融产品创新、衍生产品发展有着非常重要的作用，我国的商业银行在今后的产品研制中可以借鉴国际成功经验，向以 Shibor 为定价基准的方向靠拢。

第二，优化 Shibor 交易期限的分布。以前，我国货币市场的交易主要集中在期限较短的品种上，以同业拆借为例，2006 年有 89.5%的交易为 1 天和 7 天两个品种，而回购交易也有 87.5%为 7 天以内。以 Shibor 正式开始运行后的情况来看，交易集中于短期的状况并没有改观，仅就 2015 年上半年银行间市场交易而言，拆借交易量快速增长，银行间市场债券回购累计成交 175.1 万亿元，同业拆借累计成交 24.5 万亿元。从期限结构来看，市场交易仍主要集中于隔夜品种，回购和拆借隔夜品种的成交量分别占各自总量的 81.4%和 79.4%。① 3 个月以上的 Shibor 并不被市场认同，仅仅有报价而鲜有交易量，即“有市无量”。Shibor 交易过多地集中在短期，对其发展是极其不利的，远期交易的“名存实亡”不仅会降低 Shibor 远期报价的合理性，而且也会导致

① 中国人民银行. 2015 年上半年金融市场总体运行平稳［EB/OL］.（2015－08－10）. http：//www. pbc. gov. cn.

Shibor 在货币市场中整体参照性的降低。因此，Shibor 的努力方向应该是不断增加远期交易的数量，优化其交易的期限分布，促使其短期和远期的分布更均衡、更合理。

第三，扩大 Shibor 的市场交易规模。在我国的货币市场上，与债券回购相比，银行间的同业信用拆借处于一种弱势地位。从 2006 年的数据来看，银行间市场回购交易量 27 万亿元，拆借交易量 2.14 万亿元，后者仅仅占前者的 7.93%。银行间拆借规模可以直接决定其在货币市场中的地位，若可达成的交易规模过小，意义也会十分有限。2007 年央行推出 Shibor 之后，拆借市场的规模在逐步扩大，2007 年，债券回购成交 44.79 万亿元，银行间市场同业拆借成交 10.65 万亿元，后者占前者的比重已经超过了两成。但是，从近年来的发展情况看，银行间市场同业拆借规模还不稳定。2014 年全年，债券回购成交 224.4 万亿元，银行间市场同业拆借成交 37.7 万亿元，后者占前者的比重仅为 16.8%。这样的规模还不足以为 Shibor 发挥作用提供必要的基础，央行可以考虑从增加利率长期交易品种的角度出发，进一步扩大 Shibor 的交易规模，从而保证基准利率的作用得以发挥。①

第四，提高 Shibor 报价的真实性和质量。自 2007 年信息公布以来，Shibor 成交价与报价之间就存在背离，且期限越长，差距就越明显。其中，隔夜 Shibor 与银行间隔夜拆借、回购的实际成交价之间的利差基本在 1 个基点以内，80%的 1 周 Shibor 与 1 周拆借、回购利率的利差在 5 个和 2 个基点以内，但长端 Shibor 同实际成交价之间的差距逐渐扩大。② Shibor 报价与成交价间的差别反映出一些非市场因素仍然影响着交易价格，这其中既有风险溢价的

---

① 王树同. Shibor 与利率市场化：前景展望 [J]. 中国货币市场，2007（7）：28—29.

② 王静文. 如何完善 Shibor 体系 [EB/OL]. （2012 - 10 - 26）. http：//m. hexun. com/bank/2012 -10 - 26/147245912. html.

原因，也包含着利益安排、利益调整的因素。但是，从长远的角度看，Shibor的交易价应该更单纯，不应该再包含利益输送、利益转移等非市场的复杂因素，这就需要商业银行从增强其内部管理、授信、分行授权等方面着手进行调整和改革。只有报价和交易价之间的差异消除了，才能有效提高 Shibor 的报价质量、可信度和权威性。①

① 易纲．2008 年 Shibor 工作会议上的讲话［EB/OL］．(2008－01－18)．http：//www.pbc.org.

第八章

中国利率微调模式的操作工具

传统利率政策调控工具指中央银行根据经济情况加以调整的，并通过直接影响金融市场的流动性以引导市场基准利率达到央行预设目标的操作工具。由于利率微调自身的特性，决定了它对政策工具的要求更加具体，最好同时满足灵活、可控、高效、市场等相关特性。长期以来，不论是国际还是国内，在对利率微调进行相关操作时，主要采用的还是公开市场业务。例如，美联储在实施利率微调政策时，虽然以联邦基金利率作为操作目标，但非常注重各种政策工具的搭配使用。联邦基金利率是美国银行利率体系的核心，起到引导和调节社会利率水平的作用。与此相配合，三大传统的货币政策工具：法定存款准备金率、再贴现政策和公开市场业务在美国也得到了较为充分的运用，其中，公开市场业务更是由于其市场性、灵活性及可控性等特点，运用更为频繁。美联储基本上是通过公开市场操作来影响联邦基金利率，进而影响长期利率趋势来调控投资和消费，最终实现物价稳定与经济增长的货币政策目标。近年来，虽然传统的货币政策工具还在发挥着作用，但鉴于利率微调整体构架正在转型（由传统的“平滑调控”模式向“利率走廊”模式转型），因此，各国中央银行纷纷推出了新型利率调控工具。比如，我国近期连续推出了 SLO，SLF 和抵押补充贷款（Pledged Supplementary Lending，简称 PSL）等新型利率调控工具。这些调控工具在内涵与特质上，都具备了利率微调的属性，因此，可以作为我国利率微调的创新工具。

第一节　中国利率微调的传统工具：公开市场业务

一、公开市场业务概述

（一）公开市场业务的内涵

公开市场业务是指中央银行在金融市场上买进或卖出有价证券，以改变商业银行等金融机构的准备金数量，影响金融市场的货币供应量，进而引导利率向货币政策目标水平变动的一种政策手段。即：买卖有价证券→银行准备金→同业拆借利率。在金融市场发达国家，公开市场业务是最重要，也是最常用的一种货币政策工具。中央银行可以根据市场的情况，适时、适度买进或者卖出有价证券来调节金融市场上的资金供求，进而影响利率水平和结构：当央行认为货币供应量偏少、市场利率较高的时候，央行会通过公开市场业务在公开市场上买进有价证券，增加基础货币的投放，并推动市场利率的回落；反之，降低货币供应量，并升高利率。此外，中央银行在公开市场上买卖不同的有价证券，可以直接改变市场上不同证券的供求状况，从而使利率结构发生变化。正是由于公开市场业务对利率具有较好的引导作用，因此它特别适合作为利率调控的政策工具。

公开市场业务有两种操作手段：国债与中央银行票据。其中，国债（国家公债的简称）是国家发行的，并以其信用为基础的债券，是中央政府向投资者出具的、承诺在一定时期支付利息和到期偿还本金的债权债务凭证。由于国债的发行主体是国家，它的高信用度使其长期成为西方发达国家公开市场业务的传统操作手段。值得注意的是，通过买卖国债来调控市场利率，对国债规模有着较高的要求，这个规模包括发行数量与累积存量。如果国债规模不足，就会影响公开市场业务开展的效果，难以达到预期的货币政策操作目标。中央银行票据是中央银行为了调节商业银行超额准备金而向商业银行发行的短期债务凭证，其实质是中央银行债券。中央银行票据最大的特点就是短期性，中央银行发行的中央银行票据分为 3 个月、6 个月、1 年和 3 年期，同时还进行 14 天和 21 天的逆回购，以及 7 天、28 天、91 天和 182 天的正回购。为此，也有一种说法认为它是在短期国债缺位情况下的过渡性安排。中央银行票据可作为公开市场业务的操作手段，主要原因在于它所调节的是基础货币供应量，它的发行和回购直接影响商业银行可贷资金规模。其中，发行央行票据或正回购，是一种向市场出售证券、回笼基础货币的行为；央行票据到期或逆回购，则体现为基础货币的投放。

公开市场业务有两种基本方式：现券买卖和回购交易。现券买卖是指中央银行直接参与有价证券二级市场上的交易，交易对象是商业银行等金融机构。现券买卖伴随着有价证券所有权的转移，包括现券买断和现券卖断，前者为央行直接从二级市场买入债券，一次性地投放基础货币；后者为央行直接卖出持有债券，一次性地回笼基础货币。由此可知，现券买卖是中央银行公开市场业务进行永久性储备调节的一种方式，它的使用会使货币供应量产生较长时期的变化。与现券买卖有所不同，回购交易，是一种临时性的交易，包括正回购和逆回购两种。正回购是央行向一级交易商卖出有价证券，并约定在未来特定日期买回的交易行为，正回购为央行从市场收回流动性的操作，正回购到期则为央行向市场投放流动性的操作。逆回购的操作方向正好相反，逆回购为央行向一级交易商购买进有价证券，并约定在未来特定日期将有价证券卖给一级交易商的交易行为，逆回购为央行向市场上投放流动性的操作，逆回购到期则为央行从市场收回流动性的操作。为了保持商业银行准备金的稳定或清除某些市场因素对商业银行准备金的影响，中央银行可以利用回购交易在短期内调剂或影响社会货币流通量，达到稳定市场和实现货币供应量目标的目的。

（二）公开市场业务的作用

关于公开市场业务的作用，可以归纳为以下两个方面：

第一，对货币供应量的有效调节作用。虽然公开市场业务是一种间接的货币政策工具，但它的作用机理决定了它是货币当局调节货币供应量的有效工具。根据公开市场业务的操作原理：中央银行根据货币政策的要求，以准备金为操作目标，通过买卖债券改变基础货币量，最终可达到调节货币供应量的目的。由于买卖债券的数量和品种可由中央银行根据经济风向自主决定，因此，这种对货币供应量的调节作用是其他货币政策，特别是法定存款准备金率政策和再贴现率政策所不具备的。

第二，对货币市场利率的引导作用。与其他货币政策相比，公开市场业务不仅能对货币供应量进行有效调整，它对市场利率还有明显的引导作用。特别是在利率市场化的趋势下，中央银行会以公开市场业务操作利率为政策利率，通过其变动来引导货币市场利率的同步变化。当中央银行在公开市场上向市场一级交易商（主要是商业银行）开展正回购或卖出中央银行票据时，银行体系流动性下降，货币市场利率基准利率升高；反之，银行体系流动性上升，货币市场基准利率下降。在此过程中，货币市场基准利率与公开市场业务操作利率是同向并行的，对货币市场利率的引导作用亦步亦趋。

二、公开市场业务的微调特性

公开市场业务是美联储最重要的货币政策工具，在英国和日本也是重要的货币政策工具。我国从20世纪90年代后期逐步增加对公开市场业务的使用，该业务目前已经成为重要的货币政策工具。事实上，自从利率微调这一概念出现在利率调控实践中，公开市场业务就作为最好的调控工具，与其形影不离。原因在于，与法定存款准备金率与再贴现率比较，公开市场业务的特性更加吻合利率微调的需求。

第一，公开市场业务的市场性较好。公开市场业务是由中央银行买卖债券来完成的，这种通过买卖的形式来达成政策目标，是其市场性的重要表现之一。与此同时，在公开市场上，商业银行是否买卖中央银行出售的有价债券，完全取决于自己的决策，不受中央银行的干预。公开市场业务买卖之间的形式与自由决定了它作为货币政策工具的市场特性。为此，中央银行可以通过变动公开市场业务的操作种类与规模，对市场上的流动性以及利率进行微调。

第二，公开市场业务的主动性较好。公开市场业务完全可以由中央银行根据经济风向主动操作，中央银行可以不受其他因素影响自主控制公开市场业务，只要经济形势发生变化，就可适时地主动出击。而且，一旦央行发现行情反转，就可以通过反向操作进行修正，消除滞后影响。事实上，不论想要改变货币供应量的规模是大还是小，中央银行都可以按照自己的意愿进行（包括方向、规模和时机），准确地达到预定目标。

第三，公开市场业务的灵活性较好。为了实现货币政策目标和保持金融体系稳定运行，中央银行公开市场业务操作，是根据金融运行态势和银行体系流动性情况，灵活地选择主动性操作和防御性操作。其中前者是指中央银行主动调节商业银行的流动性水平和基础货币供应总量，并相应改变货币市场利率的运行趋势；后者是指由于自主性因素变化使金融机构流动性出现超出央行目标值范围变化时，中央银行通过公开市场业务操作来“对冲”其影响，以保持金融机构流动性及货币市场利率水平的稳定，保证金融体系的稳定。①

第四，公开市场业务的时效性较好。当中央银行需要根据利率调整目标配套实施公开市场业务时，只需向公开市场交易商发出购买或出售的指令即可，无须经过审议程序。这不仅使得利率变动对其的反应间隔很短，而且也会对商业银行等产生强烈的公告效应，迅速引导市场利率向中央银行预定目标调整。当然，为了提高公开市场业务的效果，央行也可以根据需要连续地进行公开市场操作，并可以轻易改变作用方向，执行迅速。

比较而言，法定存款准备金的实施效果过于强烈，即使很小的准备金变动，都会对经济金融产生巨大的冲击力，因此，通常被称为“外科手术中的巨斧”。从可控性来看，准备金率的影响效果较难估计，频繁调整容易破坏整体货币供给量的稳定性和可测性，不利于中央银行对短期利率的灵活控制。为此，在经济形势较为稳定的情况下，各国央行较少采用变动法定存款准备金的办法来进行利率政策调控，只是在特定时期内，把它作为一种变动市场上的货币供应量的机制来发挥作用。它并不适于作为中央银行利率微调的政策工具。

再贴现政策的最大缺陷表现在中央银行不能主动控制商业银行贴现贷款的数量变动。这是因为，尽管中央银行可以改变贴现利率，但是不能命令商业银行来借款。这样就使得中央银行在执行货币政策时显得过于被动，导致货币政策的效果不明显。正是由于再贴现政策缺乏弹性，若中央银行想借此来引导市场利率微调，必然需要经常变动再贴现率，这样的操作无疑会使商业银行难以适应，其负面影响将无法预测。

综上所述，与法定存款准备金和再贴现政策相比，公开市场操作具有市场

① 戴根有．中国央行公开市场业务操作实践和经验［J］．金融研究，2003（1）：55—65．

性、主动性、灵活性、时效性等优点，这些特性都更加符合市场化后利率微调的要求，为此，公开市场业务更适合作为市场起决定作用下中央银行进行利率微调的政策工具。值得一提的是，公开市场操作除了明显的优点之外，也有一定的局限性，特别是公开市场业务需要有发达的金融市场为前提，如果金融市场发育程度不够或可用来交易的工具较少，就会影响公开市场操作的效果。仅此一点，对于我国来说，公开市场业务还有较大的改进空间。

第二节　中国利率微调的创新工具：常备借贷便利

近年来，为了应对流动性管理和利率政策调整过程中出现的一些不适问题，各国央行都在努力进行货币政策工具的创新，比如美国定期拍卖便利（TAF）、英国的融资换贷款计划（FLS）等。比较发现，美国、英国货币政策工具的创新主要是为了解决短期的流动性危机，与其不同的是，我国近年来专注于货币政策工具的创新，其目的在于构建更有效的利率调整框架。即基于货币供给机制的变化和利率传导机制失灵两方面的考虑，打造“利率走廊”调控的新框架。与此相适应，常备借贷便利也揭开神秘的面纱，成为中央银行在公开市场业务、存款准备金、再贴现政策之外的一种新型的货币政策工具。从国际经验来看，常备借贷便利作为货币政策工具的历史比较悠久，许多国家的中央银行基本上都设有类似的货币政策工具。然则，由于经济环境与金融基础的差异，常备借贷便利在各国货币政策实践中的地位并不相同。在发达国家，目前此类工具主要用于流动性管理，特别是在金融机构陷入短期的流动性危机时给予必要援助。在稳定基准利率波动方面，常备借贷便利也具备一定功能，但相对于公开市场操作来说，它所发挥的作用以及使用的频率并不显著。在新兴市场国家，常备借贷便利比较频繁地被用于稳定基准利率波动中，是一种被广泛采用的利率政策微调工具。①

一、常备借贷便利概述

常备借贷便利，是我国央行 2013 年新创设的货币政策工具之一。其主要功能是用于满足金融机构较长期限的大额流动性需求，交易对象主要为政策性银行和全国性商业银行，运行模式是由金融机构发起，中央银行以抵押的方式向提出申请的金融机构发放贷款，必要时采取信用借款方式发放，贷款期限通常为 1 个月至 3 个月，利率水平根据货币政策调控、引导市场利率的需要等综合确定。其中合格抵押品包括国债、中央银行票据、政策性金融债、高信用评级金融债等四类债券资产和优质信贷资产。从本质上说，常备借贷便利是中国人民银行调节市场流动性，特别是向市场提供流动性的一种手段，它有三个主要特点：其一由商业银行等金融机构主动发起，在使用常备借贷便利时，商业银行具有更高的主动权，它可以根据自身流动性需求状况，自主申请。这对于商业银行来说，灵活性更强，可以有效地充当“利率走廊”上限的角色。其二在操作过程中，央行与商业银行等金融机构“一对一”交易，表现出较强的针对性，这就使其可以作为公开市场业务辅助工具，在利率调控过程中相互搭配、组合使用。其三交易对方覆盖面广，通常覆盖所有存款金融机构。为此，常备借贷便利能稳定并引导金融市场中的银行间拆借利率的波动，有效发挥对基准利率进行微调的作用。其四操作对象与商业银行的联系更为紧密，常备借

① 马理，刘艺．借贷便利类货币政策工具的传导机制与文献述评［J］．世界经济研究，2014(9)：23—27．

贷便利的操作对象是商业银行持有的高信用评级的债券类资产及优质信贷资产等，这比再贴现政策的操作对象（商业银行持有的商业票据）范围更广泛、影响更直接。①

从常备借贷便利的创设背景来看，2013 年 11 月 6 日，央行在全国推广分支机构常备借贷便利，是为了稳定我国 2013 年 6 月以来的市场流动性紧张状况，通过完善对中小金融机构提供流动性支持的渠道，应对我国突发性金融市场环境变动引起的流动性、季节性波动，促进货币市场平稳运行。2013 年 6 月开始，由于一些金融机构贷款增长较快，出现了头寸紧张，同时，金融市场中的银行间拆借利率飙升，央行担心商业银行的“钱荒”现象会加剧，于 2013 年 11 月 6 日，正式公布 SLF 这一政策性工具。常备借贷便利自 2013 年实施以来，已经多次缓解了市场流动性的紧张状况。如 2014 年 9 月，中国人民银行向五大国有银行投入 5000 亿元的流动资金，为期 3 个月，SLF 的实施稳定了市场信心，防止资金的异常流动，保持稳定的市场流动性；② 2015 年 12 月，人民银行分支行根据当前流动性形势和金融机构需求，对地方法人金融机构累计开展常备借贷便利操作共 1.35 亿元，期限均为隔夜，利率为 2.75%，发挥了利率走廊上限的作用；2016 年 7 月，为满足金融机构临时性、流动性需求，人民银行对金融机构开展常备借贷便利操作共 9 亿元，其中隔夜 5 亿元，利率为 2.75%；1 个月 4 亿元，利率为 3.6%。常备借贷便利能够促使存款机构优先在市场上寻找其他融资渠道，在流动性不足时帮助形成利率上限，有利于维护货币市场利率平稳运行。从某种程度上来说，常备借贷便利这种帮助形成利率操作区间的作用，甚至超过了公开市场业务对市场利率的

---

① 安宇宏. 常备借贷便利 [J]. 宏观经济管理，2014 (10)：78.

② 李鹏艳. 常备借贷便利的实施效果分析 [J]. 商，2015 (12)：209.

引导作用。

从国际实践情况来看，大多数国家的中央银行都具备借贷便利类的货币政策工具，如美联储的贴现窗口（Discount Window）、欧洲中央银行的边际贷款便利（Marginal Lending Facility）、英格兰银行的操作性常备便利（Operational Standing Facility）、日本银行的补充贷款便利（Complementary Lending Facility）、加拿大银行的常备流动性便利（Standing Liquidity Facility）、新加坡金管局的常备贷款便利（Standing Loan Facility），以及新兴市场经济体的俄罗斯央行的担保贷款（Secured Loans）、印度储备银行的边际常备便利（Marginal Standing Facility）、韩国银行的流动性调整贷款（Liquidity Adjustment Loans）、马来西亚央行的抵押贷款（Collateralized Lending）等。虽然在很长一段时间内，公开市场操作都代替借贷便利类工具成为常规的货币政策调整工具，但不可否认的是借贷便利类工具在流动性管理中起到了巨大的补充作用。从宏观上来说，它如同安全闸背后的一股甘泉，能在资金市场紧张或是银行系统整体出现流动性危机时开放闸门注入资金；从微观上来说，它使得经营状况良好但遭遇突发性资金短缺的存款机构能及时获得流动性，免于透支其在央行的存款准备金账户。近年来，以加拿大、德国等国为代表的“利率走廊”调控方式的兴起，使得常备借贷便利的地位得到很大程度的提升。①

二、常备借贷便利对中国利率微调的意义

对于我国而言，常备借贷便利不仅可替代过去数量型货币工具，构建短期

① 马理，刘艺. 借贷便利类货币政策工具的传导机制与文献述评［J］. 世界经济研究，2014(9)：23—27.

价格型的利率调控和传导机制，而且可避免常规货币政策工具强刺激的政策负面效果，有助于微刺激经济政策的实施。我国央行如能恰当使用 SLF 等货币政策工具，就可根据流动性变化，更加灵活化、精细化地调整流动性方向及节奏力度，用调结构的方式适时、适度地预调、微调。就此而论，SLF 对我国继续实施利率微调的意义明显，这不仅表现在它与公开市场业务的配合可以丰富政策调控工具、优化政策组合上，而且表现在它对我国未来构建“利率走廊”调控模式打下良好的基础上。具体分析如下：

第一，常备借贷便利对市场只有微刺激性，能够定向解决短期流动性问题，稳定市场利率的波动。近年来，由于银行贷款利率的开放，银行同业间竞争激烈，银行资产与负债业务的“时间错配”问题层出不穷，导致银行体系短期流动性供求波动加大。当多种影响因素共同作用或市场预期发生不稳定情绪反应，通过货币市场融资的方式已经不能弥补短期流动性缺口时，引发银行流动性危机的可能性增大。这不仅加大了金融机构流动性管理难度，而且不利于中央银行调节流动性总量。① 此时，常备借贷便利的推出就是对传统流动性管理工具的补充与创新，能够稳定市场情绪，引导市场基准利率向目标利率调整。②

第二，常备借贷便利能够满足单一金融机构的局部流动性需求，较强的针对性使其更易与公开市场操作搭配使用。自 2013 年年初创设常备借贷便利以来，央行通过综合运用常备借贷便利和公开市场操作两大类货币政策工具来管理流动性，已收到了显著成效。在货币市场受多种因素叠加影响出现波动时，

---

① 中国人民银行．央行新增常备借贷便利政策工具 熨平市场流动性波动用意明显［EB/OL］．(2013－11－06)．http：//news. xinhuanet. com/fortune/2013－11/06/c_118036365. html.

② 胡岳峰．关于中国新兴货币政策工具“常备借贷便利”的解析与国际比较［J］．金融经济，2015（2）.

通过常备借贷便利，央行可向符合国家产业政策和宏观审慎要求，有利于对实体经济和总量、进度比较稳健的金融机构提供流动性支持；对出现流动性管理问题的机构，也视不同情况采取相应的措施提供流动性支持，维护了金融稳定。①

第三，常备借贷便利具有市场预期职能，对商业银行的提前引导，有利于降低市场利率的非正常波动。2015 年春节期间，中国人民银行分支机构向符合条件的中小金融机构提供了短期流动性支持，稳定了市场预期。常备借贷便利的实施，可及时降低银行间的资金成本，满足商业银行的流动性需求。在真实降低利率之前，央行先向市场传递强劲信号，给予投资者更可信的市场预期，这有利于降低市场的非正常波动，引导长期投资，也预示着世界各国货币政策的操作风格正在由“神秘主义”向“透明主义”过渡。②

第四，常备借贷便利有助于形成“利率走廊”，稳定短期市场利率水平，实现我国货币政策调控从数量型向价格型转变。2015 年 5 月 8 日，央行公布的《2015 年第一季度中国货币政策执行报告》提出，为进一步加强地方法人金融机构流动性管理，有效防范中小金融机构流动性风险，促进货币市场平稳运行，2015 年年初，中国人民银行在前期 10 省（市）试点的基础上在全国范围推广分支行常备借贷便利操作。同时，根据货币政策调控需要适时调整利率水平，探索常备借贷便利利率发挥货币市场利率走廊上限的功能。③

---

① 王勇. 常备借贷便利已成市场流动性稳定利器［N］. 上海证券报，2013－11－12.

② 马理，刘艺. 借贷便利类货币政策工具的传导机制与文献述评［J］. 世界经济研究，2014（9）：23—27.

③ 中国人民银行. 适时适度开展常备借贷便利和中期借贷便利操作［N］. 新浪财经，2015－05－08.

第三节　继续完善和发展中国利率微调的操作工具

一、完善和发展中国公开市场业务

公开市场业务作为间接调控货币政策的一项重要工具，最早是由美联储在20世纪20年代为解决自身收入问题，买卖收益债券时意外发现的，从此，它几乎成为西方发达国家央行最重要的货币政策工具。随着我国央行宏观调控方式逐步从直接调控向以市场为基础的间接调控转变，公开市场业务这项间接货币政策调控工具，也开始在我国宏观调控中扮演越来越重要的角色。因此，使用公开市场业务这项货币政策工具对于我国货币政策调控能力的提高和金融货币市场的健康发展无疑具有重要意义。

（一）我国公开市场业务发展现状与问题

从我国公开市场业务发展的情况来看，继外汇公开市场操作于1994年3月正式启动之后，人民币公开市场操作于1998年5月26日恢复交易，且规模逐步扩大。此后，公开市场操作日益成为我国央行货币政策日常操作的重要工具，对于调控货币供应量、调节商业银行流动性水平、引导货币市场利率走势等发挥了积极作用。以2015年第三季度为例，在国内外金融市场波动有所加大、影响流动性供求不确定性因素较多的情况下，我国中央银行灵活开展公开市场操作。其特点不仅表现在公开市场操作的数量上（2015年第三季度，我国中央银行累计开展公开市场逆回购操作投放流动性16750亿元，开展SLO

操作投放流动性3400亿元①)；还表现在中国人民银行对其操作力度与节奏的合理把握上（我国中央银行通过灵活搭配央行票据和短期正回购开展对冲操作，从而实现了银行体系流动性的合理充裕)。由此不难看出，虽然我国的公开市场业务并不及西方发达国家那么成熟，但是，我国的公开市场业务正处于不断发展过程中。可以预见，随着我国货币市场的进一步完善，公开市场操作必将成为我国央行吞吐基础货币、贯彻货币政策意图的重要工具。事实上，在利率微调模式下，更应该采用公开市场操作这种市场化调节利率的方式，放弃直接调控金融机构存贷款利率的行政干预方式，借助于市场化的利率生成机制，使利率变动真正成为反映货币市场上资金供求变化的指针，最终有效引导市场经济主体的预期和行为。

但是，不容忽视的事实是，由于我国的公开市场业务起步较晚，无论是在数量规模、操作方式，还是在市场效应上，我国公开市场业务和发达国家相比还有较大的差距。主要体现在以下几个方面：

1. 公开市场业务主体行为存在缺陷

从某种程度上说，当前我国公开市场业务的操作主体和交易主体都制约着公开市场业务操作效果的发挥。一方面，我国公开市场业务的操作主体独立性还不强，在实际业务操作过程中，还受其他条件的限制，影响了公开市场业务操作的灵活性和自主性，不利于其对公开市场业务的有效操作。另一方面，我国公开市场业务的交易主体不够敏感，特别是作为公开市场业务主要操作对象的商业银行，对利率的敏感度较低，削弱了其参与公开市场业务操作的主动性和积极性，进而阻碍了公开市场业务对市场利率的调节作用。

① 中国人民银行. 2015年第三季度中国货币政策执行报告［EB/OL］.（2016-11-10）. http://www.pbc.gov.cn.

2．利率市场化进程尚未完全实现

公开市场操作对利率市场化要求很高，只有央行能根据市场经济形势适时采取相应措施，达到政策效果。我国的利率是一个复杂的系统，包括银行间同业拆借市场利率、贴现利率、金融机构的各种存贷款利率以及国债市场利率。经过十几年的努力，我国的银行间同业拆借市场利率等利率的市场化程度已经较高。由于我国利率市场化尚未实现，我国的利率还不能完全反映市场资金的需求状况，利率作为资金价格的杠杆作用没有得到充分的发挥。目前，我国利率市场化改革已经进入深水区，改革的难度进一步加大，利率形成机制和利率传导机制还有待进一步构建。在这种情况下，公开市场业务的实际操作难度非常大。

3．公开市场业务操作工具存在局限性

在公开市场业务的操作工具上，国债和央票都有各自的局限性。首先，我国国债市场发行规模和交易规模都远远达不到要求。近年来，我国国债发行规模逐渐增长，但与发达国家相比，国债发行规模明显偏少，特别是短期国债发行量过少。根据国际经验，短期国债发行规模与中央银行公开市场操作有较大的相关性。然则，鉴于我国现行国债发行规模不够大，不足以满足公开市场操作的需求，限制了国债对资金状况做出灵敏反应，削弱了其货币政策传导作用的力度，不利于引导其他市场利率的变动。其次，央行票据虽然能够很好地对冲外汇占款，调节宏观经济，但是我国现在通过发行央行票据来对冲流动性，同时存在不利于公开市场业务长期发展的因素，那就是央行票据只能起到货币收缩的作用。因此，在经济形势趋紧时，央行票据就不能起到很好的调节作用。①

① 孙若宁．论公开市场业务及其在我国的应用［D］．长春：吉林大学，2004.

（二）完善和发展我国公开市场业务

美联储公开市场业务是典型的市场经济运作模式，也是西方国家中运用最广泛、最成功的。美联储的公开市场业务拥有一个专门的市场运作机构，即公开市场委员会，有关公开市场业务的一切重要决定都是由该委员会决定的；在公开市场业务的参与者方面美联储也有着严格的标准，这样也就促使了比较典型的一级交易商制度的形成，这些交易商在资本实力、经营业绩以及信誉状况等方面都有比较优异的表现，它们对美国政府债券的买卖、对央行政策意图的传递起着十分重要的作用；美国对于公开市场业务的使用频度也是很高的，几乎已经达到了每日操作的程度。公开市场委员会凭借其丰富的经验，每天对银行体系准备金的状况进行预测，然后根据预测的结果连同货币市场的状况来决定是否进行公开市场操作以及操作的方向，而且其操作是选择以联邦基金利率为目标的；国债市场的良性发展也为美国公开市场业务提供了优良的实施载体，美国国债市场在国债的规模、国债持有结构、市场交易活跃程度等因素上的良好表现都为公开市场业务进行操作提供了基本条件。

以美国的情况作为参照，我国对于公开市场业务的发展和完善可以主要从以下几个方面进行：

第一，规范公开市场业务参与主体行为。包括两方面的内容，一方面是要提高人民银行资产结构中债券的比例，增强其操纵公开市场业务的能力。但是这一过程的实施要有计划性，讲究一定的技巧，既不能直接从政府手中购买，也不能随意地从商业银行手中购买，前者相当于向政府提供直接贷款，而后者则是随意地向金融系统注入流动性。正确的解决方式应该是：当商业银行需要向央行借款时，首先应将其持有的债券卖给央行，其次应该考虑将再贷款利率提高，最后通过再贷款、再贴现等调控工具的配合，将银行的资金需求挤向同业拆借市场和公开市场窗口，中央银行此时可以主动地通过公开市场做买进债券;① 另一方面要加快公开市场业务的一级交易商，也就是商业银行等金融机构的市场化步伐，促进整个金融业的竞争及其效率。这就要求我国商业银行等金融机构应该适应市场经济的法则，建立起追求自身利益最大化的现代商业银行制度，避免商业银行再经营方面继续受到政府的过多干预，转而采取制度监控与自我约束相结合的方式来控制商业银行的行为。

第二，转换公开市场业务操作目标、多元化操作工具。现阶段我国的公开市场业务是以基础货币作为其操作目标的，但是这种选择会导致传导过程缓慢、难以控制调整幅度、操作不够灵活等问题的发生，总体上来说以基础货币为操作目标的效果并不理想，可以说，这只是一种阶段性的选择。随着市场化改革的稳步推进以及货币市场和债券市场的快速发展，人民银行的公开市场业务的操作目标也应该相应地从基础货币量上转移到利率上来，而且利率应该尽量选择影响范围大、运行稳定的，Shibor 就是不错的选择；在公开市场业务操作工具的选择方面，我国应该采取以国债为基础、政策性金融工具为主、中央银行债券为辅的多元化方式，之所以采取这种方式是由我国国债市场发展程度偏低的情况决定的。2013 年年初，针对市场对资金面紧张情绪的不断升温，我国央行适时推出了 SLO，作为公开市场常规操作的必要补充，调控银行体系的流动性，在银行体系流动性出现临时性波动时相机使用。SLO 以 7 天期以内短期回购为主，中央银行可根据货币调控需要，综合考虑银行体系流动性供求状况、货币市场利率水平等多种因素，灵活决定该工具的操作时机、操作规模及期限品种等。SLO 的即时启用，预示着正、逆回购将成为市场金融调节流动性的主流工具，使其在流动性调控上更趋精准。

① 崔丹. 我国开展公开市场业务的对策选择 [J]. 工业技术经济，2000 (1)：9.

第三，促进与公开市场业务相关的金融市场发展。这主要涵盖了三层意思：一是国债市场的发展。应该增加可以流通的国债品种，特别是要提高短期国债品种所占的比例，同时还应扩大国债市场规模，增强国债市场的集中性，提高国债市场的影响深度及弹性；二是货币市场的发展。发达的货币市场可以为公开市场业务操作提供一个传递货币政策的有效途径。具体来讲，首先应该进一步建设全国统一的银行间拆借市场，打通一级拆借市场和二级拆借市场之间的连接渠道，其次还要放宽市场准入标准，扩大货币市场交易成员的数量，从而扩大货币市场的覆盖面、拓宽货币政策传递渠道和传递面；三是资本市场的发展。近年来中国的资本市场有了长足的发展，但是从本质上说，我国的资本市场仍是管制性的市场，尤其表现在一级市场上，与此同时，二级市场投机性很强，股价波动剧烈。因此，我们建议进一步规范资本市场、降低其投资性，并推动资本市场利率和货币市场利率趋于一致。①

此外，利率市场化改革的推进也是提高公开市场业务的必要条件，只有从根本上把利率的市场机制建立起来，公开市场业务这种市场化、简洁性的货币政策工具才能发挥应有的效用。

二、完善和发展中国利率微调创新工具

近年来，为了更好地管理流动性，稳定市场预期，我国央行在 2013 年年初创设了公开市场短期流动性调节工具和常备借贷便利。但是，在实际运行过程中，SLO 和 SLF 的作用却不明显，短端利率降幅高于长端，利率曲线呈现陡峭化趋势。以 SLF 为例，SLF 期限较短，只有 3 个月，而且市场前景令人

---

① 张红地，严文兵．论中国公开市场业务的改革和发展［J］．武汉金融高等专科学院学报，2001（4）：11．

堪忧，SLF 的实施恐怕只会发挥简单的稳定短期利率的功效，将银行间市场利率保持在低位，不一定能完全促进金融机构将资金流向实体经济。所以，后期还需继续改进 SLF 实施的措施。此外，在 SLF 的实施过程中，中央银行一定要做好引导，加强调控，使得 SLF 能发挥出它应有的功能。

在此背景下，在 2014 年又创设了中期借贷便利（Medium－term Lending Facility，简称 MLF）和抵押补充贷款。其中，MLF 是中央银行提供中期基础货币的货币政策工具，其对象为符合宏观审慎管理要求的商业银行、政策性银行，采取质押方式发放，并需提供国债、央行票据、政策性金融债、高等级信用债等优质债券作为合格质押品。MLF 期限是 3 个月，临近到期可能会重新约定利率并展期，各行可以通过质押利率债和信用债获取借贷便利工具进行投放。由于 MLF 期限较长，所以商业银行用 MLF 得到的资金来发放贷款，就不再需要频繁借短放长，可以比较放心地发放长期贷款。由此可见，MLF 作为中期流动性管理工具，与 SLF 相比，更能稳定市场的预期。MLF 的运用，体现出我国货币政策基本方针的调整，即有保有压，定向调控，调整结构，而且是预调、微调。

PSL 是央行为投放基础货币而采用的一种新的货币政策工具，是中央银行以抵押的方式向商业银行发放贷款，其中，合格抵押品主要包括有价证券及信贷资产等。PSL 作为有抵押品的再贷款，具有两个主要特点：一是期限相对较长。与 SLO 和 SLF 等短期流动性调节工具相比，PSL 期限可能在 3 个月以上，最长可能至 5 年；二是由央行主动发起。不同于 SLF 是金融机构根据自己的流动性需求主动向央行申请贷款的一种工具，PSL 是中央银行主动发起的一种工具，中央银行借助于该工具主动向商业银行融资，并设想以该种工具引导银行的中长期贷款投向和利率水平，进而影响金融机构定价以及全社会投资和消费行为。[①] 从目标来看，PSL 的最大突破在于将商业银行贷款纳入用于基础货币投放的合格抵押品框架，并以此来引导中期政策利率。这对于我国当前货币政策调控方式的完善和未来“利率走廊”机制的建立都将产生深远影响。[②]

就此来看，现有创新工具已经较为完备，覆盖了短端和中端。在具体实践中，上述创新工具可以引导无风险利率下降，但对银行等资金供给方所要求的风险溢价攀升，引导资金流向实体经济的效果难以显现。一方面，现有创新工具很难改变商业银行的借贷行为。虽然 MLF 和 PSL 这类创新工具的期限相对较长，但也只能提供短期流动性，在经历了 2013 年“钱荒”以后，商业银行不愿以“借短贷长”的方式将这类流动性注入实体企业，而更多的是在同业市场内部循环。另一方面，中央银行只需要向商业银行缴纳的法定准备金支付较低的利率，而央行以传统的逆回购和 MLF 等创新工具向商业银行放贷所收取的利率远远高于前者。这直接提高了商业银行的资本成本，背离了解决融资难、融资贵的初衷。[③] 为此，要想有效发挥上述创新工具的作用，就要更好地理解这类工具的实施条件，并对其加以合理使用。

1. 完善各种政策工具的合理搭配与使用

虽然，一方面，通过对 SLO 和 MLF 等创新货币政策工具的操作，标志着央行货币政策正从数量型为主向价格型为主进行转变；另一方面，通过使用上述创新型货币政策工具，便于中央银行对商业银行流动性进行更加灵活有效的

---

① 姜汝楠，程逸飞. 对央行创设 PSL 货币政策工具的思考［J］. 经济理论与实践，2014（8）：96—98.

② 钟正生. PSL 的“此岸”与“彼岸”［J］. 金融博览，2014（8）：20—21.

③ 创新货币政策工具难以替代降准效用［N］. 经济参考报，2015－08－21.

管理。但是，常备借贷便利政策工具并不是万能的，要想充分实现维护金融体系稳定、提高资金配置效率、促进实体经济发展的目标，常备借贷便利还需要与其他的货币政策工具结合起来共同使用，才能充分发挥其效果。[①] 2015 年中央经济工作会议提出，2015 年货币政策的基调是“要更加注重松紧适度”，“松紧适度”意味着更加强调货币政策的“主动性”和“灵活性”。其中，“主动性”指的是在预计未来经济下行概率较大，或将出现系统性金融风险时，央行将提前布局，采取降准、降息等措施为未来经济动能提供信用支持；“灵活性”指的是要创新货币政策工具，在通过短期流动性调节工具、中期借贷便利等方式主动投放流动性的同时，结合传统货币投放渠道（主要是外汇占款）减少的现实，采取降低存款准备金率（降准）和降息等货币政策来填补流动性不足的空当。

2. 提升政策工具对中长期利率的引导和调节

央行创设中期借贷便利、抵押补充贷款这类政策工具，其目的在于希望利用 MLF 和 PSL 的利率水平对中期政策利率有一定的引导作用，从而实现央行对中长期利率水平的引导和调节。MLF 和 PSL 在本质上就具有引导和调节中长期利率的功能，但要真正发挥其效果，还取决于 MLF 和 PLF 的规模大小和使用范围。目前来看，MLF 和 PLF 的规模较小、参与对象单一，这与引导中长期利率的目标之间尚有一定距离。此外，发挥 MLF 和 PLF 的作用还与商业银行可纳入合格抵押品的贷款范围及其风险控制直接相关。因此，从长远来看，要想提升 MLF 和 PSL 对中长期利率的引导和调节，仍需完善央行的合格抵押品框架，增加基础货币投放渠道。从国际经验来看，发达国家央行对于不同种类的抵押品有着严格的资质限制，且会根据风险评估程度的不同对抵押品

① 马理，刘艺. 借贷便利类货币政策工具的传导机制与文献述评 [J]. 世界经济研究，2014 (9)：23—27.

进行折价后提供流动性。其中，对于贷款类抵押品主要以内部风险评估结果为主，这就要求央行在接受贷款类抵押品之前要建立内部评级系统。鉴于此，我国央行也在推进建立内部评级系统，欲将贷款纳入抵押品框架。然而，值得注意的是，虽然信贷资产质押丰富了央行合格抵押品范围，但对于提高存量资产流动性具有重要意义。由于我国实体经济依然处于企稳过程中，贷款风险有所上升，商业银行对于新增贷款还应严格授信标准，加强贷后管理，及时处置风险项目，积极防范不良贷款的产生。[①]

① 朱虹．商业银行审慎对待信贷质押再贷款［N］．中国企业报，2015－10－19．

第九章

中国利率微调模式的制度建设与政策思考

第一节　中国利率微调模式的制度建设

一、保持中央银行及其利率调控的独立性

利率微调效应的发挥，其关键点之一还在于中央银行政策决策的准确性。然而，即便是中央银行的决策依据具有很强的科学性，但只要中央银行在决策和实际操作过程中，受制于一些利益集团和其他因素的干扰，这也必然影响其所制定政策的实际效果。在我国，虽然中央银行的职能正在不断扩展并完善，但就现状而言，中央银行的利率政策决定权依然集中在国务院，并且还同时受到多个部门的权力制衡，这就在某种程度上导致了利率政策的实际效果，背离了政策制定时的初衷，产生了许多令学术界和社会公众置疑的问题。基于此，要想在将来使利率微调的作用得以充分显现，树立并提高中央银行及其利率调控的独立性就蓄势待发。从广义角度看，一国中央银行的独立性是指一国央行在获得独立于政府的地位后，既不受政府干预也不受外国影响而独立地制定和实施货币政策。故而，保持中央银行及其利率调控的独立性就有两层含义：一是保持中央银行及其利率调控的对内独立性；二是保持中央银行利率调控的对外独立性。

（一）保持中央银行及其利率调控的对内独立性

理论上，中央银行的对内独立性可以归纳为以下几类：政治独立与经济独立、工具独立与目标独立、法律上的独立与事实上的独立。[①] 若从我国内部来

① 贺卉．关于中央银行独立性问题的研究［J］．上海金融，2009（6）：32．

审视中央银行的独立性问题，这几类均会有不同程度的涉及。当然，目前最主要的还在于进一步理顺中央银行与政府及其他部门之间的关系，使中央银行摆脱政府及其他部门的制约，完全按照市场需求来调整利率，以此来强化市场主体对利率的认同性和反应度。对此，我国还需要从以下两方面着手进行：其一是树立中央银行独立的法律地位。根据《中华人民共和国中国人民银行法》(下称《中国人民银行法》)的有关规定，中国人民银行是在国务院的领导下，制定和执行货币政策，其货币政策目标是“保持货币币值的稳定，并以此促进经济增长”。但是，在具体执行过程中，由于货币政策目标与政府宏观经济政策目标之间可能存在差异，从而使得央行的利率政策决策容易受到其他政府部门的干扰与制约，最终结果是使中央银行的政策目标发生偏移。就此而言，有必要进一步修改和完善《中国人民银行法》的有关规定，探讨改变人民银行的隶属关系，使其直接向全国人民代表大会负责，从根本上保证中央银行具有独立的法律地位。其二是树立中央银行独立的利率调控权。要使中央银行成为真正意义上按照市场经济规律制定利率政策的主角，就必须将国务院的利率调整权限下放给中央银行，使得中央银行能够根据市场形势的变动，灵活地制定针对性强的利率政策。就现状来看，我国利率政策的决定权集中在国务院，中央银行还不具备对利率政策的独立决策权，由此衍生了许多问题，比如，利率决策的利益竞争格局，利率决策的时间过长、环节偏多等。为了较好地解决这些问题，不可或缺的前提条件就是要构建一个职责明确的利率微调决策机构。为此，必须进一步改革货币政策委员会，健全利率政策决策机构，努力将货币政策委员会由目前的咨询议事机构提升为利率政策决策机构。通过严格筛选，吸收足够数量的专职经济学家从事与利率政策有关的金融分析与统计工作，采取投票等方式对利率政策进行决策，以此来提升利率微调决策的合理性与科学性。

在开放条件下，全球经济瞬息万变，提高我国央行独立性，为利率政策相对独立性创造前提条件显得尤为重要。从根本上说，加强我国央行独立性的目的在于，试图通过授权给一个独立的且在严格纪律的约束之下宏观金融管理机构，使其合理、有效地管理货币政策的制定与实施，以期更好地促进经济发展。历史实践证明，拥有一个独立的中央银行来制定与实施货币政策，是维护物价稳定，为经济发展创造良好的宏观环境的一个有效途径。[①] 随着经济的发展和改革的进行，中国人民银行的独立性在不断加强，但是按照《中国人民银行法》（修正）所享有的相对独立性，中国人民银行还不足以完全承担起稳定币值、促进经济增长的重大责任。因此，从符合我国当前政治经济制度的角度考虑，加强我国央行独立性的可行做法有：

1. 适当调整中国人民银行与国务院的关系

从部门职能来看，中央银行所从事的业务有其自身的特点，具有明显的专业性，国务院显然不能胜任、也不宜过多地干预中国人民银行的具体业务操作。而且，国务院应当支持中央银行为实现货币政策的稳定币值的首要目标所展开的工作与所进行的努力。中国人民银行作为我国宏观经济的制动系统与经济决策的中坚力量，应当与国务院建立起一种互相尊重、携手共进的合作关系，国务院在依法监督中国人民银行的同时，应成为中国人民银行履行职责的坚强的保障。[②]

2. 完善对货币政策目标的规定

要准确界定货币币值稳定的内涵，使该目标具有实际的可操作性。我国中央银行的货币政策目标独立性不高主要原因在于：目标具有双重性的倾向，易

---

① 吴昊. 中央银行独立性研究——发达国家的经验与中国的改革设想［M］. 北京：中国社会科学出版社，2003（1）：202.

② 张军. 论我国中央银行独立性及其制度完善［D］. 上海：华东政法大学，2005.

产生两者分不清孰轻孰重的现象。目前，我国的货币政策目标无论从字面上理解，或是从多年实践来看，似乎稳定币值只是一种手段，而经济增长则是最终目标。由于稳定货币币值和促进经济增长两者内涵的不同，在政策的制定与实施过程中可能会出现矛盾，因此，把这两者同时规定为货币政策目标内容是不协调的。从长期来看，应将货币政策目标调整为单一目标，即稳定币值。这既有利于清晰央行的首要职能，促使政府相应调整政策方向，寻求经济增长方式，又符合全球货币政策目标的共同趋势。①

3. 健全货币政策决策机构，自主制定货币政策

“货币政策对国民经济活动的影响重大，货币政策的制定必须具有可行性和权威性”，② 从各国央行的执行状况和国内央行的运行模式来看，吸取国内外的经验教训，建议强化我国货币政策委员会的地位与职能，实行权责明晰制，使其成为人民银行制定和执行货币政策的名副其实的决策机构。重点在于强化其决策权力与权威性，弱化其在制定和执行过程中的行政依附性等方面来规定货币政策委员会的职责、构成和工作程序。

（二）保持中央银行利率调控的对外独立性

按照克鲁格曼（1999）提出的开放经济下的“三元悖论”，各国只能在固定汇率、资本自由流动、独立的货币政策中实现两个。我国在未实现浮动汇率制度之前，一直依靠对资本账户的管制来确保利率政策的独立性。但是，在金融全球化的背景下，我国金融体系也在逐步对外开放。目前，我国在允许引进合格的境外机构投资者的同时，也允许境外机构在我国的金融市场参与一些金融活动，如购买债券、吸收存款、发放贷款等。这些改革顺应了当前国际资本

① 戴雪江. 关于我国中央银行独立性之路的分析与探讨［D］. 厦门：厦门大学，2005.

② 余琪. 欧洲中央银行体系独立地位研究［J］. 欧洲，1999（5）：79—86.

全球化的潮流，但也加速了国际资本在我国的流动性，导致了我国国内利率在某种程度上受到国际市场利率水平的影响，结果必然使得我国中央银行利率调控的独立性因国际资本流动的影响而受到削弱。

虽然，就对外贸易而言，中国作为发展中的大国，与实施出口导向战略的新加坡、马来西亚等国相比，外贸依存度并不是特别高。但是，近年来不断积累的贸易顺差也降低了中央银行利率调控的对外独立性。这主要是因为，我国目前实行的有管理的浮动汇率制偏向于固定汇率制，在此制度下，为了保证人民币汇率在一定范围内的稳定，面对大量因贸易顺差而不断增加的外汇储备，中央银行不得不投放基础货币以吸纳外汇。即便在此过程中，中央银行也采取一些冲销措施来缓解因外汇占款而投放的基础货币，但这一切措施都使央行在开放经济中的利率政策操作处于相对被动的地位。

鉴于此，如何保持中央银行利率调控的对外独立性也就成为不容回避的客观问题。对此，我建议从以下两个方面着手进行：一是要适时推进我国的汇率制度改革。通过一系列的改革措施，逐步建立起真正意义上的、以市场供求为基础的、有管理的浮动汇率制。通过扩大汇率的浮动区间，完善人民币汇率形成机制，以减少央行在外汇市场上的被动操作。二是要充分挖掘潜力巨大的国内市场。通过完善外部环境，以增强中央银行利率调控的对外独立性。在全球性金融危机的影响下，较多发达国家的经济陷入衰退，整个国际的需求量大幅收缩。而我国正处于工业化与城市化的建设进程中，人口众多，国内市场广阔，需求潜力巨大。为此，我国政府应该适时转换宏观调控思维，切实把经济增长的基本立足点放在扩大国内需求上，加快形成我国主要依靠内需特别是消费需求拉动经济增长的格局。通过挖掘国内市场的潜力，在应对当前经济危机带来负面效应的同时，为我国经济在新的世界经济格局下实现成功转型开辟道路。事实上，这无疑也是保持我国中央银行利率调控对外独立性的有利条件之一。与此同时，我们也应清楚地认识到，在全球经济一体化的时代，中央银行利率调控的对外独立性也是相对的。由于各国经济金融活动间的联系日益紧密，使得利率微调实施过程中的国际协调也变得重要起来。因此，我国中央银行在保持利率调控的对外独立性时，也要积极参与利率政策的国际协调，这与对外独立性并不矛盾。

二、增强利率政策信息的公开及透明

传统的货币政策理论认为，中央银行有限制地、甚至完全隐蔽地进行货币政策操作是达成政策效果的最优保证。因此，在传统的货币政策操作中，中央银行一般没有向公众宣布并说明其政策决策依据、过程和结果等的义务，通常是采取相对隐蔽的做法。但是，20 世纪 80 年代，随着货币政策操作方式不断推进，政策决策者对于公开货币政策相关信息的态度产生了变化，公众为了增进对货币当局行为及意图的把握度，也开始日益关注利率政策信息公开与透明的问题。对此，理论研究和实践检验的结果也都表明，货币当局保证利率政策信息的公开与透明，不仅不会增加金融市场的波动性，反而有助于提高金融市场的效率。在国际上，越来越普遍的观点认为，由于中央银行公开自己的目标、程序等，会使公众对其产生较为稳固的信任度，因此，各国央行必须对公众保持货币政策的公开透明度。比如说，中央银行通过公开宣布一个通货膨胀目标，从而建立起一个价格稳定的声誉，这种声誉会使公众产生较为稳固的通货膨胀预期目标，进而会明显降低价格稳定的成本。① 事实上，在美国、英国、加拿大等国家，中央银行在向社会公开利率政策决策与操作的相关信息

---

① Richard Dennis，John C.，Williams. Monetary Policy，Transparency，and Credibility：Conference Summary，Economic Research And Data [J]. FRBSF Economic Letter，2007 (12)：25.

后，市场便会主动地跟随当局所公开的相关信息调整利率水平，货币市场利率会迅速向预设的目标利率靠拢，从而在较短的时间内便达到了中央银行的调控目标，大大提高了中央银行的利率政策调控效率。时至今日，如何及时、准确地向公众提供近乎完全的利率政策决策信息，已成为提高货币当局利率政策操作效果的关键因素之一，并逐渐发展成为货币当局进行利率政策操作改革的一个方向与目标。

当前，国际上已对中央银行利率政策的透明度进行了大致的分类，主要包括中央银行利率政策目标的透明度、所使用的经济模型及数据公布上的透明度、中央银行利率政策操作上的透明度。为了与国际货币政策发展步调保持一致，近年来，我国央行在保持利率政策的公开与透明度方面也取得了较大的进展。在加强对宏观经济分析和预测的基础上，我国央行开始及时、准确地向公众披露货币市场的相关信息。自 1994 年起，中国人民银行开始向社会公布各层次货币供应量统计数据；1999 年，中国人民银行成立货币政策委员会，对有关货币政策的重要措施、货币政策与其他宏观经济政策的协调等方面进行讨论并提出建议，并在每季度货币政策委员会例会后及时向社会公布有关信息；2001 年起，我国央行货币政策司开始按季度向社会公布我国货币政策执行报告，内容涵盖金融市场分析、宏观经济数据预测、货币政策操作等；2002 年起，我国央行首次对外公布了稳健货币政策有关问题的分析报告，在报告内还对实施稳健货币政策的由来、内涵、实施效果加以说明；2004 年，我国央行进一步公布了《中国人民银行 2004 年公布金融统计数据时间表》等，以提高我国金融统计的透明度，方便公众获取金融统计数据。

如前所述，经过一系列措施的推行，我国央行的政策公开与透明化程度有了较大提高。但我国中央银行货币政策的公开与透明相比于国际货币基金组织

1999年提出的《货币和金融政策透明度良好作为准则》[1] 的要求，还存有一定的差距。为此，我国央行仍需要进一步增强利率政策的透明度，以形成利率政策决策、操作与实行的良好外部环境。事实上，伴随我国经济融入全球经济一体化的进程加快，我国央行势必进一步加强利率政策决策与操作过程中的公开与透明。[2]

由于利率微调模式偏重于信息的供给与分析，以引导公众形成理性预期，实现利率政策的预定目标。为此，要想进一步强化我国利率微调模式的有效性，还需要从几方面加以提升：

第一，不断提高我国央行利率政策知识的透明度。当前，我国央行在货币政策信息发布上还存在涉及内容过于专业、形式过于复杂等问题，且在沟通渠道与沟通方式上还存在一些局限性。这就需要加快推动我国央行与公众之间的信息沟通。力求通过对利率政策相关信息的简写与平民化，以及通过一些概念性的描述，加深公众对利率政策的理解。同时通过使用一些浅显的文字向公众传递央行对当前经济形势的判断以及对未来货币政策的前瞻性分析，以正确地引导公众对未来政策走向的预期。此外，我国央行还需加快推进货币政策信息化平台的建设工作，进一步规范信息披露的内容、方法、时间和形式，逐步形成利用现代化电子科技产品、网络平台等简单、便捷的沟通方式来增强央行与公众之间的信息互动，从而降低信息的双向获取成本，以此来协调央行利率政策实施进程中的顺畅与稳定。

第二，逐步推进我国央行利率政策目标的透明度。虽然按官方的说法，我国央行目前是以物价稳定作为利率政策操作的唯一目标，在实际操作中，物价

---

① 依此准则的要求，中央银行的透明度集中体现于对自身的定位、公开与政策决策的相关信息、确保公众对相关信息的可获得性等。

② 陈利平．中国银行货币政策的透明与模糊［J］．世界经济，2005（2）：9—12.

稳定并不是我国央行利率政策操作的唯一目标，而只是主要参考目标。事实上，这种政策安排并不悖于我国当前的经济发展形势，反而有其客观的合理性(关于这一点，第五章已经做过具体分析)。但是，目前仍然存在的弊端是，我国央行在公布利率政策的相关信息时，时常隐瞒了对此问题的解说。从而导致许多公众过于单纯地相信了利率政策与物价稳定之间的唯一关系，忽略了对其他目标的关注度。在某种程度上，会扭曲公众对利率政策预期的科学合理判断，不利于利率微调效果的发挥。

第三，进一步提升我国央行利率政策操作的透明度。按照国际通行的惯例，中央银行应该向公众公布并解释利率政策工具、操作程序和方法，应该针对实现利率政策目标的进展情况和前景定期发表公开声明，应该就宏观经济形势变化及其调整可能对利率政策目标的影响及时发表报告。基于此，我国央行也要加快调整对外公布利率政策预测信息的频率，通过各种渠道、方式向公众披露利率调整决策以及相关工作的程序，同时增加预测信息的实质内容。为了让公众更好地了解利率政策操作的阶段性成果，要及时准确地向公众发布各项经济统计数据，说明利率政策的执行效果，以此避免公众对利率政策的操作进程与执行效果产生错误判断。①

三、强化利率微调的制度支撑：深化利率市场化改革

我国利率市场化改革的实质就是要按照当今国际上利率市场化的通行做法，将利率的决策权交给金融机构，由金融机构根据货币市场资金的供求情况以及通过对金融市场动向的合理判断来自主调节利率水平，最终形成以市场供求为基础，以中央银行基准利率为核心，以货币市场利率为主体的利率管理体

---

① 徐杰．货币政策透明化及对中国的启示［J］．国家行政学院学报，2009（5）：114—117．

制和利率形成机制。当前，我国已经形成了两种利率体系：官定利率体系和市场利率体系。在利率市场化程度较高的国家，官定利率与市场利率之间存在着有效的传导。在我国，由于人民币存贷款利率放开时间太短，主动灵活的调节机制尚未形成，利率体系不能有效传导实现联动，市场主体对利率变动的反应不灵敏，利率的市场化程度仍不高。故此，时至今日，虽然我国央行对利率的管制已经放开，但距离完成利率市场化，还有最后两步：一是市场的资金定价机制；二是货币政策的传导机制。否则，利率放开了，但市场上的刚性兑付和隐性担保并没有消除，也就是说，价格放开了，市场参与机构的行为却没有改变，这可能会导致严重的道德风险，使金融风险大幅上升。①

利率微调的核心要求在于，中央银行对利率的每一次小幅度调整，都能及时、顺畅地传递至市场，促成市场利率的同向变动。鉴于此，为了确保利率微调的顺利实施，下一阶段，我国还要继续推动利率市场化改革的完成，有序地突破利率市场化的最后壁垒，形成金融机构的自主风险定价机制，最终完成管制型的利率管理体制向有管理的市场化利率体制转变。考虑到目前现状，我国央行要在加快改善市场资金定价机制和疏通货币政策传导机制等方面多下功夫。具体内容如下：

第一，加快改善市场资金定价机制，使得市场资金真正能由市场主导、能反映出市场上的需求变化。从最终目标来看，利率市场化的实现不仅仅是存款利率的放开，更显著的标志是在央行的货币政策引导下的资金收益的市场定价，而真正走到这一步则需要推进四个方面的机制建设：一是各金融机构健全内部资金转移定价机制，以科学地指导产品利率定价和集中管理市场风险。这就要求各金融机构能够钉住市场基准收益率曲线，综合 Shibor，央票和国债收

① 黄益平．利率市场化改变尚未完成［N］．新京报，2015－11－18．

益率等拟合内部市场基准收益率曲线，并以此形成本行基准的内部资金转移定价，确保资金安全性、流动性和营利性的有机统一。二是各金融机构健全贷款利率定价机制，以形成贷款利率定价的良性秩序，为央行货币政策价格调控打下坚实基础。这就要求各金融机构在综合考虑本系统最优客户的最低风险溢价和最低客户利润率等因素的基础上，在接受央行等监管部门检查论证和社会市场有效监督的前提下，最终建立各自的贷款利率底价。三是健全风险定价机制，缓释并转移风险，以改善资源错配及监管套利所导致的融资效率低下等问题。为此，既要提高对大中型企业风险定价的精准性，也要建立健全小微企业和个人客户的风险定价机制。要利用互联网技术充分收集、积累各种数据，以跟踪分析验证客户所在行业和地区的风险定价指标，不断提高风险溢价估算的精准性。四是存款类金融机构建立健全存款利率定价机制，以防范高息揽储、存款大战的多种风险。对此，要主动参考本系统资产负债管理、利率风险和流动性风险管理和全行调控的需要，以及存款利率市场化改革进度和市场竞争及其市场定位等因素。最终，存款利率定价还要实行从逐笔定价和单产品定价向客户关系综合定价转型。①

第二，进一步理顺货币政策传导机制，使央行的货币政策能够有效传导至各个层级。从技术上来看，货币政策传导机制不畅与基准利率体系的构建、央行职能及其权力边界的确定、货币政策操作工具的选择、金融信息的公开透明度以及金融监管的措施和手段等息息相关，关于这些内容，我们已经在本书不同章节做出了不同程度的论述。事实上，除了上述的技术方面原因之外，从某种角度而言，货币政策传导机制不畅，也是经济结构不合理、发展方式不科学的反映。为此，要进一步理顺货币政策传导机制，除了要真正打通从货币政策

---

① 郭建伟. 利率市场化与利率定价机制［J］. 中国金融，2013（22）：16—19.

到“三农”和小微企业等实体经济的“最后一公里”，除了货币政策工具创新和“灵活运用组合”之外，还需要财税政策和监管政策协同出手，共同疏通，让“流动性如春雨润万物一样渗透到实体经济当中，使实体经济中的小苗长成大树”。①

第三，逐步放开替代性金融产品的价格，使利率市场化改革能够整体推进。利率本身是涉及由多种价格构成的整体，涉及很多相关金融产品和服务的价格，利率市场化需要对这个相互关联的定价体系进行改革，推动整个金融产品与服务价格体系的市场化。否则，如果利率名义上市场化了，而与中间业务相关的产品和服务定价却不放开，则会出现新的扭曲，商业银行也没有足够的激励去发展中间业务。这也许无法一步到位，但总体而言，利率市场化改革应整体推进，在放开存贷款利率的同时，一系列上、下游产品和替代产品的定价权也应同时交由市场决定。②

诚然，如前所述，我国的利率市场化改革即将完成。众所周知，在我国，利率市场化改革不可能一蹴而就，必须在综合权衡、利弊分析之后，通过循序渐进的方式逐步推进。事实上，这正是我国自 1996 年以来所采用的利率市场化渐进式改革思路。故此，我国中央银行在放开对金融机构存贷款利率管制之后，还必须注重发挥拆借利率的调控作用。通过将银行间同业拆借市场利率打造成我国货币市场的基准利率，以凸显拆借利率在货币市场利率传导上的核心地位。③ 鉴于此，在利率市场化改革完成之后，央行就会突出采用市场化手段，通过市场交易的形式来引导商业银行的运作，确保商业银行在实现利润最

---

① 许志平. 降准考验货币政策传导机制 [N]. 金融时报，2015－02－09.

② 周小川. 关于推进利率市场化改革的若干思考 [EB/OL]. (2012－01－12). http://www.pbc.gov.cn/publish/bangongting/.

③ 胡海鸥，贾德奎. “利率走廊”调控的理论与实践 [M]. 1 版. 上海：上海人民出版社，2006：277—278.

大化的条件下，以符合中央银行的要求做出相应的利率变动反应。

四、完善市场体系建设和金融监管

（一）继续完善市场体系建设

利率并非是一个能够独立发挥其政策效果的经济变量。利率微调政策的传递过程也需要与整体国民经济运转的诸多方面紧密联系，需要一系列相关政策和措施的支持与配合。只有这样，才能确保利率微调效果与预期政策目标的吻合程度较高。就此而言，利率微调政策的有效实施还必须以市场体系建设为基础和支撑平台。为此，我国仍然需要将注意力继续集中在推进市场体系的建设和完善上。基于市场体系的不断发展和完善，以此为市场化背景下的利率微调政策制定和执行创造必要的基础性条件。具体看来：一是既要确保宏观经济发展目标长期稳定，又要做到顺应形势、合理安排，为利率微调手段的合理运用打造良好的外部经济环境。2015 年，我国货币政策调控基调表现为“继续实施稳健的货币政策，更加注重松紧适度，适时适度预调微调；灵活运用各种工具组合，保持银行体系流动性合理充裕，引导货币信贷和社会融资规模平稳适度增长”。以此为基础，我们认为，下一阶段，适应我国实行利率微调的宏观经济、政策环境将进一步凸显。而利率政策的“稳中微调”将助推我国宏观经济的平稳增长；二是大力建设和完善金融市场。包括资本市场、货币市场、保险市场、外汇市场、期货市场、金融衍生产品市场在内的多层次金融市场体系。通过加强金融市场的基础性制度建设，促进不同层次市场协调发展，以发挥金融市场体系的整体功能，提高金融市场体系的运行效率。

（二）加强对微观市场主体的打造

利率微调政策的有效实施，除了要理顺中央银行的利率调控思路之外，还需要加强对微观市场主体的打造，使之成为确保利率微调政策效果发挥的中介与目标载体。对此，首先，要推动商业银行进一步完善企业化管理体制和商业化运作机制，确保基准利率对商业银行利率变动的有效传导。商业银行要在接受中央银行间接调控和金融监管下，按照自主经营、自负盈亏的原则和营利性、安全性、流动性的要求，根据市场资金的供求状况、各自的业务特点、资金用途、贷款方式、借款者信誉程度、资金组织的成本费用等因素，自主决定存贷款利率。其次，要按照现代企业制度的要求对国有企业进行改革，使国有企业成为真正的市场主体。由于企业是国民经济的主体，是利率政策发挥实效的目标载体，如果企业不具有依据利率变动而调整其经营决策的动力，利率微调的政策意图必然付之一炬。为此，打造利率微调的微观市场主体，还需以制度的形式从根本上解除传统计划经济体制对国有企业的束缚。使国有企业拥有自主经营决策权，并具有自己的经济利益，真正成为自主经营、自负盈亏的法人实体和市场主体。只有这样，才能使国有企业出于自身利益考虑而对市场利率等价格信号做出灵敏的反应。再次，要拓宽中小民营企业的外部正规融资渠道，增强其对市场资金价格的敏感性，使其能对货币当局的利率调整做出及时的反应。最后，还需规范资本市场运作，拓宽居民投资渠道，提高居民收入水平，与此同时，还要加快推进社会保障制度等配套改革，以此来增强居民的货币需求弹性，进而加强居民对利率变动的灵敏度。

（三）不断深化金融监管的水平

以利率市场化改革为重要支撑的利率微调也离不开政府有效的金融监管，这也是确保利率微调传导机制有序进行的不可或缺的配套性政策措施。在利率市场化改革的进程中，如果不加强金融监管，就容易导致利率的变动过快、过猛，从而加大金融机构的利率变动风险。为此，在推行利率微调措施的同时，我国政府相关部门也应在金融监管方面进行必要的配套改革，以确保利率微调有序运转的金融市场环境。基于此，要加快研究建立金融体系审慎监管制度，以有效防范和化解各类潜在金融风险，保障金融体系安全稳健运行。其一，中央银行要进一步改进监管方式，扩大金融监管的范围，注重监管效果，提高金融监管水平和效率，实现对所有金融机构、金融产品和金融市场的公平监管，充分发挥其在利率政策调控中的地位和作用。其二，健全金融监管协调机制，建立金融监管联席或联动制度，解决现行监管模式下可能无法解决的监控真空或薄弱地带问题，形成更加灵活、措施更加得力的监管磋商和信息交流共享机制，着力防范跨业、跨境风险。其三，根据形势发展，适时完成与利率政策实施有关的法律法规，通过引入先进的监管技术和监管手段，推进商业银行和其他金融机构风险管理的不断改进，强化信息披露，提高产品交易透明度，提高金融监管水平。其四，逐步引导金融市场竞争模式从自由竞争模式向责任竞争模式转变，通过建立对金融风险的及时校正机制，确保利率微调措施能够有效减缓银行流动性的暂时性波动，并顺利地将货币市场利率引向预期的方向，以避免产生不必要的负面信号效果。

第二节　中国利率微调模式的政策思考

一、国际利率联动下我国利率政策的理性选择

在经济全球化背景下，一国的利率政策调整不仅会受到国内经济发展的影响，也会受到国际经济形势变化的波及，二者相互影响、紧密联系。近年来，经济全球化的步伐不断加快，不仅改变了一国利率政策发挥作用的金融环境，

而且也对利率政策效率提出了挑战。当前，全球经济金融一体化趋势正在增强，生产要素跨国流动及世界各地区经济融合的程度已经远远超过历史上的任何一个时期，并且仍在不断地向前发展。在此背景下，无论是对内部需求的管理还是对外部需求的管理都会受到外部因素的干扰，因此，一国在考虑内部平衡的同时还要兼顾外部平衡。在开放经济条件下，由于国际资本的完全流动，极小的利差也会引起大量的资本流动，终将使国内外的利率差异完全消除。这也就是说，在资本完全流动下，国内利率不是完全的内生变量，在某种程度上也由国际市场利率水平所决定。此时，国际市场决定的利率水平通过这个机制进一步通畅传导至其他国家，从而促进各国的利率水平最终趋于一致。

事实上，国际利率的联动调整在金融危机与后金融危机时期表现更为明显。2008 年一场起始于华尔街的金融危机如同“海啸”一般，以前所未有的广度和深度刺激着全世界的神经，为了共同应对金融危机对本国经济的冲击，各国政府更加倾向通过合作来提升本国利率政策的效果。美联储、欧洲央行、英国银行、瑞士央行、加拿大银行、瑞典银行及日本央行发表联合声明指出，在全球金融危机中，多个央行不断商讨，采取前所未有的联合行动，提高资金流动性，缓解金融市场的紧张状况。例如，2008 年 10 月 7 日，澳大利亚储备银行超乎市场预期地降低基准利率 100 个基点，第二天，中国、美国、欧盟、英国等国六大央行集体宣布降息。正确认识当前世界各国利率调整的联动性，有助于我们准确把握利率微调所面临的一些新情况，主动关注一些新问题。

在全球化背景下，随着各国对外开放程度的深化，国际利率联动的程度日趋紧密。虽然各国赋予金融工具的内涵不同，各国利率在一定程度上存有差异，但在开放经济条件下，人们对各种金融工具的需求变化会以整个国际金融市场为媒介，从而引起国际资金的自发流动，最终使得各国利率政策产生共振，全球大多数国家之间会逐渐形成相对一致的利率变动周期。很显然，一个国家的资本越是开放，其利率在国际的联动效应也越迅速越完全。因此，在全球利率联动的效应下，各国的利率政策不再可能像原来那样由本国货币当局仅依照国内形势进行绝对独立的调控。在宏观调控背景下，利率政策操作不仅与本国财政、税收等政策紧密相关，而且还与全球利率联动有着密切的联系。若在利率杠杆的运用上不重视利率联动与相对独立的统一性，就会造成利率作用扭曲，约束软化，运行无序，调控乏力。[①] 综上所述，在全球化背景下，国际利率联动不自觉地已经成为各个国家制定并实施利率政策的前提条件，即全球化开始对一国的利率微调政策提出了更高的要求，进一步影响到一国货币政策的独立性。这里货币政策的独立性有两种含义：一是国内的独立性，即货币政策不受其他政策和部门的制约；二是各国之间的独立性，即一国的货币政策不受国外的影响。在全球化背景下，各国利率政策之间的独立性是相对的，货币当局同样要密切关注国际上尤其是美国等主要发达国家的经济金融形势，以及利率政策的变化，既要看到各国政策之间的博弈，又要看到各国政策之间协调的重要性。此外，需要指出的是，全球化有可能破坏一国利率的传导体系，即央行可以施加调控的短期利率与长期利率之间的相关性降低问题。这样会牵涉到资产价格膨胀的问题。因此，在全球化逐渐深化的背景下，一国货币当局在制定利率微调政策决策时，必须要提高利率政策对资产价格变动反应的前瞻性和预见性，并将其作为利率政策考虑的因素之一。

以美国为例，虽然在以调控实际利率为目标的利率规则的指导下，美国经济实现了从 20 世纪 90 年代全球化不断深化背景下的良性发展。然而，不容忽视的事实是，进入 21 世纪后，受到金融全球化因素的影响，美联储以短期利率为操作工具的利率微调模式受到了新的挑战。这主要表现为：2004 年 6 月

① 陈益锋. 中国经济在调头吗？——专访中国人民银行研究局局长唐旭 [J]. 中国新时代，2005 (8)：68—70 .

至2006年7月美联储连续17次提高联邦基准利率，从1%提高到5.25%，但其长期国债的收益率并没有发生显著的变化，直至2006年7月最后一次加息，10年期国债的名义收益率一直低于联邦基金利率。我们知道，对经济产生影响的是长期利率，在传统的凯恩斯利率政策传导渠道中，短期利率和长期利率之间有一种长期稳定的关系，两者的变动是同向的。但在金融全球化的背景下，由于国内外金融资产的替代效应、跨境资本的自由流动等因素造成国内利率，尤其是中长期利率在很大程度上取决于全球市场而非本国的货币市场，这就导致了对短期利率的调整不能有效地传递给长期利率。因此，美联储虽然可以在货币市场上调控短期利率，但由于短期利率与长期利率之间的传导被割裂开了，最终利率政策很难对经济产生实际影响。而2007年美国次贷危机的爆发，进一步地证实了经济金融全球化造成的长期利率低于短期利率的收益率曲线倒置现象，不仅会弱化利率政策的效果，还会产生利率政策的负面效应和金融危机。① 尼古拉·塞特利（Nicola Cetorelli）和琳达·戈德堡（Linda Goldberg）通过分析指出，在经济金融全球化的背景下，美联储试图通过调整联邦基金利率而影响宏观经济运行的政策效果必然会大打折扣。

（一）我国利率政策操作的发展趋向：联动中的相对独立

在国际利率联动下，中国作为全球最大的发展中国家，早已融入国际经济发展的潮流之中，坚持“独善其身”的“独立”构想已经成为不可能。因此，在国际利率联动下我国利率政策的理性选择是：与国际利率联动接轨的同时保持相对的独立。实质上，我国利率与国际利率之间的联动日益增强，趋势不可逆转；在该前提下，我国利率政策操作取向应该是保持利率联动中的相对独立，在我国原有的非联动利率基础上强调利率的联动性；坚持相对独立基础上的

---

① 刘仁伍．全球化背景下的货币政策调控［M］．北京：社会科学文献出版社，2007：35—37.

国际利率联动性与在联动中我国利率政策的相对独立性。下面分两方面来阐述：

第一，国际利率联动已经成为各国国家制定实施利率政策的现实背景，因此，我国利率政策在制定和实施过程中应该综合考虑利率的联动趋势，避免“独立”的自我操作，具体衡量利率联动中的利弊因素，进行有利因素的合理倾向与不利因素的恰当规避，在全球宏观视角下，进行我国联动利率政策操作。

第二，利率机制具有相对的独立性，其运行和调控均受自身运行规律的支配。利率从其来源上看是对剩余价值的一种分割，在分割后是彼此完全独立的一种价值形式，有其自身的规律性，不再完全受制于产业资本的利润率水平。正如马克思所言：“一般利润的决定与市场利息率的决定不同。市场利息率是由供求关系直接地、不通过任何媒介决定的，一般利润率事实上是由完全不同的复杂得多的原因决定，因而也不像利息率那样是明确的和既定的事实。”①同时，由于各个国家的国情和发展阶段的不同，利率政策操作保持相对独立性是在所难免的。

实际经济生活中，利率政策操作不仅内在与财政、税收等政策紧密相关，而且外在与全球利率联动有着密切的联系。若在利率杠杆的运用上不重视利率联动与相对独立的统一性，就会造成利率作用扭曲，约束软化，运行无序，调控乏力。② 在国际利率联动条件下，我国利率政策操作的取向研究要求央行在关注利率自身发展特色的同时，也要应用宏观的视角从国际利率的联动性与未来发展趋势进行理性选择。央行针对国内经济所承受的冲击状况和资金成本收益实况来对利率进行调整的同时，巧妙利用国际利率联动机制，将利率政策操作的联动与相对独立互相糅合，两者可共同存在于我国的利率政策操作中，使

---

① 闫素仙．浅析利率机制基本功能的特征及利率功能释放的条件［J］．生产力研究，2000（3）：14—16．

② 陈益锋．中国经济在调头吗？——专访中国人民银行研究局局长唐旭［J］．中国新时代，2005（8）：68—70．

我国的利率政策操作效果事半功倍。

在错综复杂的经济形势下，国际利率联动已是大势所趋，不可避免。在这个潮流下，我国的利率政策操作在增强利率联动的同时，还应保持我国利率政策的相对独立，从我国的特殊国情着眼，实施有针对性的，有的放矢的利率政策，保持我国利率政策操作的相对独立性。

（二）立足国内市场

为了减缓全球经济波动对我国经济造成的负面影响，稳定我国的对外贸易依存度，实施相对独立的利率政策，当前的首要任务是："牢固树立和贯彻落实创新、协调、绿色、开放、共享的发展理念，适应经济发展新常态，坚持改革开放，坚持稳中求进工作总基调，坚持稳增长、调结构、惠民生、防风险。"[①] 近年来，由于受国际金融危机快速扩散和蔓延的影响，我国经济增长下滑较快，此时挖掘我国国内市场来发展经济不失为明智之举，这一导向充分利用了中国经济回旋余地大的特点，不仅能够有效化解当前一些企业面临的经营困难，还开辟了国内需求这个大市场。

目前，我国城乡居民的消费增长一直较为稳定。但是，在全球经济波动下，我国居民的城乡差异、区域差异、社保、教育、医疗等方面的问题与矛盾日益突出，这些弊端直接导致刺激我国经济增长的内需出现不足。为实施内需主导型经济发展战略，中央和地方政府制定并实施了一系列措施。首先，政府采取对广大农村财政补贴的办法，鼓励农村消费升级，实行现代家电下乡和现代物流与消费服务下乡。这项措施的用意有：一是为出口外向型企业取得改善经营模式和调整经营目标的时间；二是使农民受惠，进一步推进农村市场的启

① 新闻分析：2016年中国经济发展前景展望［EB/OL］．（2015－12－15）．http：//news.xinhuanet.com/ttgg/2015－12/15/c_1117471055.html.

动；三是提高农村居民的生活质量，改变其消费模式。其次，进行发展战略的承接与转移。在我国东部经济发展的基础上，完善中西部的产业调整和布局，进一步加大“三农”投入，加大农业补贴，提高农民收入，实现东、中、西部的和谐发展。此外，为完善社会保障制度与改善民生条件，主张实施更加积极的就业政策，加快完善社会保障体系，扩大社会保障的覆盖层面，初步实现人人享有基本医疗卫生服务。这一系列政策措施对广大内陆地区的经济安全和生产要素的优化配置，具有持久深刻的影响。

同时，在经济波动下，较多发达国家经济陷入衰退，整个国际的需求量大幅收缩；而我国正处于工业化与城市化的建设进程中，人口众多，国内市场广阔，需求潜力巨大。因此，我国政府应该转换宏观政策思维，实施积极的财政政策和适度宽松的货币政策，切实把经济增长的基本立足点放在扩大国内需求上，建立在满足国内需求的基础之上的产品生产与出口。在满足国内市场的前提下形成我国工业制成品的比较优势，降低对国外市场的依赖程度，自己掌控企业的生存状况，利用这次国际经济结构调整的时机，加快形成主要依靠内需特别是消费需求拉动经济增长的格局。

由此观察，实施立足国内市场的方针，以直接的方式应对国际经济波动带来的负面效应的同时，给中国经济在新的世界经济格局下实现成功转型开辟了道路。立足于国内需求市场，我国利率政策操作的方向更为明朗。①

（三）加强中美经济政策合作，深化双边对话合作机制

经济全球化的深化加速了国际金融资本的迅速流动，不仅提高了全球资源的配置效率，促进了世界经济的发展，而且也增强了国际金融市场的联动性和加剧了全球经济的波动程度。随着各国资本市场的联动程度不断加强，全球经

① 游丽华．国际利率联动下我国利率政策操作取向研究［D］．福州：福州大学，2010．

济体之间的政策协调难度也在不断加大，为了能够获取经济全球化带来的好处，避免系统性风险的发生，客观上要求各国信息共享、成本共担、加强合作。以往的历史经验告诉我们，面对开放经济条件下的经济动荡，单靠各国的独立经济政策已经很难进行有效的宏观经济管理，更难以维护世界经济的持续稳定，要积极开展地区或全球性的宏观经济政策合作，增强国家间的政策协调性，共同促进地区和世界经济的平稳发展。

中美两国是世界上最重要的两个经济体，中国作为最大的发展中国家，是发展中国家的代表，美国作为最大的发达国家，是发达国家的代表，两国的经济增长在金融危机爆发前四年中占据了全球的一半有余。中美两国在贸易、金融等领域有着极强的利益相关性，在贸易方面，2014 年中美双边货物贸易总额 5550 亿美元，同比增长 5.4%，占同期中国货物进出口总额 12.9%。其中，中国对美国出口 3960 亿美元，同比增长 6.4%，占同期中国货物出口总额 16.9%；自美国进口 1590 亿美元，同比增长 3.1%，占同期中国货物进口总额 8.1%，中国对美货物贸易顺差 2370 亿美元，占同期中国货物贸易顺差的 62%。[①] 在金融方面，中美两国相互依赖性逐渐增强。截至 2014 年 12 月底，中国持有美国国债 1.2443 万亿美元，虽然已经减持 61 亿美元美国国债，但仍为其最大债权国。同时，中美两国又是世界经济不平衡中的两大对立国：美国是最大的逆差国和债务国，而中国是最大的顺差国，并巨额持有美元外汇储备。[②] 后金融危机时期，世界经济复苏前景将充满不确定性，此时对于加强中美两国的经济政策合作既符合双方的共同利益，也有利于稳定世界经济和金融

① 中国人民银行. 2014 年中美贸易投资简况［EB/OL].（2015－03－17). http://us.mofcom.gov.cn/article/ztdy/201503/20150300911236.shtml.

② 张汉林，袁佳. 后危机时代中美对话新机制战略研究［J］. 世界经济与政治，2010（6）：129—141.

形势，从长期来看，对增强我国与美国的利率联动性也有着深层次的意义。

美国与其他发达国家的经济金融政策协调机制比较健全，早在 1985 年美国就与英、法、德、日四国签署《广场协议》，确定了汇率协调机制。从 1986 年起，发达国家之间已经形成英、法、美、日、德、意、加七国财长和央行行长会议机制，定期对包括汇率、经济增长率、通货膨胀率、货币增长率、利息率、失业率、财政赤字、外贸逆差以及储备状况等在内的九项经济指标进行协调，取得显著成效。而中美两国却在经济金融领域的合作比较少，政策协调的对话机制缺失严重。中美之间最早的政策协调对话机制可以追溯到 1980 年 9 月在美国华盛顿举行的中美联合经济委员会（JEC）。2001 年 12 月，随着中国正式加入 WTO，中美两国经贸合作领域不断扩大，合作的水平也不断提升，在中美两国的相互促成下，2006 年开始第一次中美战略经济对话。在经历了 5 次中美战略与经济对话和 6 次中美战略对话之后，中美两国元首于 2009 年 4 月在 20 国集团伦敦峰会期间决定，将这两个对话体系合而为一，以“中美战略与经济对话”的名称延续下去。其中，第七轮中美战略与经济对话于 2015 年 6 月底在华盛顿成功举行。在中美双方日益紧密的经济交往背景下，深化两国对话合作机制对加强两国宏观经济政策合作与协调，增强中美利率联动性，促进经济的共同发展具有重要的意义。为此，我们可以从以下三个方面入手：

第一，增强两国政策的透明度。如果从各自国内的货币政策实践来看，中美两国的货币政策透明度都不高。美联储的货币政策长期奉行“越不透明越有效”的理念，从未清晰表达过政策的规则。而中国的货币政策决策环节过多、时间过长，存在严重的内部时滞问题。因此，若要增强两国利率的联动效应，强化中美两国宏观经济政策的合作，以“中美战略与经济对话”为平台推动中美双方高层的互访以及交换两国在国际经济问题上的看法和意见。

第二，进一步提升中美双方的对话等级。随着中美战略与经济对话机制越来越受到两国领导层的重视，双方就该对话机制达成的协议也逐渐偏重于战略性，议题的重要性与规模也在不断增加，客观上需要提升该对话机制的等级。为此，可以建立一个峰会机制，实现中国国家主席—美国总统以及两国多部门部长级的对话，将对话机制提升到元首级，提高对话的层面和议题的范围，并且实现峰会的定期举行。同时，在该机制下，可设立中美峰会协调沟通委员会，对两国共同关注的经济等问题进行协调沟通，从而有效解决两国的政策协调问题。

第三，提高国际责任意识。中美两国的经济金融政策合作是大势所趋，但两国在加强双边经济金融政策合作时，不能忽视由经济政策溢出效应给其他国家带来的外部负效应。中国和美国作为负责任的两个大国，在货币政策合作与协调上不仅要维护本国利益，更要尊重他国的利益，及时将两国的政策合作内容披露，避免两国的政策协调对他国福利造成不必要的损伤，承担起更多的国际责任。①

二、注重利率与汇率的互动及政策协调

随着我国对外开放步伐的不断加快，中国经济开始全方位地融入全球经济。在此背景下，汇率政策、资本流动也逐渐成为影响我国宏观经济的重要变量。理论上看，当一国在封闭经济条件下，由于国外因素基本不会对国内均衡产生冲击，因此，此时的宏观经济均衡主要取决于国内均衡。然而，在开放条件下，由于国外因素会通过各种途径对国内经济产生冲击，进而可能破坏国内均衡。因此，此时的宏观调控政策不应该仅考虑国内均衡，而要在考虑国内均衡的同时联系到外部平衡，最终实现国内外同时均衡。与此同时，在我国的宏

① 刘一林．中美利率联动效应及其变化趋势探研［D］．福州：福州大学，2011.

观经济调控中，由于外部因素的影响越来越多，利率政策和汇率政策之间的冲突与矛盾问题也在不断地升级。

有鉴于此，结合传统政策搭配理论，我国在实施利率微调政策的同时，要想充分实现其政策作用，就不能局限于对利率政策的单一使用，而应该同时加强利率与汇率的互动及政策协调。如果这样，我国央行就可以在执行利率微调政策的同时，通过调节国内外资本流动，有效防止国际资本冲击和国内资本外流给利率政策带来的负面影响。基于上述分析，在开放经济条件下，为了增强我国利率政策的灵活性、有效性和独立性，还需要进一步关注利率与汇率之间的互动及政策协调性。具体要做好以下两方面的协调工作：

（一）协调利率政策和汇率政策的目标

在前面的分析中，已经明确了我国利率政策的首要目标是维持物价稳定。然而，伴随着中国对外开放程度的提高，国内外资本流动的障碍必将逐渐减少，资本自由流动的结果会使得宏观调控中利率政策和汇率政策（首要目标是维持汇率稳定）的目标之间产生了冲突。事实上，1994 年以来，我国利率政策和汇率政策的目标之间就出现过四次冲突：第一次，1994—1996 年，外汇储备快速增加，央行需投放大量的基础货币。与此同时，较高的通货膨胀率却需要货币当局采取加息政策。这就使得抑制人民币升值的汇率政策与紧缩的利率政策之间产生目标冲突。第二次，1997—2000 年，受亚洲金融危机的影响，我国经济由原来的通货膨胀转变为通货紧缩。为了减缓通货紧缩的压力，我国货币当局主要采用的是扩张性的降息政策。然而，由于国际收支顺差减少而导致外汇储备大幅下降，我国央行减少基础货币投放量。这就使得抑制人民币贬值的汇率政策与扩张的利率政策之间产生了目标冲突。第三次，2002—2005 年，由于国内经济逐渐升温，政府开始采取加息政策来防止经济“过热”。但是，由于外汇占款产生了相当规模的货币投放，这与稳健的利率政策目标发生冲突，从而使得保持人民币汇率稳定的汇率政策与稳健的利率政策之间产生了冲突。第四次，2007—2008年，由于通货膨胀的压力继续走强，我国货币当局仍然采取紧缩性的利率政策。然而，由于外汇储备的剧增使汇率单向升值的步伐进一步加快，这就与紧缩性的利率政策之间产生了冲突。①

综上所述，尽管中央银行可以同时控制利率和汇率，但在开放经济条件下，一国的利率政策和汇率政策会相互影响、相互制约，从而导致二者之间容易产生政策目标的不协调性，这会增加中央银行货币政策操作的难度。为此，中央银行在执行利率政策时，应该兼顾汇率政策的需要，通过协调利率政策和汇率政策的目标，以确保利率政策的执行效果。② 具体来说，就是要进一步明确汇率稳定目标和物价稳定目标之间的轻重缓急。就实际情况而论，中国作为一个开放中的经济大国，国内需求仍然占据经济增长的较大比重，因此，内部均衡比外部均衡来得更为重要，确立物价稳定的优先地位就极其重要。当然，考虑到我国目前尚处于内需不足的形势下，维持汇率稳定也有一定的必要。但从长期来看，我国货币政策的首要目标仍然是物价稳定，而汇率稳定只能作为一个从属目标加以执行。

（二）协调利率与汇率的市场化改革进程

目前，在我国利率政策和汇率政策的组合上，利率还处于管制利率阶段，汇率虽然自2005年就开始实行有管理的浮动汇率制，但依然受到较大程度的管制，比如资本项目还没有放开。当前这种以管制型为主要特征的利率和汇率制度，不仅难以实现我国国内外的同时均衡，还会加大央行的管理成本。鉴于此，加快并协调利率和汇率的市场化改革进程，就变得越发重要起来。基于对

① 刘仁伍. 全球化背景下的货币政策调控［M］. 北京：社会科学文献出版社，2007：305.

② 刘明志. 汇率利率的相互作用和利率政策的内外协调［J］. 中国金融，2006（7）：55.

利率政策与汇率政策的比较，我们认为，在我国利率与汇率的相互协调及政策搭配中，利率市场化改革是前提，汇率制度的选择是关键。故而，我国首先要加快利率市场化改革的步伐，逐步建立利率政策和汇率政策之间的灵活传导机制。在此基础上，再逐步实现真正的有管理的浮动汇率制。关于利率市场化改革，此前已有论述。在这里，主要探讨一下实现真正的有管理的浮动汇率制所需注意的问题：一是扩大汇率的浮动范围。我国目前实行的有管理的浮动汇率制度，偏向管理，忽视浮动。这种汇率制度只能起到稳定预期的作用，不能起到调节市场的作用。因此，从近期来看，汇率改革的重点还在于适当扩大人民币汇率的波动区间，减少中央银行在外汇市场上的被动操作，增强中央银行在基础货币投放上的主动性。二是建立远期外汇市场。远期外汇市场的存在，不仅有助于规避汇率风险和为机会投资者提供套期保值的便利，还有助于商业银行的流动性管理、风险管理以及短期融资，更有助于为中央银行进行市场干预提供中介，增强利率政策和汇率政策之间的连接和沟通。三是改强制结售汇制为意愿结售汇制。现有的强制结售汇制不但使汇率风险集中在央行，而且阻碍外汇市场的发展，实行意愿结售汇制，允许中资企业适当持有外汇，将有利于发展外汇市场和分散汇率风险。①

（三）协调利率政策与汇率政策的外部环境

改革开放以来，我国一直推崇的以通过鼓励外资流入和扩大出口促进经济发展的出口导向政策，造成了微观主体对汇率贬值的依赖，严重滞后了我国汇率制度改革的发展。而作为一个转轨时期的国家，金融体系建设不完善也是影响我国利率政策和汇率政策协调作用的一大弊端。想要真正协调利用好利率政策工具和汇率政策工具，需要做足以下三点：

---

①　范方志，赵明勋．当代货币政策：理论与实践［M］．上海：上海三联书店，2005：363.

1. 加快推进人民币资本项目自由化进程

在实现汇率浮动之前，我国通过对资本账户加以管制来确保利率政策的独立性。加入 WTO 后，中国的汇率管制逐渐放开，对资本账户的管制已不能适应开放经济下的协同趋势（目前我国资本项目尚有 1/3 实施管制），协调利率政策和汇率政策的有效性以及资本账户开放的进程需进一步加快。根据“三元悖论”和我国现阶段国情，只有资本项目的放开，才能有利于从根本上解决人民币汇率的不合理问题，使人民币回归合理水平，减少国家对人民币定价的干预。资本自由程度的提高增加了微观主体的投资机会，我国的外汇储备才能有效运作，从而加快经济结构调整和产业升级。从开放的顺序来看，我国资本项目开放须遵循相应路径：先流入后流出；先直接投资后间接投资；先证券投资后银行信贷；先境外筹资后境内筹资；先金融机构后其他机构与个人。具体来说，从短期而言，资本项目自由化的目标应为实现资本项目基本可兑换；中期目标则是根据金融体系建设的进程，逐步放开 QFII 和 QDII 的投资渠道，降低市场准入门槛，简化外汇管理审批程序，让更多的主体积极参与更为广大的市场。长期目标则是放开除对国家经济安全产生隐患外的所有资本项目。

2. 加快产业结构调整和产业升级

中国作为制造大国在全球价值链深化的进程中，出现了对外需依附性强和产业利润低的现象，目前我国外贸依存度高达 60%。可以预计的是，如果企业未能及时将部分产业从出口转向内需市场，贸易顺差增幅大的情形仍将持续出现，届时将会对利率和汇率的进一步调整形成更大的要求和压力。因此，如果想使利率汇率形成机制在一个比较平稳的外部环境下运行，需要将增长途径从依靠出口拉动转换为由内需拉动和加快第三产业的发展。接下来，我国可以利用长期以来积累的巨额外汇储备围绕内需增加对第三产业的投资，如通过外汇储备对新兴服务业进行财政贴息、改革医疗和教育体制、加大对城市交通等公共基础设施建设的投入。通过上述渠道缓解国际舆论对我国贸易顺差的外在压力和外汇储备不断缩水的内在压力，为央行采取利率政策和汇率政策工具进行宏观调控争取了更多的灵活性。

3. 完善金融基础设施建设

金融基础设施是建设安全、稳定金融体系的基本保障。由于传统体制的约束与影响，我国目前的金融基础设施较为落后，存在着金融法规不健全、覆盖面窄，金融监管能力较为薄弱等问题。针对我国目前利率和汇率联动中存在的外部环境问题，只有高效的金融监管才是市场有序运行的重要保障。为此我们应该重新审视金融体系建设问题，吸取国际经验和加大国际合作力度，以期在开放经济中以稳健的方式实现人民币利率和汇率之间传导关系的顺畅和协调。一方面，金融基础设施的建设需要相应的金融法规为其提供支持与保障，要适时清除一些与市场发展不相适应的法律法规和政策性文件，重新建立市场准入红线，保障市场微观主体经济权益，如拓宽资本项目合理进出的渠道，下放部分审批权限给地方政府以建立合理高效的审批权限与流程制度等，要建设与我国利率汇率市场化改革相匹配的金融法律法规，利率汇率市场化改革的各个环节都应有相应的法律法规约束，如在外汇使用范围与方向上，应结合资本项目开放的程度做出相应的规定，对逃汇、套汇、金融诈骗、内幕信息等暗箱操作行为进行严肃处理，以强有力的法制威慑力为我国金融体系构建坚实高效的基础设施。另一方面，在我国金融基础设施建设进程中，必须强化监管机构的作用，在把握利率汇率市场化的适度性时，通过影响市场资源配置支持和调节经济发展进程，如设计合理科学的市场退出机制以推动市场良性竞争，加强与国际监管机构的交流与合作，探讨利率汇率市场化过程中的监管问题，如定期举办国际金融监管合作会议，加强证监局、银监局、保监局和审计部门等金融知识培训，合理借鉴国际上的有效监管模式，构建完善的国际化金融监管体系。

参考文献

一、中文参考文献

[1]马克思. 资本论：第1—3卷［M］. 北京：人民出版社，1975.

[2]马克思，恩格斯. 马克思恩格斯全集：第26卷［M］. 北京：人民出版社，1974.

[3]列宁. 列宁选集［M］. 北京：人民出版社，1995.

[4]毛泽东. 毛泽东选集：第1—4卷［M］. 2版. 北京：人民出版社，1991.

[5]邓小平. 邓小平文选：第1—3卷［M］. 2版. 北京：人民出版社，1994.

[6]江泽民. 江泽民文选：第1—3卷［M］. 北京：人民出版社，2006.

[7]中国共产党中央文献研究室. 十七大以来重要文献汇编：上中下［M］. 北京：中央文献出版社，2013.

[8]陈岱孙. 近现代货币与金融理论研究［M］. 北京：商务印书馆，1997.

[9]胡代光，厉以宁. 当代资产经济学主要流派［M］. 北京：商务印书馆，1983.

[10]陈征.《资本论》解说：第3卷［M］. 福州：福建人民出版社，1997.

[11]吴宣恭．产权理论比较——马克思主义与西方产权学派［M］．北京：经济科学出版社，2000.

[12]胡培兆．经济学本质论：三论三别［M］．北京：经济科学出版社，2006.

[13]吴易风．马克思主义经济学与西方经济学比较研究：第2卷［M］．北京：中国人民大学出版社，2008.

[14]陈征，李建平，郭铁民．资本论选读［M］．北京：高等教育出版社，2003.

[15]李建建，黎元生．《资本论》选读课教材：第3卷［M］．北京：经济科学出版社，2001.

[16]维克赛尔．利息与价格［M］．北京：商务印书馆，1982.

[17]维克赛尔．国民经济学讲义［M］．上海：上海译文出版社，1983.

[18]凯恩斯．就业、利息和货币通论［M］．北京：商务印书馆，1994.

[19]保罗·萨缪尔森，威廉·诺德豪斯．经济学［M］．17版．北京：人民邮电出版社，2004.

[20]格哈德·伊宁．货币政策理论——博弈论方法导论［M］．北京：社会科学文献出版社，2002.

[21]斯蒂格利茨，格林沃尔德．通往货币经济学的新范式［M］．北京：中信出版社，2005.

[22]约翰·史密森．货币经济学前沿：论争与反思［M］．上海：上海财经大学出版社，2004.

[23]本杰明·M．弗里德曼，弗兰克·哈恩．货币经济学手册［M］．中文版．北京：经济科学出版社，2002.

[24]顾钰民．西方经济学流派［M］．上海：同济大学出版社，2002.

[25]米尔顿·弗里德曼．货币稳定方案［M］．中文版．上海：上海人民

出版社，1991.

[26]多恩布什，费希尔，斯塔兹. 宏观经济学［M］. 7版. 北京：中国人民大学出版社，2005.

[27]阿纳维什·K. 迪克西特. 经济政策的制定：交易成本政治学的视角［M］. 中文版. 北京：中国人民大学出版社，2004.

[28]周爱民. 金融计量学［M］. 北京：经济管理出版社，2005.

[29]梅耶，等. 货币、银行与经济［M］. 上海：上海人民出版社，2003.

[30]梁小民. 高级宏观经济学教程［M］. 北京：北京大学出版社，2001.

[31]戴国强. 货币银行学［M］. 北京：高等教育出版社，2005.

[32]范家骧，王志伟. 宏观经济学［M］. 大连：东北财经大学出版社，2003.

[33]施兵超. 利率理论与利率政策［M］. 北京：中国金融出版社，2003.

[34]钱小安. 货币政策规则［M］. 北京：商务印书馆，2002.

[35]范方志，赵明勋. 当代货币政策：理论与实践［M］. 上海：上海三联书店，2005.

[36]梁福涛. 货币市场利率结构、基准利率与利率衍生品创新［M］. 上海：上海财经大学出版社，2007.

[37]高铁梅. 计量经济分析方法与建模——EViews应用及实例［M］. 北京：清华大学出版社，2006.

[38]孟建华. 中国货币政策的选择与发展［M］. 北京：中国金融出版社，2006.

[39]闫素仙. 利息理论与利率政策研究［M］. 北京：中国经济出版社，2002.

[40]刘义圣. 中国利率市场化改革论纲［M］. 北京：北京大学出版社，2002.

[41]钱小安. 通货紧缩论 [M]. 北京：商务印书馆，2000.

[42]刘义圣，李建建. 发展经济学与中国经济发展策论 [M]. 北京：社会科学文献出版社，2008.

[43]刘义圣，王春丽. 中国宏观经济利率微调的操作模式探绎 [M]. 长春：长春出版社，2012.

[44]刘义圣. 利息理论的深度比较与中国应用 [M]. 长春：长春出版社，2011.

[45]刘仁伍. 全球化背景下的货币政策调控 [M]. 北京：社会科学文献出版社，2007.

[46]胡维熊. 利率理论与政策 [M]. 上海：上海财经大学出版社，2001.

[47]余明. 资产价格、金融稳定与货币政策 [M]. 北京：中国金融出版社，2003.

[48]曾宪久. 货币政策传导机制 [M]. 北京：中国金融出版社，2004.

[49]胡海鸥，贾德奎. “利率走廊”调控的理论与实践 [M]. 1 版. 上海：上海人民出版社，2006.

[50]郭庆平，王爱俭. 汇率政策与利率政策协调机制研究 [M]. 北京：中国金融出版社，2007.

[51]孔燕. 通货膨胀目标制在中国的适用性研究 [M]. 北京：经济科学出版社，2008.

[52]卞志村. 转型期货币政策规则研究 [M]. 北京：人民出版社，2006.

[53]吴昊. 中央银行独立性研究——发达国家的经验与中国的改革设想 [M]. 北京：中国社会科学出版社，2003.

[54]解川波，尹志超. 利率市场化与利率风险管理 [M]. 1 版. 成都：西南财经大学出版社，2006.

[55] 陈学彬. 金融学 [M]. 北京：高等教育出版社，2003.

[56]周小川. 将继续实行稳健货币政策 [EB/OL]. (2016－02－26). http：//news. xinhuanet. com. cn.

[57]魏澄荣，刘义圣. 马克思的利率市场性理论与我国利率市场化改革 [J]. 福建论坛（人文社科版），2007 (8).

[58]刘义圣，姜坤. 关于我国利率微调问题的初探 [J]. 福州大学学报（哲学社会科学版），2007 (6).

[59]刘义圣. 关于现时期我国利率微调问题的思考 [J]. 经济问题，2007 (12).

[60]刘义圣，张晶. 利率平滑调控：理论诠评及国外实践的启示 [J]. 东岳论丛，2008 (6).

[61]刘义圣. 我国宏观经济调控体系中利率微调政策的时效性研究 [J]. 东南学术，2007 (6).

[62]王春丽，刘义圣. 我国货币政策的利率微调问题初探 [J]. 福建论坛（人文社科版），2009 (11).

[63] 刘义圣，刘一林. 泰勒规则及其对中国适应性研究 [J]. 当代经济研究，2010 (10).

[64] 王璐，欧世建. 中国利率政策操作：历程、特征与泰勒规则的适用性考探 [C]. 武汉：第三届珞珈国是论坛论文集，2009.

[65]欧世建，刘义圣. 泰勒规则在中国利率政策操作中的适用性阙如 [J]. 世界华商经济年鉴，2009 (12).

[66]刘义圣，欧世建，刘琳. 中国利率政策操作实证研判与目标模式构建 [C]. 沈阳：2009 年中国经济规律研究会第十九届年会论文集，2009.

[67]索彦峰，高虹. 规则还是相机抉择：货币政策选择的交易成本政治学

视角 [J]. 经济评论，2006 (1).

[68]朱奎. 马克思主义经济学范式的特征——兼评后现代主义的马克思主义经济学范式 [J]. 教学与研究，2007 (5).

[69]李蓉，陈志刚. 论范式理论在经济学发展研究中的应用 [J]. 武汉科技大学学报 (社会科学版)，2006 (2).

[70]徐杰. 货币政策透明化及对中国的启示 [J]. 国家行政学院学报，2009 (5).

[71]张汉林，袁佳. 后危机时代中美对话新机制战略研究 [J]. 世界经济与政治，2010 (6).

[72] 王佑元. 对我国再贴现利率生成机制及其政策信号与导向作用的研究 [J]. 经济理论与经济管理，2012 (1).

[73]王建国. 泰勒规则与我国货币政策反应函数的实证研究 [J]. 数量经济技术经济研究，2006 (1).

[74]刘江. 对泰勒规则扩展形式的理性思考 [J]. 中南民族大学学报，2005 (12).

[75]蒋贤锋，王贺，史永东. 我国金融市场中基准利率的选择 [J]. 金融研究，2008 (10).

[76]谭小芬. 通货膨胀目标制与宏观经济绩效：最新研究进展与评述 [J]. 经济评论，2007 (5).

[77]陈利平. 中国银行货币政策的透明与模糊 [J]. 世界经济，2005 (2).

[78]贾德奎，胡海鸥. 利率走廊：我国利率调控模式的未来选择 [J]. 财经研究，2004，30 (9).

[79]黄燕，胡海鸥. 利率平滑的政策操作模式研究及启示 [J]. 当代经济管理，2006 (2).

[80]黄燕君，郑小胡．当前我国利率调控模式的较优选择［J］．理论与实践，2004（8）．

[81]刁节文．通货膨胀目标制：加拿大银行的政策实践与启示［J］．上海立信会计学院学报，2007（9）．

[82]谢平，刘斌．货币政策规则研究的新进展［J］．金融研究，2004（2）．

[83]谢平，程均丽．货币政策透明度的基础理论分析［J］．金融研究，2005（1）．

[84]谢平，袁沁敔．我国近年利率政策的效果分析［J］．金融研究，2003（5）．

[85]谢平．新世纪中国货币政策的挑战［J］．金融研究，2000（1）．

[86]刘树成．多次性微调：使经济增长率不“冒顶”［J］．经济学动态，2006（10）．

[87]刘树成，张晓晶，张平．实现经济周期波动在适度高位平滑化［J］．经济前沿，2006（1）．

[88]方先明，熊鹏．我国利率政策调控的时滞效应研究——基于交叉数据的实证检验［J］．财经研究，2005（8）．

[89]赵尚梅．市场化利率体制有效运行的要件约束与制度建设［J］．经济学动态，2002（11）．

[90]张圣兵．社会主义市场经济应是和谐经济［N］．人民日报，2005－09－16．

[91]陆军，钟丹．泰勒规则在中国的协整检验［J］．经济研究，2003（8）．

[92]萧松化，杨德娟．利率平滑：基于学习机制和美联储实践的分析与启示［J］．国际金融研究，2009（8）．

[93]李建建．马克思利息理论与中国利率市场化的改革实践［J］．当代经济研究，2006（10）．

[94]李建建．马克思利息理论的二重性与当代利率实践［J］．当代经济研究，2008（10）．

[95]杨晓胜．基于Shibor完善我国基准利率的研究［J］．福建金融管理干部学院学报，2007（3）．

[96]2015年上半年金融市场总体运行平稳［EB/OL］．（2015－08－10）．http：//www.pbc.gov.cn.

[97]中国人民银行．央行新增常备借贷便利政策工具　熨平市场流动性波动用意明显［EB/OL］．（2013－11－06）．http：//news.xinhuanet.com.cn.

[98]胡岳峰．关于中国新兴货币政策工具“常备借贷便利”的解析与国际比较［J］．金融经济，2015（2）．

[99]王勇．常备借贷便利已成市场流动性稳定利器［N］．上海证券报，2013－11－12．

[100]马理，刘艺．借贷便利类货币政策工具的传导机制与文献述评［J］．世界经济研究，2014（9）．

[101]安宇宏．常备借贷便利［J］．宏观经济管理，2014（10）．

[102]李鹏艳．常备借贷便利的实施效果分析［J］．商，2015（12）．

[103]郭建伟．Shibor与利率市场化［J］．中国货币市场，2007（7）．

[104]王树同．Shibor与利率市场化：前景展望［J］．中国货币市场，2007（7）．

[105]王静文．如何完善Shibor体系［EB/OL］．（2012－10－26）．http：//news.hexunbank.com.cn.

[106]陈利平．中国银行货币政策的透明与模糊［J］．世界经济，2005（2）．

[107]王云中．马克思利率理论与凯恩斯和萨缪尔森利率理论的比较［J］．当代经济研究，2005（1）．

[108]麦元勋，田晔．我国货币政策效应时滞的实证研究［J］．商业研究，2004 (5).

[109]王宇，吴先红．通货膨胀目标制的政策内涵及其应用［J］．财贸经济，2006 (1).

[110]白淑云．试论通货膨胀定标的货币政策规则在我国的适用性［J］．生产力研究，2005 (3).

[111]王海洋，杨晓光．Shibor运行半年来的分析和评述［N］．科学时报，2007-06-27.

[112]王春丽．利率微调及其对中国的适应性研究［J］．亚太经济，2011 (6).

[113]刘义圣，王春丽．利率微调的国际视角与我国利率调控的新范式［J］．东南学术，2010 (4).

[114]王春丽．我国利率政策实践及其效果的实证检验［J］．西安财经学院学报，2011 (6).

[115]王春丽．我国宏观经济调控中的利率微调问题探讨［J］．中共福建省委党校学报，2010 (8).

[116]王春丽．经济周期波动与我国利率调整——基于凯恩斯利息理论视角［J］．西安财经学院学报，2009 (6).

[117]王春丽．我国利率政策“反周期调控”探析［J］．福建行政学院学报，2009 (5).

[118]宿玉海，王支援，秦川．国际金融危机下推进人民币国际化的几点思考［J］．山东财政学院学报，2010 (1).

[119]游丽华．经济异动条件下全球利率联动分析［J］．知识经济，2009 (9).

[120]于正伟．公共政策、交易成本与治理机制——公共政策研究中的交易成本视角探析［J］．广东广播电视大学学报，2009 (5).

[121]连平，徐光林．资产价格应成为货币政策的重要参考因素［J］．新金融，2009（10）．

[122]温彬．我国利率市场化后基准利率选择的实证研究［J］．国际金融研究，2004（11）．

[123]张林，何广文．我国货币市场基准利率 Shibor 实证分析及运行评价［J］．金融理论与实践，2009（4）．

[124]朱均均．中国利率政策的不对称行为研究［J］．上海经济研究，2009（12）．

[125]贺卉．关于中央银行独立性问题的研究［J］．上海金融，2009（6）．

[126]徐杰．货币政策透明化及对中国的启示［J］．国家行政学院学报，2009（5）．

[127]苏均和．利率、汇率联动与资本市场的关联效应［J］．探索与争鸣，2008（2）．

[128]蒋贤锋，王贺，史永东．我国金融市场中基准利率的选择［J］．金融研究，2008（10）．

[129]钟辉．利率传导机制困境：为什么“降准＋降息”效果不尽如人意［N］．21 世纪经济报道，2015－07－06（09）．

[130]郭建伟．利率市场化与利率定价机制［J］．中国金融，2013（22）．

[131]许志平．降准考验货币政策传导机制［N］．金融时报，2015－02－09．

[132]周小川．关于推进利率市场化改革的若干思考［EB/OL］．（2012－01－12）．http：//www. pbc. gov. cn/publish/bangongting/．

[133]钟正生．PSL 的“此岸”与“彼岸”［J］．金融博览，2014（8）．

[134]姜汝楠，程逸飞．对央行创设 PSL 货币政策工具的思考［J］．经济理论与实践，2014（8）．

[135]创新货币政策工具难以替代降准效用［N］. 经济参考报，2015－08－21.

[136]覃宇环. 制约国债收益率发挥市场基准利率作用的障碍分析及对策［J］. 广西金融研究，2008（10）.

[137]李若愚. 利率市场化推进与利率调控转型困境［J］. 清华金融评论，2015（12）.

[138]钟正生. “利率走廊”模式的市场化推进［EB/OL］.（2014－06－02）. http：//www.souqian.com/infor/101743. html.

[139]2015年第三季度中国货币政策执行报告［OL］. 中国人民银行官方网站.

[140] 朱虹. 商业银行审慎对待信贷质押再贷款［N］. 中国企业报，2015－10－19.

[141]2016年中国经济发展前景展望　稳增长是首要任务［EB/OL］.（2015－12－15）. http：//news.xinhuanet.com.cn.

[142]黄益平. 利率市场化改变尚未完成［N］. 新京报，2015－11－18.

[143]任晓. “利率走廊”通向流动性精准调控［N］. 中国证券报，2014－01－28.

[144]郭愫，陈乃新. 人民银行基准利率的调控权与行政权［J］. 求索，2008（1）.

[145]朱奎. 马克思主义经济学范式的特征——兼评后现代主义的马克思主义经济学范式［J］. 教学与研究，2007（5）.

[146]陆前进，卢庆杰. 我国利率调控面临的困境及政策含义［J］. 上海财经大学学报，2008（5）.

[147]张亚光. 凯恩斯主义利率理论的新发展［J］. 北京大学研究生学志，2007（1）.

[148]孙丽. 弹性通货膨胀目标制下的汇率与货币政策规则 [J]. 华东师范大学学报，2007 (3).

[149]王海洋，杨晓光. Shibor 运行半年来的分析和评述 [N]. 科学时报，2007－06－27.

[150]何慧刚. 资本项目自由化、汇率制度弹性化与人民币国际化 [J]. 南京社会科学，2007 (5).

[151]黄燕，胡海鸥. 利率平滑的政策操作模式研究及启示 [J]. 当代经济管理，2006 (1).

[152]苏汝劼. 20 世纪 90 年代以来我国经济周期划分及特征分析 [J]. 经济理论与经济管理，2006 (1).

[153]刘明志. 汇率利率的相互作用和利率政策的内外协调 [J]. 中国金融，2006 (7).

[154]胡列曲，丁文丽. 货币政策中介目标选择的理论研究与实践 [J]. 经济经纬，2006 (3).

[155]万莉. 中央银行中间调控目标的发展趋势：利率的胜出 [J]. 金融理论与实践，2005 (1).

[156]孙稳存. 利率管制下中国宏观经济稳定与利率政策 [J]. 财经问题研究，2003 (11).

[157]张帆，张文棋 . 论货币政策调控艺术 [J]. 福建论坛（经济社会版），2002 (7).

[158]林海，郑振龙. 中国利率动态模型研究 [J]. 财经问题研究，2005 (9).

[159]卢卉. 泰勒规则在我国的使用性评析及其修正 [J]. 上海金融，2005 (4).

[160]王莹. 泰勒规则评析及其对我国货币政策制定的借鉴意义 [J]. 武

汉金融，2004 (1).

[161]易宪容. Shibor：要成为真正的基准利率并非易事 [J]. 金融博览，2007 (2).

[162]王自力. 不要盲目夸大利率的调控作用 [N]. 中国经营报，2004－09－27.

[163]徐厦楠. 论我国货币政策传导中的利率机制 [J]. 金融理论与实践，2004 (8).

[164]吕江林，汪洋. 我国转轨现阶段货币调控基准利率的选择 [J]. 武汉金融，2004 (4).

[165]薛莉. 利率市场化改革：现状、环境分析和道路选择 [J]. 经济世界，2003 (1).

[166]杨文华. 我国资本账户开放的最优制度安排 [J]. 云南财贸学院学报，2002 (4).

[167]蒲艳萍，陈仲常. 现代西方利率理论、货币政策及其对我国的启示 [J]. 重庆工学院学报，2002 (2).

[168]陈时兴. 我国国债的利率效应与基准利率研究 [J]. 当代经济研究，2001 (8).

[169]戴根有. 货币政策目标、方针和措施 [N]. 金融时报，2001－10－23.

[170]周骏. 多重货币政策目标下的双目标制 [J]. 中南财经政法大学学报，2002 (2).

[171]黄熙. 货币学派和理性预期学派的比较分析 [J]. 经济师，2001 (9).

[172]汪小亚. 我国资本账户开放与利率——汇率政策的协调 [J]. 金融研究，2001 (1).

[173]刘红忠，张卫东. 蒙代尔－弗莱明模型之后的新开放经济宏观经济

学模型 [J]. 国际金融研究，2001 (1).

[174]崔丹. 我国开展公开市场业务的对策选择 [J]. 工业技术经济，2000 (1).

[175]张红地，严文兵. 论中国公开市场业务的改革和发展 [J]. 武汉金融高等专科学院学报，2001 (4).

[176]尹嘉. 货币主义与理性预期学派的通货膨胀理论比较研究 [J]. 江汉论坛，1999 年 (12).

[177]乐纲. 中国利率政策确定的两难境地及其延伸思考 [J]. 改革探索，1999 (6).

[178]丁孜山. 中国利率机制选择和内容结构研究 [J]. 云南财贸学院学报，1999 (4).

[179]王丽娟. 我国利率机制的探讨 [J]. 山西财经大学学报，1999 (5).

[180]邹琪，冯栋. 论人民币汇率稳定下的利率政策 [J]. 山东大学学报(社会科学版)，1999 (4).

[181]俞乔. 论我国汇率政策与国内经济目标的冲突及协调 [J]. 经济研究，1999 (7).

[182]宋文兵. 中国的资本外逃问题研究：1987—1997 [J]. 经济研究，1999 (5).

[183]殷剑峰. 汇率制度与跨国资本流动管理的配合 [J]. 经济研究，1999 (12).

[184]余琪. 欧洲中央银行体系独立地位研究 [J]. 欧洲，1999 (5).

[185]江春. 利息理论与利率政策 [J]. 管理世界，1998 (2).

[186]宋清华. 我国利率管理体制改革的回顾与前瞻 [J]. 求索，1998 (1).

[187]闫素仙. 论利率市场化 [J]. 生产力研究，1998 (1).

[188]丁孜山．论利率政策［J］．经济问题，1998（6）．

[189]黄湃．关于我国利率市场化改革的几个问题［J］．经济经纬，1998（3）．

[190]王继祖．现代西方利率理论浅探［J］．南开经济研究，1994（5）．

二、英文参考文献

[1]Brian Sack，Volker Wieland. Interest－Rate Smoothing and Optimal Monetary Policy：A Review of Recent Empirical Evidence［J］. Finance and Economics Discussion Series from Board of Governors of Federal Reserve System（U. S.），1999（39）.

[2]Taylor，John B. Discretion versus Policy Rules in Practice［J］. Garnegie－Rochester Conference Series on Public Policy，1993（39）：124—195.

[3]Ágnes Csermely，András Rezessy. The theory and practice of interest rate smoothing［J］. MNB Bulletin，2007（11）：7 .

[4]Kydland F. E.，Prescott E. c. Rules Rather than Discretion：the Inconsistency of Optimal Plans［J］. Journal of Political Economics，1977（7）：72—93.

[5]Rogoff K. The Optional Degree of Commitment to an Intermediate Monetary Target［J］. Quarterly Journal of Economics，1985（100）：1169—1190.

[6]King，Mervyn. Challenges for Monetary Policy：New and Old［J］. Seminar Papers for Monetary Policy Rules by the IMF，2000（3）.

[7]Ball L.，Sheridan N. Does Inflation Matter?［J］. National Bureau of Economic Research Working Paper，2003（3）.

[8] Bernanke B., Laubach T., Mishkin, F., et al. Inflation Targeting [M]. Princeton: Princeton University Press, 1999.

[9] Svensson. Inflation Targeting: Should It Be Modeled as an Instrument Rule or a Targeting Rule [J]. NBER working Paper, 2002 (8925).

[10] Richard Dennis, John C. Williams, Monetary Policy, Transparency and Credibility: Conference Summary [J]. Economic Review, 2008 (5).

[11] Siklos, Pierre, Abel, Istvan, Is Hungary ready for inflation targeting? [J]. Economic Systems, 2002 (26).

[12] Clarida Richard, Jordi Gali, Mark Gertle. Monetary Poliey Rules and Macroeconomic Stability: Evidence and Some Theory [J]. The Quarterly Journal of Economies, 2000 (2).

[13] Fung, Michael Ka – Yiu, Ho, Wai – Ming, et al. The Impact of Credit Control and Interest Rate Regulation on the Transforming Chinese Economy: An Analysis of Long – Run Effects [J]. Journal of Comparative Economics, 2000 (28).

[14] Nakaota, Hiroshi. The term structure of interest rates in Japan: the predictability of economic activity [J]. Japan and the World Economy, 2005 (17).

[15] Rafferty, Tomljanovich. Central bank transparency and market: an econometric analysis [J]. Journal of Economics and Finance, 2002 (26).

[16] Rudebusch, Glenn D. Term structure evidence on interest rate smoothing and monetary policy inertia [J]. Journal of Monetary Economics, 2002 (49).

[17] Barro R. J., Gordon D. Rules, Discretion, and Repution in a

Model of Monetary Policy [J]. Journal of Monetary Economics, 1983 (12).

[18]Svensson, Lars E. O., Woodford M. Implementing Optimal Policy through Inflation-forecast Targeting [M]. Princeton: Princeton University, 1999.

[19]Bernanke Ben S., Mishkin Frederic S. Inflation Targeting: A New Framework for Monetary Policy [J]. NBER Working Paper, 1997 (5893).

[20]Bernanke B. S., Blinder A. S. The Federal Fund Rate and the Channels of Monetary Transmission [J]. American Economic Review, 1992 (9).

[21] Mishkin, Frederic S. Symposium on the Monetary Transmission Mechanism [J]. Journal of Economic Perspectives, 1995 (9).

[22]Gagnon, Joseph E., Unferth, et al. Is there a world real interest rate? [J]. Journal of International Money and Finance, 1995 (14).

[23] Friedman B. S., Blinder A. S. Credit, Money, Income, Price and Interest rates [J]. American Economic Review, 1992 (6).

[24]P. G. J. O'Connell. The Overvaluation of Purchasing Power Parity [J]. Journal of International Economics, 1998, 44 (1).

[25] Batini, Nicoletta, Edward Nelson. When the Bubble Bursts: Monetary Policy Rules and Foreign Market Behavior [J]. Bank of England Working Paper, 2000 (15).

[26] Fuhrer Jeffrey C., Scott Schuh. Beyond Shocks: What Causes Business Cycles? [J]. Federal Reserve Bank of Boston, 1998 (42).

[27]Rich, George. Monetary Target as a Policy Rules: Lessons from Swiss Experience [J]. Journal of Monetary Economics, 1997 (39).